Jörg Wolle

Expedition in fernöstliche Märkte

Jörg Wolle

Expedition in fernöstliche Märkte

Die Erfolgsstory des Schweizer Handelspioniers DKSH

orell füssli Verlag AG

2. Auflage 2010

Lektorat: Regula Walser, Zürich
Umschlagabbildung: © DKSH Holding Ltd.
Die Bilder auf den Seiten 13, 33, 51, 77, 99, 139 und 195 sowie die Fotografien des Bildteils wurden vom Archiv der DKSH Holding Ltd. zur Verfügung gestellt.
Umschlaggestaltung: Andreas Zollinger, Zürich
Umschlag Autorenporträt: DKSH Holding Ltd.
Druck: fgb • freiburger graphische betriebe, Freiburg

ISBN 978-3-280-05352-2

Bibliografische Information der Deutschen Nationalbibliothek:
Die Deutsche Nationalbibliothek verzeichnet diese Publikation in der Deutschen Nationalbibliografie; detaillierte bibliografische Daten sind im Internet über http://dnb.d-nb.de abrufbar.

FSC Mix
Produktgruppe aus vorbildlich bewirtschafteten Wäldern, kontrollierten Herkünften und Recyclingholz oder -fasern
www.fsc.org Zert.-Nr. SGS-COC-003993
© 1996 Forest Stewardship Council

Inhalt

Vorwort

Wer als Europäer an Asien denkt, hat zuerst China und Indien vor Augen. Doch auch die Asean-Staaten, der Verband Südostasiatischer Nationen, zu denen aufstrebende Volkswirtschaften wie Singapur, Thailand, Malaysia oder Vietnam gehören, sowie Japan, die industrialisierteste Nation des Kontinents, sind attraktive Märkte.

Mit 1,3 Milliarden Einwohnern ist China das bevölkerungsreichste Land der Welt, gefolgt von Indien mit 1,2 Milliarden und den Asean-Staaten mit weiteren 500 Millionen Menschen. In Japan leben zusätzlich 130 Millionen Menschen, die allein ca. 40 Prozent des asiatischen Bruttoinlandproduktes produzieren.

Der asiatische Raum erwirtschaftet seit Jahren die weltweit höchsten Wachstumszahlen, und selbst 2009, in wirtschaftlich schwierigen Zeiten, weist Asien weiterhin ein relativ hohes Wachstum seines Bruttoinlandproduktes aus.

Früher waren die asiatischen Schwellenländer in erster Linie Niedriglohnländer, die sich über preisgünstige Exporte die Industrieländer als Märkte erschlossen haben. Diese Situation ändert sich derzeit radikal. China zum Beispiel gibt heute – in Kaufkraftparitäten gemessen – mit 154,3 Milliarden US-Dollar den zweithöchsten Etat für Forschung und Entwicklung aus, nach den USA (341,3 Milliarden US-Dollar) und noch vor Japan (136,5 Milliarden US-Dollar) und Deutschland (67,4 Milliarden US-Dollar). Ebenso wird Indien mehr und mehr zum Hightech- und globalen IT-Dienstleister. Gleichzeitig kaufen sich grosse asiatische Unternehmen in westliche Firmen ein – wie beispielsweise Chinas Lenovo die PC-Sparte von IBM oder Indiens Tata Jaguar und Land Rover übernommen hat. Der Westen muss also Wege finden, im Hightech-Wettbewerb mit Niedriglohnländern erfolgreich zu konkurrieren – auf seinen eigenen Heimatmärkten, aber auch vor Ort in Asien. Denn Asien wird für absehbare Zeit die Boomregion der Welt bleiben. In einem rasanten Tempo bildet sich derzeit in den aufstrebenden Volkswirtschaften eine kaufkräftige Mittelschicht heraus, die das westliche Wohlstandsniveau erreichen will und meines Erachtens in naher Zukunft auch erreichen kann. Während das 20. Jahrhundert den USA gehörte, zeichnet sich ab, dass das 21. Jahrhundert ein asiatisches sein wird.

Damit besitzt Asien einen hohen Stellenwert für jeden Unternehmer, der neue Absatzmärkte erschliessen möchte. In Fernost mit innovativen Produkten präsent zu sein ist somit ein Muss für jedes Unternehmen, das expandieren möchte. Was für multinationale Konzerne mit globalen Aktivitäten eine Selbstverständlichkeit ist, gilt nun in zunehmendem Masse auch für mittelständische Unternehmen der Maschinen-, Pharma-, Nahrungsmittel- und Konsumgüterindustrie sowie für Luxusgüterhersteller und Anlagenbauer. Denn in Asien existiert eine stark wachsende Nachfrage, die es auch mittelständischen Unternehmen erlaubt, aus den gesättigten Märkten in Europa oder Amerika auszubrechen. Vorausgesetzt, es gelingt ihnen, die in Fernost traditionell hohen (kulturellen) Eintrittsbarrieren zu überwinden und sich in einem fremden Kulturkreis zurechtzufinden.

Ein Meister in dieser Disziplin ist das Schweizer Unternehmen DKSH, das vor acht Jahren aus der Fusion der drei grossen Schweizer Handelsfirmen Diethelm, Keller und SiberHegner hervorgegangen und seit über 140 Jahren flächendeckend in Asien tätig ist. Es gibt wohl kein zweites westliches Unternehmen, das von der ersten zaghaften Marktöffnung in Japan Mitte des 19. Jahrhunderts bis heute in Asien erfolgreich aktiv ist. In jüngster Vergangenheit hat sich DKSH zudem vom traditionellen Handelshaus zu einem Spezialisten für alle Fragen der Marktexpansion in Asien entwickelt und ist heute Marktführer in dieser Dienstleistungsindustrie in Fernost. Das Servicespektrum von DKSH beginnt bei Studien zum Markteintritt und führt über Marketing, Vertrieb, Distribution bis hin zum Kundendienst. Als erfahrener Partner in Asien ermöglicht die DKSH auch mittelständischen Unternehmen eine qualitativ hochwertige Markterschliessung. Grosskonzerne hingegen konzentrieren sich immer stärker auf ihre Kernkompetenzen, wie zum Beispiel Produktentwicklung oder Marketing. Für sie ist DKSH in Asien ein gefragter Outsourcing-Partner für Vertrieb und Logistik.

Dieses Buch beschreibt auch die Metamorphose eines traditionell familiengeprägten Handelshauses zu einem hoch spezialisierten, privat gehaltenen globalen Dienstleistungsunternehmen. Es ist selten, dass dabei der dafür verantwortliche Konzernchef selber «in die Tasten greift». Jörg Wolle tut es. Und er tut es auf eine faszinierende Weise, indem er die Geschichte des Unternehmens, das er führt, geschickt verwebt mit der Kultur- und Wirtschaftsgeschichte Asiens. Dabei weiss dieser Autor, wovon er spricht. Seit 20 Jahren verbringt Jörg Wolle die Hälfte des Jahres in Fernost. Er kennt die tief greifenden Umwälzungen auf diesem Kontinent aus eigener beruflicher Erfahrung und persönlicher Anschauung.

Dasselbe gilt auch für das Unternehmen DKSH. Seit 15 Jahren im Topmanagement, gestaltet Jörg Wolle, seit neun Jahren als verantwortlicher Konzernchef, den Umbau an vorderster Front mit.

In diesem Buch wird ein tiefer Einblick in den faszinierenden Transformationsprozess von DKSH in den vergangenen Jahren gewährt. Ein Novum auch dies: Familiengeführte, traditionelle Handelshäuser vermeiden es in der Regel, Aussenstehenden den Blick in «den Maschinenraum» zu gewähren. DKSH ist die grosse Ausnahme innerhalb einer äusserst verschwiegenen Branche.

Ich selbst bin immer wieder fasziniert von den asiatischen Ländern, von ihren gastfreundlichen Menschen, von den jahrtausendealten Kulturen und von ihren faszinierenden Geschichten. Mich hat die Region seit meiner ersten Reise vor 40 Jahren nicht mehr losgelassen. So reise ich auch heute noch im Schnitt jeden zweiten Monat nach Fernost – primär nach Japan, China und Indien – und habe so über die Jahre viele Freunde gewonnen und zahlreiche Erfahrungen sammeln dürfen.

Dabei ist mir bewusst geworden, dass jeder, der auf diesem aussergewöhnlichen Kontinent Beziehungen mit einheimischen Menschen eingehen – und auch wirtschaftlichen Erfolg haben – möchte, umfangreiche Kenntnisse ihrer Kultur und ihrer Verhaltensweisen mitbringen sollte. Daher kann ich die Lektüre dieses Buches ausdrücklich empfehlen. Wer dieses Buch gelesen hat, versteht nicht nur Asien ein grosses Stück besser, sondern auch, was DKSH als Partner in Fernost so einzigartig macht.

Prof. Dr. h.c. Roland Berger

A. Die Vergangenheit

I. Pioniere in Asien

In Japan, auf den Philippinen und in Singapur tauchen in der zweiten Hälfte des 19. Jahrhunderts junge Schweizer auf, die nur eines im Sinn haben: ein eigenes Handelsunternehmen aufzubauen. Sie sind die Gründerväter des heute bedeutendsten Unternehmens im asiatisch-europäischen Handel, und ihre Namen Diethelm, Keller, Siber-Hegner, kurz DKSH, stehen noch heute für ihr Firmenerbe.

Diese Geschichte spielt fernab der Schweiz. Sie beginnt Mitte des 19. Jahrhunderts praktisch zeitgleich in Japan, auf den Philippinen und im südostasiatischen Singapur: Junge Schweizer setzen unabhängig voneinander den Fuss auf Territorien des asiatischen Kontinents, gründen eigene Firmen und legen so auch den Grundstein für den modernen schweizerisch-asiatischen Handel. Das Erbe der Gründerzeit ruht heute, vier Generationen später, im bedeutendsten in Asien tätigen Schweizer Handelshaus *Diethelm Keller SiberHegner,* kurz: *DKSH.* Dass der Gründungsakt der Vorläufer-Unternehmen innert weniger Jahre erfolgt, ist kein Zufall. Es ist die Zeit, in der Asien in den Fokus der grossen Handelsnationen Europas und der USA eintritt: eine Zeitenwende nach Jahrhunderten im Dunkel der Geschichte.

Japan ist aus westlicher Sicht das geheimnisvolle Reich des Mikado, abgeschottet von fremden Blicken, eine abgelegene Inselgruppe im Pazifik vor den Küsten Russlands und Chinas, das am weitesten vom Westen entfernte Land des Fernen Ostens. Die Philippinen verdanken ihren Namen dem spanischen *König Philipp II.,* der den Archipel im südchinesischen Meer im 16. Jahrhundert zur Kolonie der Seefahrernation gemacht hatte. Singapur ist ein von der Geschichte vergessener Fleck südlich von Malaysia, eine Insel, auf der knapp zwei Dutzend Familien vom Fischfang lebten, bevor die Briten im Jahre 1812 den Handelsstützpunkt Singapur errichten. Als Asien, damit auch Japan, die Philippinen und Singapur, in der zweiten Hälfte des 19. Jahrhunderts auf die Landkarte des Welthandels gezwungen wird, gehören die Schweizer zu einer ersten Generation, die den Kontinent an vorderster Front kartografiert.

Go East, young man ist Mitte des 19. Jahrhunderts unter Kaufleuten des British Empire ein geflügeltes Wort, schliesslich betreibt die Krone regen Handel mit Indien und China. Aus dem Reich der Mitte importieren die Engländer derartige Mengen an Tee, dass die Handelsbilanz zwischen beiden Ländern mit einem jährlichen Defizit von 20 Millionen Pfund stark ins Negative kippt. Doch die Europäer finden einen kreativen Weg, dieses Ungleichgewicht aus der Welt zu schaffen. Angesichts der wachsenden Nachfrage importieren sie grosse Mengen Opium aus Indien nach China. Dies missfällt den Behörden im Reich der Mitte derart, dass der Handelskonflikt schliesslich im sogenannten Ersten Opium-Krieg Ende der 1830er-Jahre mit Waffengewalt ausgetragen wird. Eine vernichtende Niederlage der Chinesen ist die Folge, und die Engländer gründen bei Kriegsende an der Südküste Chinas einen Stützpunkt zur Absicherung ihrer Handelsaktivitäten in Far East: Hongkong, das 1843 zur Kronkolonie wird. Dieser Ort, an dem sich der Perlfluss in das südchinesische Meer ergiesst, hat den Blick der britischen East India Company und auch der Krone auf neue Märkte gelenkt und neue Chancen für den Handel erkennen lassen: neben China auch in Südostasien und Japan.

England, Geburtshelfer der Industrialisierung, steht auch an der Spitze der Modernisierung des Schiffsverkehrs, die im ersten Drittel des 19. Jahrhunderts mit dem Aufkommen der Dampfschifffahrt einsetzt. Ein regelmässiger Fahrplan von Dampfern über den Atlantik ist die Folge, und 1850 legt erstmals ein Dampfschiff die Strecke Shanghai–London zurück. Dass die Engländer – in ihrer Hand liegen Mitte des Jahrhunderts zahlreiche maritim neuralgische Punkte wie Gibraltar, Malta, das Kap der Guten Hoffnung, Hongkong, später auch Singapur – im Verbund mit anderen Seefahrernationen des Alten Kontinents praktisch die Weltmeere beherrschen, kommt nicht von ungefähr. Die Europäer haben schon früh Erfindungskraft und Einfallsreichtum in die Perfektionierung von Schiffs- und Navigationstechnik investiert und immer schon die militärische und kommerzielle Schifffahrt im Gleichschritt weiterentwickelt. Aus diesem Grund haben sie auch die Verknüpfung von Schifffahrt und Handelsaktivität früher als aussereuropäische Nationen in den Griff bekommen und komplexe Handelsorganisationen wie eine East India Company oder eine *Vereenigde Oostindische Compagnie* im Falle der niederländischen Seefahrer führen gelernt.

In der Schweiz hat der Aufruf *Go East, young man* zu dieser Zeit keinen besonderen Reiz. Zwar gibt es immer wieder Auswanderungswellen aus dem kargen Alpenstaat, etwa die Söldner im 17. Jahrhundert, später die Missionare, die im 18. Jahrhundert nach Lateinamerika ausgewandert waren, und mit dem Ausbruch des 19. Jahrhunderts ist es der Hunger, der die Menschen aus der Enge der Heimat in Scharen in die USA lockt. Aber erst eine besondere Konstellation lässt Handel treibende Schweizer Asien, insbesondere Japan, entdecken und im Windschatten der Engländer in diesen fremden Markt eintreten. Es braucht eine politische Initialzündung, deren Bugwelle einen jungen, 23-jährigen Schweizer aus Männedorf am Zürichsee namens *Caspar Brennwald* ins japanische Yokohama katapultiert. Kein Firmenname ziert mehr diesen Schriftzug, und doch steht der Name für die Geburtsstunde des schweizerisch-japanischen Handels und auch für den ältesten Vorläufer des Unternehmens, das heute DKSH heisst.

Die Bugwelle kommt aus den Vereinigten Staaten. Nach England gehört diese aufstrebende Handels- und Wirtschaftsmacht wie Frankreich, Deutschland oder später auch die Schweiz einer zweiten Generation von Nationen an, die von der Industrialisierung erfasst werden. Auf der Suche nach neuen Absatzkanälen wollen die Amerikaner nun den japanischen Markt für Waren amerikanischer Provenienz öffnen. Ein Unterfangen, das besondere Massnahmen erfordert, steht doch das Land der aufgehenden Sonne seit drei Jahrhunderten unter der Herrschaft der feudalen *Shogunate,* abgeschottet und mit dem Rücken zum Ausland. Um diese *splendid isolation* zu durchbrechen, entsenden die USA eine

Kriegsflotte mit sieben Schiffen, die als *Schwarze Schiffe* unter dem Kommando des US-Seeoffiziers *Matthew Calbraith Perry* in die Geschichte Japans eingehen. Am Ende der Operation unterzeichnet die aussenpolitisch völlig unerfahrene Shogunatsregierung im Jahre 1854 einen sogenannten «Vertrag über Frieden und Freundschaft», der formelle diplomatische Beziehungen zwischen Japan und den USA begründet, das Land für amerikanische Schiffe zugänglich macht und den inländischen Markt für US-Importwaren aufsperrt. Zum ersten Mal seit Jahrhunderten ist nun ein freier und gesetzlich geregelter Aussenhandel möglich. «Die Verträge», urteilt freilich der japanische Historiker *Kiyoshi Inoue,* «unterwarfen das Land als halbkolonialisierten Markt dem europäischen und amerikanischen Kapitalismus.» Denn im Jahr darauf unterzeichnen auch Grossbritannien, Russland und Holland gleichlautende Abkommen.

Unternehmer und Geschäftsleute in der Schweiz verfolgen diese Entwicklung aufmerksam. Seit die Ausfuhr exportfähiger einheimischer Produkte wie Seidentextilien, Baumwollkleidung oder auch Uhren aus der Westschweiz aufgrund des zunehmenden Protektionismus wichtiger Handelspartner in der Alten Welt schwieriger geworden ist, sind sie auf der Suche nach neuen Absatzmärkten. Frankreich erhebt bereits seit 1815 Schutzzölle auf verschiedene Schweizer Waren; 1834 verteuert auch der Deutsche Zollverein Produkte derart, dass *made in Switzerland* nicht mehr konkurrenzfähig ist. Dies führt zu einer schweren Krise in der heimischen Textilwirtschaft. Durch den amerikanischen Sezessionskrieg in der ersten Hälfte der 1860er-Jahre brechen weitere Absatz- und Beschaffungsmärkte, insbesondere für Rohstoffe, weg. Neue Märkte im Fernen Osten, darin besteht Einigkeit in der Schweiz, könnten zum dringend benötigten Ventil für stockenden Absatz heimischer Waren werden. Japan aber ist in dieser Hinsicht Terra incognita. Als praktisch einziges Erzeugnis aus dem Alpenland haben Uhren den Weg dorthin gefunden; sie waren bereits im 18. Jahrhundert von der Vereenigde Oostindischen Compagnie, der holländischen Ostindiengesellschaft, importiert worden und nach Japan gelangt.

Der Zugang zum viertgrössten Inselstaat der Welt kann, so wie die Dinge liegen, nur über den diplomatischen Weg geebnet werden. Ein erster Versuch, die *Mission Lindau,* scheitert, aber bereits im Jahre 1862 setzt sich eine zweite Gesandtschaft mit dem Segen der Regierung und einem staatlichen Kredit von 100 000 Franken in Richtung Japan in Bewegung. Angeführt wird diese Truppe von dem Schweizer Politiker *Aimé Humbert,* dem honorigen Präsidenten der Union Horlogère, einer privaten Organisation zur Exportförderung von Schweizer Uhren. Als Delegationssekretär wird diesem eben jener Caspar Brennwald aus Männedorf zur Seite gestellt. Zu der zweiköpfigen, gewissermassen offiziellen Handelsmission gesellen sich vier Attachés, zwei hohe Militärs, ein Fabrikant und ein Kaufmann, die auf eigene Kosten an der Mission teilnehmen.

Im April 1863 erreichen die Schweizer die Ortschaft Yokohama nahe Tokio, das sich damals noch Edo nennt. Für Brennwald erlangt dieser Fleck an der Bucht von Tokio eine besondere Bedeutung. Wenige Jahre zuvor hatte hier lediglich ein unbedeutendes Fischerdorf existiert, zumindest so lange, bis 1853 der US-Seeoffizier Perry mit seinen schwarz gefärbten Fregatten aufgekreuzt war, die Eröffnung eines ersten japanischen Seehafens für den internationalen Handelsaustausch erzwungen und die Shogunatsregierung an gleicher Stelle eine erste abgeschottete Siedlung für Ausländer errichtet hatte. Für Brennwald wird Yokohama die Basis für seine späteren Japan-Geschäfte, und für die Nachfolgefirma Siber Hegner bleibt sie das während Jahrzehnten. Bevor jedoch diese Geschichte ihren Lauf nehmen kann, muss der erste «Freundschafts- und Handelsvertrag zwischen dem schweizerischen Bundesrat und seiner Majestät, dem Taïkun von Japan», abgeschlossen werden, so der offizielle Wortlaut. Bis es so weit ist, dauert es über ein Jahr, und die offiziellen Vertreter der Eidgenossenschaft nutzen die unfreiwillige Dauer des Aufenthalts, um sich je nach persönlichem Temperament die Zeit zu vertreiben. Humbert studiert die Sitten und Bräuche im fremden Land, Brennwald den Aussenhandel und die Seidenzucht, und er tut dies wohl nicht ohne Absicht: Basel und Zürich sind zu dieser Zeit die grossen Zentren der europäischen Seidenindustrie, und im Kanton Tessin existiert bereits eine bedeutende Seidenraupenzucht. Brennwald lässt denn auch keine Langeweile aufkommen, stellt in Tokio eine Ausstellung von mitgebrachten Schweizer Waren auf die Beine und entfacht bei den für westliche Waren aufgeschlossenen japanischen Besuchern Stürme der Begeisterung.

Dann, am 6. Februar 1864, oder nach japanischer Zeitrechnung am 29. Tage des 12. Monats des dritten Jahres von *Bunn Cuw-J,* wird das 20 Artikel umfassende Vertragswerk endlich unterzeichnet. Ein Jahrzehnt nach dem Vertrag mit den Amerikanern ist es der Schweiz als erstem nicht maritimem Land gelungen, diplomatische Beziehungen mit Japan aufzunehmen, das Land für den schweizerisch-japanischen Handel zu öffnen und den Geschäftsleuten aus dem Alpenland ein Niederlassungsrecht in Seehäfen wie Yokohama zu ermöglichen. Es ist ein Meilenstein, der derart bedeutende Handelschancen eröffnet, dass die Hälfte der Schweizer Delegation die Heimreise schon gar nicht mehr antritt: Ein Mitglied lässt sich als Zivilingenieur in Yokohama nieder, ein anderes eröffnet dort ein Uhrengeschäft, und ein drittes steigt in den Seidenhandel ein. Caspar Brennwald aber tritt mit einiger Verzögerung im November 1864 die Heimreise nach Europa doch noch an.

Die Einwanderer erleben ein Land im Umbruch. Seit die Shogunatsregierung die ersten Verträge mit den Ausländern abgeschlossen hat, ist sie nicht mehr Herr der innenpolitischen Lage. Selbst innerhalb der herrschenden Shogunatsdynastie der *Tokugawa* gibt es Exponenten, welche die Eindringlinge wieder zu vertreiben trachten. Andere plädieren dafür, sich mit den Westlern zu arrangieren, und wieder andere, meist junge *Samurai,* träumen mit dem Schlachtruf «Ehret den Kaiser und vertreibt die Barbaren» auf den Lippen von einer Erneuerung des Kaisertums, dem *tenno.* Eine aufgeheizte Stimmung herrscht im Land, das jahrhundertealte japanische Feudalsystem zersetzt sich langsam von innen her. Ausländer sowie mit diesen verkehrende Japaner müssen jederzeit mit Übergriffen von herrenlos umherziehenden Samurai rechnen.

Japan lässt den jungen Caspar Brennwald nicht mehr los. Die Wartezeit bis zum erfolgreichen Abschluss des Handelsvertrages hatte dem Zürcher derart intensive Einblicke in die japanische Gesellschaft ermöglicht, dass er nach seiner Rückkehr in die Heimat mit Fleiss und grossem öffentlichem Echo über japanische Handelsfragen publiziert. Wie seinerzeit in Tokio organisiert er eine Ausstellung, dieses Mal für die *Schweizerische Export-Gesellschaft* und über japanische Erzeugnisse. Brennwald war in Yokohama als Mitglied der Schweizer Delegation Zeitzeuge der historischen Marktöffnung Japans geworden. Dank dieser Erfahrung ist er in der Schweiz nun zum Experten für den Handel mit dem Reich der aufgehenden Sonne aufgestiegen. Er sieht sich als Brückenbauer zwischen den Kulturen und wird auch nicht müde, das Potenzial für den bilateralen schweizerisch-japanischen Handel in rosa Licht zu tauchen. Was liegt bei dieser persönlichen Begeisterung näher, als die Kenntnisse aus erster Hand für den Aufbau eines eigenen Unternehmens fruchtbar zu machen? Eine Frage, die Brennwald mit einem ebenfalls jungen Seidenfabrikanten namens *Hermann Siber* leidenschaftlich diskutiert. Diesen hatte er während seiner Rückfahrt nach Europa kennengelernt. Siber ist Brennwalds perfektes Gegenstück, Spross einer alteingesessenen Zürcher Familie, der Vater Partner einer Seidenfirma in Norditalien, und auch dem Sohn ist dieses Business keineswegs fremd. Schnell sind sie sich einig, gemeinsam eine Handelsfirma aufzubauen, den Sitz in das Brennwald bestens bekannte Yokohama zu verlegen und das Unternehmen nach ihren Nachnamen zu taufen. Als es freilich darum geht zu bestimmen, welcher Familienname bei der Firmenbezeichnung an erster Stelle stehen darf, muss das Los entscheiden. Heraus kommt *Siber & Brennwald.* Der Gründungsakt erfolgt in London, der Welthandelsmetropole dieser Zeit, und Ende 1865 versenden die Firmenbesitzer ein Zirkular, in dem sie sich der potenziellen Kundschaft mit dem Hinweis auf ihre profunden Kenntnisse der Import- und Exportmöglichkeiten in Japan empfehlen. Kurz danach reisen Siber und Brennwald zurück nach Yokohama und beginnen, Produkte der Schweizer Industrie zu verkaufen. Insbesondere die Zürcher Seidenweberei erlebt in dieser Zeit dank des Freihandels einen ungeheuren Aufschwung, denn Japan ist ein bedeutender Rohseidenproduzent. Neben britischen Kaufleuten, die grosse Mengen Rohseide nach England verschiffen, etablieren sich nun auch die beiden jungen Schweizer in diesem Geschäft. Sie liefern schon bald nicht nur in die Schweiz, sondern als Erste überhaupt auch in die Vereinigten Staaten, Frankreich, Italien oder Deutschland. Siber und Brennwald gehören damit zu einer Handvoll Abenteurern und Pionieren, die in einer frühen Zeit diesen asiatischen Markt entwickelt haben, noch bevor die Eröffnung des Suez-Kanals im Jahre 1869 das Mittelmeer mit dem Roten Meer verbindet und damit die beschwerliche Schiffsroute um das Kap der guten Hoffnung überflüssig wird. Die Reisedistanz beispielsweise zwischen London und Bombay, der bedeutendsten Hafenstadt des indischen Subkontinents, halbiert sich dadurch, was die Handelstätigkeit zwischen Europa und dem Fernen Osten wesentlich vereinfacht.

Hermann Siber und Caspar Brennwald sind keineswegs die einzigen Schweizer, die als Standort für ihre Handelstätigkeit nicht die damals wesentlich höher im Kurs stehenden Märkte Nord- und Südamerikas wählen, sondern eben Asien, und dafür lange Reisewege, kulturelle Barrieren und schwierige Marktverhältnisse in Kauf nehmen. Ein anderer dieser Pioniere ist *Eduard Anton Keller,* ein gerade mal 20-jähriger Thurgauer, den das Fernweh gepackt hat. Wahrscheinlich hat er den Drang zur Auswanderung aber auch im Blut. Vor ihm sind bereits drei seiner Onkel aus dem Thurgauischen in den Fernen Osten ausgewandert. Es ist ein fescher junger Mann mit Mittelscheitel und Schnurrbart, der im September 1868 auf den Philippinen an Land geht und bei der Firma *C. Lutz & Co.* in Manila anheuert, einem zwei Jahre zuvor gegründeten Handelshaus, bei dem ein paar Schweizer im Solde stehen. Bilder der Zeit zeigen Keller mit der Büchse in der Hand und dem Jagdhund zwischen den Füssen als Mitglied der *Swiss Rifle Association* in Manila. Diese Idylle freilich trügt. Das Land befindet sich seit 300 Jahren unter spanischer Herrschaft, die Verwaltung ist stark zentralisiert, und die spanischen Mönchsorden haben die Macht über die menschlichen Seelen. Doch seit Mexiko im Jahre 1821 die Unabhängigkeit von der spanischen Krone erlangt hatte, weicht sich auch in der südostasiatischen Inselgruppe dieses starre Herrschaftssystem langsam auf. Im Jahre 1834 wird der Seehafen von Manila für den internationalen Warenaustausch geöffnet, und in den folgenden vier Jahrzehnten kommt ein weiteres halbes Dutzend philippinischer Häfen dazu. Das Land wird schrittweise dem Welthandel geöffnet. Nicht nur philippinische Geschäftsleute klinken sich nun in diese Entwicklung ein, sondern auch amerikanische und britische Gesellschaften nutzen die Philippinen zum Handel mit Mexiko und den europäischen Ländern sowie zur Bearbeitung amerikanischer und asiatischer Märkte. Exportiert werden zunehmend auch landwirtschaftliche Erzeugnisse wie Tabak, Manilahanf oder Zucker. Durch diese intensive Handelstätigkeit bildet sich über die Jahrzehnte eine wohlhabende Mittelschicht heraus, deren Charakteristika typisch sind für die geografische Lage dieser Inselgruppe an der Nahtstelle zwischen Europa und Asien. Chinesisch-philippinische Mischlinge spielen eine grosse Rolle als Händler oder Bankiers. Sie stellen auch einen beträchtlichen Anteil der philippinischen Intelligenzia, der sogenannten *Ilustrados*. Anderen, insbesondere zahlreichen zu Geld gekommenen spanisch-philippinischen Mischlingen, erlaubt es der neu gewonnene materielle

Wohlstand sogar, ihre Kinder an europäischen Hochschulen studieren zu lassen. Dort kommen diese mit den modernen liberalen Idealen in Kontakt, wie sie seit der Bürgerlichen Revolution an den Universitäten und in politischen Zirkeln debattiert werden. Diese vertragen sich denn auch so gar nicht mit dem repressiv-kolonialistischen Regime der Spanier, wie es die Studenten nach der Rückkehr in der philippinischen Heimat noch immer vorfinden.

Die Philippinen sind ein Land im Umbruch. Der europäische Einfluss auf das Inselreich nährt ein demokratisch geprägtes philippinisches Nationalbewusstsein, das urbane wie ländliche Kreise erfasst und zahlreiche antikoloniale Freiheitsbewegungen entstehen lässt, die sich gegen rassische Diskriminierung, wirtschaftliche Benachteiligung oder auch politische Unterdrückung durch die Spanier richtet. Der nationalistisch gefärbte, keineswegs uniforme Widerstand gegen die Kolonialmacht alimentiert sich jedoch nicht nur aus dem liberal gesinnten Besitzbürgertum, sondern auch aus dem philippinischen Klerus und aus sozialrevolutionär gesinnten Bauern. In diesen Schmelztigel gelangt der Schweizer Eduard A. Keller, und entsprechend weit gefächert entwickelt sich das Handelsgeschäft der C. Lutz & Co. Die Firma importiert Konsumgüter, Textilien aus der Schweiz, Zigarettenpapier aus Österreich, Glas aus Deutschland, Möbel aus Spanien, Briefpapier aus Belgien, Bier aus Wien. Der Mix der Importwaren ändert ständig, schriftliche Verträge existieren kaum, die Risiken für Finanzierung und Transport trägt meist der Importeur. Wildwest auf den Philippinen, dafür sind die Margen hoch, und Eduard Keller kann sich in der expandierenden Firma nach oben arbeiten. Er wird Partner der Gesellschaft in Manila, und als der Firmengründer *Carl Lutz* im Jahre 1878 in Zürich ein zweites Unternehmen gleichen Namens gründet, das als Generalagent für die philippinische Niederlassung fungiert, assistiert Keller seinem Chef bei dessen Führung. Offenbar mit derartigem Engagement, dass Lutz und Keller im Januar 1885 einen Vertrag unterzeichnen, der Letzterem de facto das

Business überträgt: Die alte Firma wird ersetzt durch eine limitierte Partnerschaft, und zwei Jahre später, im Juli 1887, gehört Keller das Geschäft praktisch vollständig – in Manila firmiert es unter *Ed. A. Keller & Co.*; in Zürich bezieht die *Ed. A. Keller-Stürcke* ein Gebäude an der Talstrasse, Ecke Bleicherweg. Den Namenszusatz Stürcke hat sie von Kellers Ehegattin erhalten.

Im gleichen Jahr und nur einen Steinwurf von der Talstrasse entfernt, an der Bahnhofstrasse, startet mit der *W. H. Diethelm & Co.* ein weiteres Handelshaus mit seinen Geschäftsaktivitäten in Zürich. Nichts deutet darauf hin, dass sich dessen Besitzer, *Wilhelm Heinrich Diethelm,* und Eduard Anton Keller trotz räumlicher Nähe in dieser Zeit gekannt haben – und das, obwohl ihrer beider Wege zum eigenen Handelshaus frappante Parallelen aufweisen. Diethelm, Thurgauer wie Keller, ist 23 Jahre jung, als er 1871 nach Singapur auswandert und bei dem elf Jahre zuvor gegründeten niederländischen Handelshaus *Hooglandt & Co.* anheuert. Dieses steht mitten in einer erwachenden Stadt, einem Hafen am Seeweg zwischen Europa und China, der aufgrund der exponierten geografischen Lage wenige Jahre zuvor zur britischen Kronkolonie geworden war. Diethelms Fotoalbum aus jener Zeit zeigt Bilder der Anreise, den Zwischenstopp in Port Said, die Passage durch den Suezkanal und schliesslich das *Collyer Quai* in Singapur, an dem sich damals die Hooglandt-Niederlassung befand und eineinhalb Jahrzehnte später der Name *Diethelm & Co.* an der Aussenfassade prangen wird – denn auch Diethelm arbeitet sich bei seinem Arbeitgeber nach oben. Sechs Jahre nach seiner Ankunft und mit geliehenen 50 000 Franken wird er zum Partner der Hooglandt-Firma und übernimmt von den Gründerfamilien 35 Prozent der Aktien. Als diese ihr in Singapur investiertes Kapital repatriieren, aber gleichzeitig ihren Einfluss in der Firma behalten wollen, wird die schweizerisch-niederländische Partnerschaft auf eine arge Belastungsprobe gestellt. Die Holländer bestehen darauf, dass ihre noch minderjährigen Kinder dereinst in das von ihren Vorfahren gegründete Handelshaus eintreten sollen. Davon ist Diethelm gar nicht begeistert, allerdings weiss er auch, dass der Name Hooglandt in Singapur ein klingender ist, einer, der Türen öffnet. Schliesslich waren die Hooglandts in der Stadt des Löwen bereits aktiv, bevor Singapur englische Kronkolonie geworden war und in grosser Zahl eingewanderte Chinesen den Handel beflügelt hatten, auch lange bevor die Fertigstellung des Suezkanals den Seehafen als Umschlagplatz zwischen Malaysia und Indonesien rapide entwickelt hatte. Was ist dagegen schon der Name Diethelm, den hier in Südostasien kein Mensch kennt? Nichtsdestotrotz ist Diethelm von dem Wunsch beseelt, hier sein eigenes Handelsgeschäft aufzubauen. Wie also, muss sich der Schweizer fragen, lässt sich dieser Konflikt lösen, da doch für den erfolgreichen Handel in asiatischen Märkten über lange Jahre gepflegte Beziehungsnetzwerke entscheidend sind? Nach monatelangen Verhandlungen, oftmals beschwerlich per Brief geführt zwischen Diethelm in Singapur und den nach Amsterdam zurückgekehrten Hooglandts, steht der Kompromiss: Der Schweizer darf den Namen Hooglandt noch zehn Jahre lang benutzen. Umgehend gründet Diethelm in Zürich seine eigene *W. H. Diethelm & Co.*, die als Generalagentin der Hooglandt & Co., Singapur, fungiert – nun ist er Herr in seiner eigenen Handelsfirma und forciert den Import von Schweizer Waren. Unter den Geschäftspartnern der ersten Stunde finden sich der Schweizer Fabrikant *Jacques Schiesser*, der in Radolfzell seit 1875 ein Textilunternehmen betreibt, die Maschinenfabrik *Rieter* in Winterthur und das Basler Chemieunternehmen *J. R. Geigy*. Anfangs werden diese Geschäfte noch auf Kommissionsbasis geführt, später bauen die Handelspartner im Fernen Osten zunehmend eigene Lagerhaltungen auf. Der freie Hafen Singapur entwickelt sich nach der Eröffnung des Suezkanals rasch zu einem bedeutenden Umschlagplatz für Erzeugnisse aus der Schweiz: Textilien aus Winterthur oder St. Gallen, Textildruck aus Glarus, Seidenkleider aus Zürich, Uhren aus Neuchâtel, Spieldosen aus Genf.

Die neu erstellte Schifffahrtsstrasse durch die Wüste zwischen Mittel- und Rotem Meer bringt auch moderne Erzeugnisse nach Japan. Die erste von Hermann Siber und Caspar Brennwald durch den Kanal gelotste Schiffsladung, so wissen japanische Quellen der Zeit, befördert eine ganz besondere Fracht: Gaslampen aus Glasgow für Yokohama. Im Herbst 1872 erstrahlt die Hafenstadt, in der sich mittlerweile über 300 fremdländische Kaufleute niedergelassen haben, dank der beiden Schweizer in modernem Licht. Die politischen und wirtschaftlichen Verhältnisse bleiben allerdings schwierig. Der Export von Rohseide, Seidenraupen, Tee, Pflanzenöl und Meeresprodukten, den *gohin,* wie die fünf wichtigsten Exportwaren Japans damals genannt werden, steigt zwar, seit Japan Aussenhandel betreibt, aber eben auch die Preise für Reis und andere Produkte des täglichen Bedarfs. Das einfache Volk, Bauern auf dem Land und Bürger in der Stadt, gerät in wirtschaftliche Not. Unter diesem inneren und äusseren Druck zerbricht schliesslich das morsch gewordene Feudalsystem, und nach einem kurzen Ringen zwischen feudalistischen Kräften und jungen, reformfreudigen und monarchisch gesinnten Samurai erkennen die japanischen Feudalfürsten die Kaiserherrschaft wieder an und heben im Jahre 1868 Kaiser *Mutsuhito* auf den Thron, der als *Meiji-tenno* der Zeitepoche der *Meiji*-Restauration seinen Namen gibt. Mit einer effizienten Staatsbürokratie im Rücken strebt der als Symbolfigur wichtige Mutsuhito eine rasche wirtschaftliche und auch militärische Erstarkung des Landes an. Die Übergangszeit gestaltet sich aber gerade auch für ausländische Kaufleute wie Hermann Siber und Caspar Brennwald als schwierig. Die Geschäfte müssen auf Cash-Basis abgewickelt werden, die Kaufkraft der einheimischen Bevölkerung ist schwach, zudem sind in Japan über 60 verschiedene Gold-, Silber- und Eisenmünzen im Umlauf. «Die Japaner», kabelt ein ernüchterter Brennwald in die Schweiz, «sind noch ziemlich arm.» Dies sind durchzogene Voraussetzungen, um Handelsgeschäfte zu machen, und wer dies trotzdem tun will, braucht Phantasie und innovative

Ideen. Als etwa die Schweizer Armee in den Sechzigerjahren des 19. Jahrhunderts ihre Bestände an alten Vorderlader-Gewehren durch moderne Hinterlader ersetzen will, wittern Siber und Brennwald ein gutes Geschäft: Im Wissen darum, dass die neue Meiji-Regierung die militärischen Kapazitäten des Landes aufrüsten will, importieren sie kurzerhand grosse Mengen Schweizer Armeewaffen in das Land der aufgehenden Sonne. Angesichts der Tatsache, dass das junge Regime über keine Devisen verfügt, willigen die Schweizer in ein Tauschgeschäft ein und werden so zu Besitzern von einigen Schiffsladungen Reis.

Während die Schweizer tapfer gegen die Widrigkeiten in ihrem jungen Geschäft ankämpfen, besteigt im Hafen von Yokohama am 23. Dezember 1871 eine hochkarätige, 50-köpfige japanische Delegation ein amerikanisches Schiff, das in Richtung westliche Welt in See sticht. Angeführt wird die offizielle Mission von *Tomomi Iwakura,* 47-jähriger Adliger und Aussenminister der Meiji-Regierung; als *Iwakura-Delegation* geht das Unternehmen auch in die japanischen Geschichtsbücher ein. Zweck der ausgedehnten, 21 Monate dauernden Studienreise in die USA und verschiedene europäische Länder ist es, die fortschrittlichsten Nationen der Welt zu studieren und die rund zwei Jahrzehnte zuvor geschlossenen, aus japanischer Sicht diskriminierenden «Freundschaftsverträge» aufzulösen. Nach den Vereinigten Staaten besucht die Delegation auf dem Alten Kontinent unter anderem England, Frankreich, Deutschland, Russland und als letztes Land auch die Schweiz. Am 19. Juni 1873 überqueren die Japaner mit einem Dampfschiff den Bodensee und betreten in Romanshorn erstmals Schweizer Territorium. Der Tagebuch schreibende Sekretär der Delegation notiert über das Wetter: «Heiter. Nachmittag wolkig. Abend Sprühregen.» Am nächsten Tag trifft die Mission in Bern ein, und der Chronist notiert: «Mit der Kutsche zum Hotel Berner Hof. Von jedem Fenster sind die hohen Berge zu sehen. Der Ausblick ist höchst angenehm und schön. Vormittag: Wir besuchen das Parlamentsgebäude und begrüssen den Präsidenten. Abend: Stadtrundfahrt in der Kutsche.

Die Strassen dieser Stadt sind ausserordentlich sauber, mit Steinen gepflastert.» Der Sekretär ist begeistert von diesem Land; am 22. Juni notiert er: «Münsingen-Bahnhof. Dutzende Häuser im Dorf, alle mit Fahnen. Man sagte uns, es werde heute hier ein Schwingfest abgehalten. Diese Sportart ist unserem *Sumo*-Kampf sehr ähnlich.» Dann kommt der Schreiber auf das eigentliche Studienobjekt zu sprechen, das politische System der Schweiz, und notiert: «Die Geschichte des Landes wird in Volksschulen unterrichtet, und zwar mit Betonung der Wichtigkeit von patriotischer Gesinnung und Ahnenkult. Die Art und Weise, die Geschichte zu erzählen, ist ganz anders als die, wie bei uns in Japan die asiatische Geschichte gelehrt wird. Aufgrund der Vereinigung von 1848 befindet sich die zentrale Regierung im Landkreis Bern: Das Verwaltungssystem ist schlicht und einfach, so dass die jährlichen Einnahmen und Ausgaben höchstens zwischen 5 bis 5,5 Millionen Dollar betragen. Einer der sieben Departementschefs wird Präsident mit einem Jahresgehalt von 2400 Dollar. Er nimmt normalerweise in einem Hotel Unterkunft. Der diesjährige Präsident heisst *Sa-le-sô-lo*.» Er meint damit *Paul Cérésole,* Waadtländer Bundesrat, Vorsteher des Finanzdepartements, Vertreter der liberal-radikalen Fraktion, die später in der FDP aufgehen wird. Beeindruckt zeigt sich der Besucher auch vom politischen System. Er schreibt: «Der vereinbarte politische Grundsatz dieses Landes besteht aus nur drei Zielsetzungen: 1. sein eigenes Recht, das Daseinsrecht und die Unabhängigkeit behaupten; 2. das Recht anderer Länder respektieren und 3. jede Einmischung von aussen verweigern. Um diese Ziele immer aufrecht zu erhalten, wird Erziehung und Bildung in hohem Masse gefördert, damit die Selbstständigkeit des Landes konstant gesichert werden kann. Die Schulerziehung gedeiht insbesondere im deutschsprachigen Teil des Landes. Das Volk ist allgemein gut erzogen, und die Leute sind alle sittlich und gebildet. Dieses Volk bewaffnet sich. Wenn irgendein Nachbarland seine Sicherheit bedroht, besteht es auf dem Prinzip der Neutralität und will keinen ausländischen Soldaten in sein Land hereinkommen lassen; wenn ausländische Soldaten sein Staatsgebiet verlassen haben, bleiben Schweizer Soldaten innerhalb ihres Territoriums und übertreten nie die Staatsgrenzen.»

Zurück in Japan fliessen zahlreiche Erkenntnisse dieser und weiterer Studienreisen in die Reformen der Meiji-Zeit ein. Japan bewegt sich in grossen Schritten in Richtung Moderne, führt die Gewerbefreiheit, die allgemeine Wehrpflicht und ein stehendes Heer ein, wird zum ersten Verfassungsstaat Asiens. Die neue, moderne Verfassung ist in weiten Teilen dem preussisch-deutschen Vorbild aus dem Jahre 1871 nachgebildet. Im Artikel 3 heisst es über den Monarchen: «Der Kaiser ist heilig und unverletzlich», und dies begründet eine «gottähnliche» Stellung der obersten Instanz im Staate. Während traditionelle Einrichtungen der japanischen Gesellschaft, wie die Familie, von diesen Modernisierungsschüben unberührt bleiben, werden formal-staatliche Institutionen wie Militär, Polizei, Staatsverwaltung oder Universität nach sorgfältig ausgewählten westlichen Vorbildern umgestaltet. Eine Entwicklung mit Folgen: Um die Jahrhundertwende gilt Japan je nach Fokus des Betrachters als *Britain of the East* oder als *Preussen Asiens*. In wirtschaftspolitischer Hinsicht bedeutsam ist die ebenfalls europäisch inspirierte Einführung der Einheitswährung Yen, die bereits im Jahre 1871 erfolgt.

All dies markiert den Eintritt Japans in die Ära des Freihandels, im Zuge derer sich erstmals in der Geschichte eine Weltwirtschaft herausbildet. England hatte diese Entwicklung begründet, als das Vereinigte Königreich als erste Nation im Jahre 1846 unilateral die wichtigsten Zölle abgeschafft hatte. Zusammen mit der Nationalstaatlichkeit als Voraussetzung für die Herausbildung des nationalen Marktes und die Einführung eines einheitlichen Zahlungsmittels waren dies unabdingbare Voraussetzungen für den Welthandel. Dieser erlebt dann auch einen rasanten Aufschwung; zwischen 1800 und 1913 erhöht sich das Volumen um das 25-Fache. Ein grosser Schub der Handelsexpansion setzt in den 1850er-Jahren ein, 20 Jahre später beschleunigt sich das Wachstum des

Handels noch einmal markant. Während dieser ersten Welle dessen, was wir heute Globalisierung nennen, tritt Japan auch in das Zeitalter der Industrialisierung ein, gemeinsam mit Russland, gewissermassen als Nationen der dritten Generation der Industrialisierung. Der Welthandel wächst in diesen Jahrzehnten freilich in wesentlich höherem Tempo als die Weltproduktion an Waren.

Diese Entwicklung beflügelt die Handelstätigkeit von Siber & Brennwald, insbesondere den Export von Rohseide, dem bedeutendsten japanischen Erzeugnis für den Weltmarkt. Bis in das 20. Jahrhundert hinein bestehen über 95 Prozent aller Exporte von Japan in die Schweiz aus Rohseide, und Archive in Yokohama zeugen davon, dass im Jahre 1890 Siber & Brennwald davon einen Marktanteil von über 40 Prozent hält. Die Schweizer sind bestrebt, die Wertschöpfung in diesem Geschäft immer weiter zu erhöhen. Einer der ersten Angestellten ist ein britischer Seiden-Fachmann, den sie in Yokohama von einem italienischen Seiden-Exporteur abwerben. Siber & Brennwald avanciert zum *market maker* in diesem Geschäft; wann immer die Handelsfirma Rohseide einkauft, schnellen die Preise nach oben. Mehr noch: Sie importiert hochwertige Seidenraupen-Eier, um die japanische Zucht zu verbessern. In der Produktion führt sie westliche Produktionsmethoden und Qualitätskontrollen ein und begründet damit die industrielle Fertigung von Rohseide. Im Kontakt mit den Lieferanten vor Ort führen Siber und Brennwald die Vorauszahlung der Ware ein und schalten dadurch den Zwischenhandel aus, ein Novum auch das. Diese Anstrengungen im Dienste des bedeutendsten Exportprodukts des Landes erregen nicht nur öffentliches Aufsehen, sondern auch staatliche Anerkennung. Sowohl der kaiserliche Hof als auch die japanische Regierung begrüssen dieses Engagement ausdrücklich. Und die Schweizer ernten die Früchte dieser Arbeit. Zur Jahrhundertwende ist die Rohseidenabteilung die Cashcow des Hauses.

Im Jahre 1900 stirbt Caspar Brennwald, der Schweizer Pionier im Handel mit Japan. Zwei Jahre zuvor hatte dessen Partner Hermann Siber seinen Neffen *Robert Hegner-von Juvalta* in die Familienfirma geholt. Der junge Mann ist vom Fach. Er hatte in Seidenspinnereien in Bergamo und Lyon gearbeitet. Hegner tritt in eine florierende Firma ein, deren Zentrale sich seit 1872 in Zürich befindet. Zehn Jahre nach dem Tod Brennwalds wird das Unternehmen in *Siber Hegner & Co.* umfirmiert.

Um die Jahrhundertwende verfügt die Stadt an der Limmat über die Zentrale dreier bedeutender Handelshäuser, denen zweierlei gemein ist: Sie gehören zu den frühesten Pionieren im Handel mit Asien, und 100 Jahre später werden sich die Namen der Gründerväter Diethelm, Keller, Siber-Hegner zu den vier Initialen einer Firma zusammenfügen, die heute mit dem Slogan auftritt: *Think Asia. Think DKSH.*

II. Business und Diplomatie

Der asiatisch-westliche Handel entwickelt sich bis zum Anbruch des 20. Jahrhunderts derart stark, dass für die in die Jahre gekommenen Gründerfiguren die Finanzierung der weiteren Expansion und die Nachfolgeplanung zum existenziellen Problem werden. Generationskonflikte brechen aus, die nur über Publikumsöffnungen sowie eine Kreuzbeteiligung zu lösen sind und damit den Weg ebnen für die zweite Generation.

Trade follows the flag – das gilt im ausgehenden 19. Jahrhundert für Engländer, Franzosen und auch für Amerikaner. Wo immer in Asien die grossen europäischen Nationen und die USA Geschäfte betreiben, bauen sie zum Schutz ihrer Bürger vor Ort diplomatische Vertretungen. Nicht so die Schweiz, die in diesem Teil der Welt nur wenige offizielle Niederlassungen unterhält. Die Schweizer Bürger schaffen Abhilfe auf naheliegende Weise und begeben sich unter diplomatischen Schutz befreundeter Nationen wie Frankreich, Preussen oder der USA. Eine pragmatische Lösung für ein drängendes Problem, aber kein Zustand auf Dauer. Zu sehr fürchten die Handel treibenden Schweizer, dass die Abwesenheit offizieller Diplomatie in den Augen der Gastländer das Ansehen ihrer Heimat schädigen und in der Folge ihr Geschäft im asiatischen Raum beeinträchtigen könnte. Sie drängen also im fernen Bern auf staatliche Repräsentanz. Im Falle der Eidgenossenschaft folgt damit die Flagge dem Handel.

Sie tut es auf typisch schweizerische Art. Die Regierung setzt nicht etwa ein hoch dotiertes Diplomatencorps in Bewegung, sondern baut auf das in der Heimat bewährte Milizsystem und ernennt von Japan bis zu den Philippinen profilierte Exponenten der dortigen Schweizer *Kaufmannschaft* zu Konsuln. Was liegt da näher, als die Gründerväter der vor Ort aktiven Handelshäuser mit diesen offiziellen Vertretungen zu betrauen? In Japan ist es Caspar Brennwald, der wohl profilierteste Kenner des Landes, der im April 1866 als erst 28-Jähriger zum Schweizer Honorarkonsul ernannt wird. Der junge Mann ist der erste offizielle Vertreter der Eidgenossenschaft im Land der aufgehenden Sonne; vor ihm waren die Niederlande, später Preussen mit dieser Funktion betraut gewesen. Als Vizekonsul assistiert ihm sein Geschäftspartner Hermann Siber. Für die Besitzer des Handelshauses Siber & Brennwald bedeutet dies zweifellos mehr als lediglich eine ehrenvolle Aufgabe im Dienste des Heimatlandes. Sie bedeutet eine vorteilhafte Stellung innerhalb der *Expatriates* vor Ort, auch innerhalb der japanischen Gesellschaft, und diese Vermischung von Diplomatie und Business beflügelt die Geschäfte. In diesen oft schwierigen Gründerjahren ist auch das damit verbundene regelmässige Einkommen willkommen. Es hilft, geschäftliche Volatilitäten abzufedern, und so sind die Schweizer Konsuln in der Fremde stets bestrebt, diese Ämter möglichst lange mit Vertretern ihrer Unternehmen besetzt zu halten. Oftmals gelingt dies über Jahrzehnte hinweg; im Falle von Siber & Brennwald ein Vierteljahrhundert lang.

Auf den Philippinen ist es Eduard A. Keller, der im Jahre 1880 Schweizer Konsul in Manila wird, nachdem er bereits zwei Jahre lang Vizekonsul gewesen war. Er erhält seine Ernennungsurkunde noch mit königlichem Siegel; die Philippinen sind spanische Kolonie, und so wird das Dokument vom Monarchen *Alfonso XII.* unterzeichnet. Auch dieses Handelshaus hat von dem diplomatischen Status seiner führenden Exponenten über die Jahre profitiert, und immer wieder haben sich Geschäft und Politik die Hand gereicht. So auch in Singapur, wo Wilhelm H. Diethelm nicht nur das niederländische Handelshaus Hooglandt & Co. übernimmt und in seine eigene Firma überführt, sondern auch das ehrenvolle Amt des Vizekonsuls von Russland von den Hooglandts erbt. Jahrelang hatten die Holländer als Agenten für die den Hafen von Singapur anpeilenden russischen Handelsschiffe fungiert. Als nun der Schweizer dieses Amt im Dienste einer Grossmacht übernimmt, kabelt Diethelm an seine Frau, die in der Schweiz weilt: «Heute, meine Liebe, bist Du Frau Konsulin geworden. Bist Du aufgeregt?» Als wollte er den eigenen Stolz nicht überborden lassen, schiebt er nach: «Ich für meinen Teil gebe nicht viel auf diese Ernennung.» Natürlich ist dies ein Stück weit gespielte Bescheidenheit. Auch Diethelm ist sich bewusst, dass öffentliche Ämter dieser Kategorie den gesellschaftlichen Status, die in Asien so wichtigen Beziehungsnetzwerke und damit auch den Aktionsradius der Geschäfte beflügeln können. Dieser Einschätzung haben sich ganz offensichtlich auch seine Nachfolger keineswegs verschlossen. Das Unternehmen ist in der ersten Hälfte des 20. Jahrhunderts gewissermassen eine Drehscheibe für diplomatische Vertretungen. Führende Exponenten der Niederlassung Singapur fungieren als offizielle Repräsentanten für Argentinien, Österreich-Ungarn sowie die Schweiz, und das 1890 eröffnete Diethelm-Büro im unter französischer Kolonialherrschaft stehenden Saigon ist zwischenzeitlich diplomatische Vertretung für die Niederlande, Österreich-Ungarn, Schweden und die Schweiz.

Dieser Einsatz hat freilich auch eine Kehrseite. Als der asiatisch-schweizerische Handel um die Jahrhundertwende immer stärker zunimmt, werden diplomatische Repräsentationspflichten für die Betroffenen mitunter zu einer Bürde, die sich mit dem Tagesgeschäft in den Handelshäusern kaum mehr unter einen Hut bringen lässt. Einer der Ersten, der daraus Konsequenzen zieht, ist ein *Arnold Dumelin,* Nachfolger von Hermann Siber und Caspar Brennwald als Schweizer Konsul von Japan. Er gibt im Jahre 1891 infolge Arbeitsüberlastung dieses Amt zurück. Die Schweizer Regierung hat zumindest insofern ein Einsehen, als sie nun erstmals in der Geschichte einen Karrierediplomaten nach Tokio entsendet. Mitunter jedoch mahlen die Mühlen im Aussenministerium langsamer, als es der Takt der Zeit erfordern würde. Im Falle von China werden im Eidgenössischen Departement für auswärtige Angelegenheiten im Berner Bundeshaus West hitzige Diskussionen geführt über die Frage, ob die Schweiz im Reich der Mitte über eine eigene diplomatische Vertretung verfügen müsse oder ob sich diese pekuniären Ausgaben mit gutem Gewissen sparen liessen. Es braucht denn auch einiges, auch an öffentlichem Druck, um bei der Regierung einen positiven Entscheid herbeizuführen. Am 21. September 1912 schreibt die

Neue Zürcher Zeitung in dieser Angelegenheit: «Ist es nicht depressiv zu sehen, wie Schweizer in China bei anderen Mächten Schutz suchen müssen? Befleckt diese Haltung nicht das Image unseres Landes als bedeutende Handelsnation in der Welt?» Berechtigte Fragen, die an der Zürcher Falkenstrasse, dem Sitz der NZZ-Redaktion, formuliert und in Bern, mit freilich grosszügigem Zeithorizont, auch erhört werden. Es dauert noch neun Jahre, bis in Shanghai ein Schweizer Konsulat eröffnet wird, und elf weitere, bis daraus eine voll ausgestattete Botschaft wird.

Geschäftsleute funktionieren mit anderen Zeitbudgets als Staatsbeamte. Seit Langem schon blickt die im asiatischen Raum tätige Schweizer Geschäftswelt nach China, diesem 400-Millionen-Menschen-Markt, der – ähnlich wie Japan – von den grossen westlichen Handelsnationen mit Gewalt dem internationalen Handel angeschlossen wird. Nach zwei gegen England verlorenen, von den Historikern *Opium-Kriege* genannten Waffengängen, muss Chinas Kaiser aus der Dynastie der *Qing* den westlichen Mächten weitgehende Konzessionen einräumen, über ein Dutzend Seehäfen für den britischen Handel öffnen und feste Zollsätze garantieren. Interessiert sind die Briten insbesondere an Shanghai, der aufstrebenden Metropole am Mündungsgebiet des Jangtse. Mitte des 19. Jahrhunderts ist der am ostchinesischen Meer gelegene Hafen bereits der wichtigste Umschlagplatz an der Haupthandelsroute der Seide und der Tee produzierenden Regionen Ostasiens. Britische Kaufleute strömen nach dem Ende des Ersten Opium-Krieges Anfang der 1840er-Jahre angesichts der neu errungenen Handelsfreiheit in Scharen in die Stadt, kurze Zeit später kommen auch die Franzosen und Amerikaner. Dass ab Mitte der 1890er-Jahre sogar die Japaner von der Handelsfreiheit am Jangtse profitieren und sich in der Stadt einrichten, ist für die kaiserlichen Herrscher Chinas besonders demütigend. Hintergrund dafür ist ebenfalls eine militärische Auseinandersetzung, diesmal zwischen den beiden asiatischen Kaiserreichen: der *Erste Japanisch-Chinesische*

Krieg. Der Inselstaat hatte die zwei Jahrzehnte seit der Meiji-Restauration zur Modernisierung der Kaiserlichen Japanischen Armee genutzt und den Chinesen nun eine vernichtende Niederlage beigefügt. Auslöser des militärischen Konflikts war der politische Status der koreanischen Halbinsel gewesen, traditionell ein tributpflichtiger Vasallenstaat Chinas. Als der Waffengang vorüber ist, muss China die formelle Unabhängigkeit Koreas anerkennen, und Taiwan ist eine japanische Kolonie.

Weit schwerer wiegt, dass sich die kaiserlich-chinesische Qing-Dynastie von dieser Niederlage nie mehr wirklich erholen wird. Die gerade mühselig aufgebaute Kriegsflotte wird von den Japanern versenkt. Seit den 1870er-Jahren werden in China zwar Dampfschiffe, Eisenbahnen oder Telegrafenlinien gebaut, aber die Modernisierung des Landes geht wesentlich schleppender voran als in Japan. Im Innern des Reiches kommt es zu ernsthaften sozialen Spannungen, ein Bauernaufstand folgt dem nächsten. Die Regierung ist kaum mehr Herr der Lage und leidet auch derart an chronischer Geldknappheit, dass sie bei ausländischen Banken Bares ausleihen muss. Aussenpolitisch hat sie dem Druck der westlichen Handelsnationen kaum etwas entgegenzusetzen und degeneriert schrittweise zur halb kolonialisierten Nation. Eine derartige innere und auch äusserlich sicht- und wahrnehmbare Schwäche stellt im chinesischen Kulturkreis ein besonderes Handicap dar.

Wer im Reich der Mitte ein über alle sozialen, sprachlichen und auch religiösen Grenzen hinweg gemeinsames Ethos ausmachen will, stösst unweigerlich auf den *Konfuzianismus,* so etwas wie das geistige Fundament der Chinesen. Seine das Leben im Diesseits thematisierende Lehre ist auf die Familie, den Clan ausgerichtet. Im Zentrum stehen die wechselseitigen Pflichten zwischen den Gliedern der Familiengemeinschaft. «In einem ähnlichen Sinne», urteilt Asien-Kenner und NZZ-Korrespondent *Urs Schoettli,* «sieht Konfuzius auch das Verhältnis zwischen dem Kaiser und seinen Untertanen.» Letztere haben die Pflicht, sich gegenüber der Obrigkeit gehorsam zu zeigen; der Kaiser hat dagegen die

Pflicht, «dafür zu sorgen, dass es dem Lande gut geht, dass die Grenzen gesichert sind, dass Ruhe und Ordnung herrscht und dass die Infrastruktur instand gehalten wird», so Schoettli. Von diesem Ideal hat sich die Qing-Dynastie ziemlich weit entfernt, und dies wird unangenehme Folgen haben. Einer der wichtigsten Schüler des Konfuzius, der Philosoph *Mencius,* leitet aus diesen wechselseitigen Pflichten das Recht, ja die Pflicht der Untertanen ab, den Herrscher zu stürzen, sollte dieser seinen eigenen Pflichten nicht mehr gewachsen sein.

Die innen- und aussenpolitische Lage Chinas ist um die Jahrhundertwende also alles andere als stabil. Für Geschäftsleute, die in Asien aktiv sein wollen, ist dies freilich weder ungewöhnlich noch ein Hinderungsgrund, in diesen sich nun ebenfalls dem Welthandel öffnenden Markt zu expandieren. Das älteste im asiatischen Raum tätige Schweizer Handelshaus, *Siber Hegner,* vollzieht diesen Schritt im Jahre 1902, und die Schweizer finden ein Land vor, in dem die Ausländer bereits gewichtige Handelspositionen einnehmen. Insbesondere die britische East India Company betreibt einen schwunghaften Handel mit Zinn, Blei, Woll- und Baumwollstoffen gegen Tee und Seide. Die Engländer hatten nach den siegreichen Opium-Kriegen gegenüber der chinesischen Regierung auch durchgesetzt, dass sie beim Handel nicht mehr ausschliesslich mit staatlich lizenzierten Partnern, sogenannten *Hong-Händlern,* zu verkehren haben, sondern Geschäfte mit jeder beliebigen Person ihrer Wahl tätigen dürfen. Dies begünstigt das Aufkommen eines neuen Händler-Typs, des sogenannten *Compradors,* was auf Portugiesisch so viel heisst wie «Käufer». Dies sind Chinesen, die als *go between* zwischen westlichem Kaufmann und Endabnehmer die chinesische Seite des Handels abdecken. Sein Einkommen bestreitet ein Comprador meist aus Kommissionen, die er von seinem ausländischen Auftraggeber erhält, während dieser sich um Finanzierung, Verschiffung und Versicherung der Import- und Exportware kümmert. An der Anzahl der Compradores lässt sich auch der rasante Aufschwung des chinesischen Handels ablesen: Mitte des 19. Jahrhunderts sind schätzungsweise 250 Personen in diesem Metier aktiv, 20 Jahre später rund 700 und um die Jahrhundertwende bereits 20000. Es ist offenbar eine finanziell derart lukrative Aktivität, dass sich zahlreiche Chinesen im Laufe der Jahre in ausländische Unternehmen einkaufen und damit ihr Vermögen auch vor einem staatlichen Zugriff zu schützen trachten. Die Funktion des Compradors wird oft auch innerhalb der Familie an die Kinder und Enkel weitervererbt.

Auch in anderen Regionen, etwa im südostasiatischen Singapur, sind die Ausländer auf die Dienste von Compradores angewiesen. In der Hafenstadt ist ein grosser Teil des lokalen Handels fest in chinesischer Hand. Familien aus dem Reich der Mitte besitzen die kleinen Läden in der Stadt, verkehren praktisch ausschliesslich in ihren Kreisen und können sich meist weder auf Malaiisch, geschweige denn in einer westlichen Sprache verständigen. Wer in dieser geschlossenen, chinesisch geprägten Gesellschaft Handel betreiben will, ist auf Mittelsmänner angewiesen, welche die westliche Lebensart ebenso verstehen wie das chinesische Geschäftsgebaren. Und die Ausländer vor Ort zollen Letzterem durchaus Respekt. «Zum ersten Mal sehen sich die Briten geschäftlich mit einem Gegenüber konfrontiert, das ihnen ebenbürtig, wenn nicht gar überlegen ist», schreibt etwa ein englischer Kaufmann einem Neuankömmling in Asien. Er empfiehlt diesem wärmstens, einen Mittelsmann zu engagieren, der dessen Ware auf Kommissionsbasis bei den chinesischen Geschäftsinhabern platzieren kann.

Auf diesem Weg lernen die Handel treibenden Europäer vor Ort mit der Zeit, die chinesische Seite des Handels erfolgreich zu meistern. Doch die Situation bleibt instabil, und mitunter brechen plötzlich vermeintlich sichere Geschäfte weg. So hatte die ursprünglich niederländische, inzwischen dem Schweizer Wilhelm H. Diethelm gehörende Niederlassung in Singapur, die Hooglandt & Co., mit der ebenfalls niederländischen Erdölfirma *Royal Dutch Company for the Exploitation of Petroleum Wells in the Netherlands East Indies,* kurz *Royal Dutch Company*, einen

Deal zum Vertrieb von Petroleum in Südostasien abgeschlossen. Beide Seiten rechneten mit über Jahre sprudelnden Gewinnen. Die Erdöl-Gesellschaft war 1890 gegründet worden, um in den niederländisch-ostindischen Gebieten Erdöl zu fördern und auf diesem Wege die Petroleum produzierenden Länder USA und Russland auf dem Weltmarkt zu konkurrenzieren. Auf Sumatra, der im Indischen Ozean gelegenen, zu Indonesien gehörenden Insel, hatte die Gesellschaft ein erstes Ölfeld namens *Telaga Said* gefunden und einen Fördervertrag über 60 Jahre abgeschlossen. Das Kerosin wird seit Förderbeginn nach Singapur transportiert, und Hooglandt & Co. vertreibt das als Lichtquelle beliebte Petroleum im südostasiatischen Raum. Ein lukratives Unterfangen: In den ersten sechs Jahren verdreifacht sich der Umsatz aus diesem Geschäft für das Handelshaus.

Im August 1898 sitzen denn auch Hooglandt-Vertreter vor Ort mit Gästen aus der Royal-Dutch-Zentrale aus Den Haag zusammen und feiern gebührend diese sich so prächtig entwickelnde Verbindung. Für das Dinner an diesem Abend hat das Handelshaus die nobelste Adresse in Singapur gewählt, das *Hotel de l'Europe* an der *Coleman Street*. Doch die gute Stimmung bei Tisch kippt plötzlich, als den Herrschaften ein Telegramm gereicht wird. Die Vorkommen des mit Abstand bedeutendsten Ölfelds der Royal Dutch in Asien, der Telaga Said auf Sumatra, seien praktisch erschöpft, heisst es da. Für die Ölfirma ein existenzbedrohender Rückschlag angesichts der auf Sumatra bereits getätigten massiven Investitionen – unter anderem den ersten für die Ölförderung tauglichen Hafen Indonesiens –, die nun, wie es scheint, keine adäquaten Einnahmen einbringen und wodurch die Erschliessung neuer Ölfelder die Finanzkraft des Unternehmens zu übersteigen droht. Royal Dutch braucht also frisches Kapital und neue Investoren. In ihrer Not klappern deren Manager auch ihre Geschäftspartner ab und klopfen natürlich auch an die Tür von Wilhelm H. Diethelm, dem Besitzer der Hooglandt & Co., Singapur. Die Anfrage kann für den Schweizer in seinem Zürcher Büro kaum aus heiterem Himmel gekommen sein. Überraschend ist höchstens die Höhe des nachgefragten finanziellen Engagements: 10 000 Pfund Sterling, was rund einer Viertelmillion Schweizer Franken entspricht – eine stolze Summe, die selbst ein gut eingeführtes Handelshaus nicht einfach im Sparstrumpf hält. Das wissen auch die Holländer, und so ködern sie den Schweizer mit einem neuen Vertrag zu wesentlich besseren Bedingungen. Die auslaufende Vereinbarung zwischen Hooglandt & Co., Singapur, und Royal Dutch soll um mindestens fünf Jahre verlängert und zu einem exklusiven Agenten-Kontrakt für Singapur und die indochinesische Nachbarschaft ausgebaut werden. Dies würde Diethelms Niederlassung in der südostasiatischen Hafenstadt zum Generalagenten vor Ort für den Rohöltransport der Niederländer machen. Sämtliche ein- und auslaufenden Royal Dutch-Tanker wie auch die Aufsicht über die firmeneigenen Öl-Lagertanks draussen in *Pulau Sambu,* ausserhalb des Hafens: Alles läge in der Verantwortung der Diethelm-Firma.

Ein verlockendes Angebot, das weiss der Firmenchef, aber auch ein gefährliches. Ein Investment in dieser Höhe würde zu einem Geldabfluss führen, der den finanziellen Spielraum seiner Niederlassung in Singapur empfindlich einschränken würde. Auf der anderen Seite würde eine Ablehnung bedeuten, dass seine Hooglandt & Co. einen bedeutenden Geschäftspartner mit einem wichtigen Kundennetzwerk in einem Wachstumsmarkt verlieren würde. Schliesslich, nach wenigen Tagen Bedenkzeit, sagt Diethelm deshalb zu. Die Zusammenarbeit mit Royal Dutch gestaltet sich freilich schwierig, als die Holländer kurze Zeit später auf Sumatra weitere Ölquellen entdecken und die Gewinnschwelle wieder erreichen. Insbesondere als die Ölfirma gegen Ende des Fünf-Jahres-Kontraktes mit Diethelm beschliesst, mit der britischen *Shell Transport and Trading Company,* dem langjährigen Konkurrenten, die Kräfte zu bündeln und in Singapur für ihre Aktivitäten im Fernen Osten die gemeinsame Gesellschaft Asiatic Petroleum & Co. Ltd. zu gründen.

Immerhin gelingt es Diethelm, die Repräsentanz der neuen Firma bis 1908 zu erhalten. Dann freilich, als Royal Dutch und Shell ihre Unternehmen fusionieren, kommt Diethelms Engagement im Öl-Business nach 15 Jahren zu einem Ende. Als Fazit bleibt, dass der Schweizer ganz entscheidend zum Überleben der Royal Dutch beigetragen hatte und die Hooglandt & Co., Singapur, wie auch die Diethelm & Co., Saigon, dadurch über Jahre gute Profite erwirtschaftet haben. Ebenso hat das fusionierte britisch-niederländische Unternehmen profitiert: Bis zum Ersten Weltkrieg kontrolliert es rund 85 Prozent des Petroleum-Exports aus der Region, und heute ist die inzwischen auf Royal Dutch Shell plc. umfirmierte Firma eine der weltweit grössten Unternehmensgruppen. 100 Jahre später, im Herbst des Jahres 2009, schliesst sich dieser Kreis freilich wieder. Royal Dutch Shell vereinbart mit DKSH ein weitreichendes Kooperationsabkommen für einen spezifischen Geschäftsbereich, was DKSH zum Vertriebs- und Expansionspartner für Thailand macht.

In diesen ersten Jahren des neuen Jahrhunderts stehen für den Firmengründer Wilhelm H. Diethelm zusätzliche, weitreichende Entscheide an. Bereits 1906 hatte er die Keimzelle seiner Asiengeschäfte, die Hooglandt &. Co., zu einer Tochtergesellschaft seiner W. H. Diethelm & Co. in Zürich gemacht. Im gleichen Jahr wandelte er seine Firma in eine Aktiengesellschaft um. Er hatte gute geschäftliche wie private Gründe für diesen Schritt. Um das wachsende Handelsgeschäft in Asien zu bewältigen, hatte er neben Saigon 1906 im thailändischen Bangkok eine weitere Niederlassung eröffnet und im gleichen Jahr in Singapur das schweizerische Handelshaus *Cadonau & Co.* übernommen. All diese Expansionsschritte wollen finanziert sein. Zum praktisch gleichen Zeitpunkt erreichen etliche Partner der ersten Stunde das Pensionsalter und wollen ihre Investments verflüssigen, auch Diethelm selber geht gegen die Sechzig. So verschmelzen Publikumsöffnung und Nachfolgeplanung zu einem. Seine zwei Söhne, *Wilhelm M.* und *Walter R.*

Diethelm, in den frühen Zwanzigern der eine, noch Teenager der andere, sind zwar bereits in die Familiengesellschaft eingetreten, jedoch noch weit davon entfernt, die geschäftliche Verantwortung übernehmen zu können. Diethelm löst das Problem pragmatisch. Er beruft als Übergangslösung ein familienfremdes Management und gibt so seinen Söhnen die Zeit, sich zu bewähren. Er selber zieht sich auf das Präsidium des Verwaltungsrates der Diethelm & Co. Ltd. zurück.

Gefordert ist der Senior freilich noch in einem ganz anderen Zusammenhang. Seit Jahren verkehrt seine Familie freundschaftlich mit den in Manila tätigen Kellers, die seinerzeit ihr Handelshaus auf den Philippinen gegründet hatten. Als dessen Gründer und Familienoberhaupt Eduard A. Keller gesundheitsbedingt nur noch beschränkt aktiv sein kann, wendet er sich Hilfe suchend an seinen Freund Diethelm. Die Ausgangssituation bei der *Ed. A. Keller & Co.* ist ähnlich derjenigen in seiner eigenen Firma. Zwei seiner Söhne, *Eduard «Chiqui»* und *Wilhelm Max «Willy» Keller,* beide in den 1880er-Jahren auf den Philippinen geboren, haben bereits erste berufliche Erfahrungen in der Familienfirma in Manila gemacht, sind aber noch zu jung, um die Führung zu übernehmen. So entscheidet sich auch Keller, sein Unternehmen in eine Aktiengesellschaft umzuwandeln, was im Juli 1908 geschieht. Der Patron erlebt dies freilich nicht mehr. Der Firmengründer stirbt, 60-jährig, am 16. Januar des gleichen Jahres und hinterlässt eine Frau mit acht Kindern, drei davon sind noch minderjährig. Nach geltendem Schweizer Gesetz können die Interessen minderjähriger Kinder von keiner Frau, auch nicht von der eigenen Mutter, wahrgenommen werden, die Vormundschaft muss zwingend ein Mann übernehmen. Keller hatte noch zu Lebzeiten Diethelm um diesen Freundschaftsdienst angefragt und diesen auch gebeten, selber Aktien der *Ed. A. Keller & Co. Ltd.* zu zeichnen. So kommt es erstmals zu einer Kapitalbeteiligung von Diethelm. Drei weitere langjährige Weggefährten, darunter ein Schwiegersohn des verstorbenen Eduard A. Keller, zeichnen Anteilsscheine, nehmen zusammen mit Diethelm Einsitz im Verwaltungsrat und begleiten so das Handelshaus beim Übergang in die zweite Generation.

Ein tragischer Tod in der Diethelm-Familie macht aber wieder schlagartig bewusst, dass in diesem geografisch derart exponierten Handelsgeschäft jede Nachfolgeplanung ein fragiles Unterfangen bleibt. Am 10. Januar 1911 stirbt Wilhelm M. Diethelm, gerade mal 27-jährig, in Bangkok an Cholera. Der Älteste war sechs Jahre zuvor in Singapur in das Familienbusiness eingestiegen, hatte bei Diethelm & Co., Saigon, seine Sporen abverdient, war zum Co-Manager im Büro Bangkok aufgestiegen und galt als natürlicher Nachfolger des Vaters. Die Nachricht des Todesfalls trifft auch die Keller-Brüder in Manila, fast so als hätten sie einen Bruder verloren. Einer von ihnen hatte mit dem Verstorbenen einst in der Heimat, im Toggenburgischen, die Schulbank gedrückt und zeitgleich seine Lehre in Zürich begonnen. Als Wilhelm M. Keller kurze Zeit später, im Jahre 1914, die Diethelm-Tochter *Anna* heiratet, ist absehbar, dass die Diethelm & Co. Ltd. und die Ed. A. Keller & Co. Ltd. dereinst gemeinsame Erben erhalten würden.

Zunächst jedoch kämpft die zweite Generation der Kellers um ihren Platz in der Familienfirma. Die zur Aktiengesellschaft weiterentwickelte Ed. A. Keller & Co. Ltd. verfügt nun über ein Aktienkapital von 1,5 Millionen Franken, wovon 850 000 Franken aus der Keller-Familie stammen. Trotz dieser deutlichen Kapitalmehrheit und sehr zum Missfallen der beiden ältesten Keller-Söhne ist kein Familienangehöriger in den Verwaltungsrat der Aktiengesellschaft gewählt worden. Fast noch schwerer wiegt, dass keiner von beiden im Büro in Manila, wo sie tätig sind, zum Partner aufsteigt. Ein Generationenkonflikt bahnt sich an, überlagert noch von einem für Handelshäuser dieser Struktur typischen Konstruktionsdefizit: In der Zentrale im fernen Zürich herrschen die alten Weggefährten des Firmengründers, oft nach jahrzehntelangem Einsatz in Asien als verdienstvolle Kaderleute in die Heimat zurückgekehrt und bestrebt, die Firma im Geiste der Pionierzeit weiterzuführen.

Diese in Ehren ergrauten Herren ticken naturgemäss anders als die nachrückenden Erben, die den Namen der Firma tragen. Ob diese sich über mangelnden Einfluss in Firmenbelangen, über ein wenig dynamisches Management vor Ort in Manila beklagen oder mehr Lohn und Mitsprache bei der Strategie einfordern, die Reaktionen in Zürich sind wenig verständnisvoll: Es gelte, die Mitarbeitenden gut zu behandeln, gerade wenn man Keller heisse; es gelte, sparsam zu sein, und kein Keller, und schon gar kein junger, könne auf privilegierte Behandlung oder ungebührenden Einfluss hoffen. Selbst dem über solch Alltäglichkeiten stehenden Grandseigneur Wilhelm H. Diethelm gelingt es nicht, diese Dissonanzen zum Verstummen zu bringen. Die Keller-Brüder wälzen Pläne, ein Aktienrückkaufprogramm zu initiieren, um zusätzliche Aktien zu erwerben und so ihren Einfluss in der Familienfirma zu verstärken. Dies, so das Kalkül, würde ihnen auch eine ihrem Status als Erben adäquate Stellung garantieren.

Bevor diese Auseinandersetzung sich zur Unlösbarkeit auswachsen kann, weichen sich im Sommer 1909 die Fronten im Hause Ed. A. Keller & Co. Ltd. in Manila etwas auf. Auslöser sind zwei amerikanische Gesetze, die ein Freihandelsabkommen zwischen der Grossmacht und dem Inselstaat begründen. Vorausgegangen waren kriegerische Auseinandersetzungen auf den Philippinen, zunächst der *Spanisch-Amerikanische Krieg* im Jahre 1898, der das philippinische Inselreich von einer spanischen zu einer amerikanischen Kolonie macht; im Jahr darauf der bis 1902 währende *Philippinisch-Amerikanische Krieg,* bei dem die neue Kolonialmacht eine philippinische Unabhängigkeitsbewegung niederschlägt. In den Jahren nach dem Waffengang setzt sich in Amerika die Erkenntnis durch, dass der Inselstaat schrittweise in die Unabhängigkeit zu führen sei, und eine Wegmarke auf diesem Weg ist ein erleichterter Warenhandel zwischen beiden Staaten. Eine Öffnung mit Folgen: Innert zwölf Monaten verdreifacht sich der amerikanisch-philippinische Handel über den Pazifischen Ozean. Auch das Handelshaus Ed. A. Keller & Co. Ltd. versucht, von dieser Entwicklung zu profitieren. Die Firma schickt den obersten Repräsentanten ihres Büros in Manila in die Vereinigten Staaten mit dem Auftrag, dort eine Niederlassung aufzubauen. Dies ist ein bedeutender strategischer Entscheid, und in kurzer Zeit steigt das Unternehmen zu einem wichtigen Akteur im transpazifischen Handel auf – neben dem Handelshaus Siber Hegner & Co., das schon seit geraumer Zeit japanische Rohseide von Yokohama in die USA verschifft. Diese Expansion der Geschäfte führt immerhin dazu, dass der älteste Sohn Eduard Keller die Führung der Firma in Manila übernehmen und der Zweitgeborene zunächst die Abteilung Lebensmittel und später Textilien verantworten kann, die beiden bedeutendsten Handelsaktivitäten vor Ort. Ed. A. Keller & Co. Ltd., wissen offizielle Berichte im Aussenministerium in Bern, entwickelt sich in der ersten Dekade des 20. Jahrhunderts zum bedeutendsten der fünf auf den Philippinen tätigen Schweizer Handelshäuser.

Während bei Diethelm und Keller der Generationenwechsel mit einigen Irritationen zwar, aber letztlich erfolgreich angeschoben ist, sieht sich das älteste in Asien tätige Schweizer Handelshaus, Siber Hegner & Co., mit einem ganz speziellen Problem konfrontiert. Am 9. September 1918 stirbt Hermann Siber, der letzte Gründungsaktionär, dessen Name den Firmennamen ziert. Nach Schweizer Recht muss eine Personengesellschaft, wie Siber Hegner eine ist, den Familiennamen der Partner in der Firmenbezeichnung führen, andernfalls ist dieser zu löschen. Nun gibt es als einzigen direkten Nachfahren genau eine Person dieses Namens, einen Mann namens *Gustav Siber,* aber im 64. Altersjahr stehend und aus diesem Grund kaum ein geeigneter Partner, den angestammten, im asiatischen Raum bestens eingeführten Firmennamen in eine neue Zeit hinüberzuretten. Bei Lichte besehen, existieren nur zwei Wege, dieses Dilemma zu lösen. Siber Hegner & Co. könnte das Headquarter des Unternehmens aus der Schweiz nach Nippon transferieren und unter japanisches Recht stellen, da die örtlichen Gesetze eine Weiterführung des Namens Siber erlauben würden. Oder aber das Handelshaus müsste in eine Publikumsgesellschaft umgewandelt werden, was eine freiere Namensgebung ermöglichen würde. Die finanziell engagierten Partner können sich aber für keine der beiden Alternativen erwärmen. Sie wählen einen dritten Weg, der ihnen von ihrer Zürcher Hausbank, der *Schweizerischen Kreditanstalt,* vorgeschlagen worden war. Es ist eine simple, aber bestechende Idee, den beiden als Partner in die Firma eingetretenen Hegner-Brüdern aus der zweiten Generation als weiteren Nachnamen den Schriftzug Siber anzuhängen. Diese eher unorthodoxe Vorgehensweise erfordert allerdings die Zustimmung der Zürcher Behörden, die diese in einer Spezialsitzung «angesichts der Bedeutung der Firma für die Schweizer Industrie und Handel» ohne weitere Diskussion gewährt. Und so kann das Handelshaus das angestammte *Siber Hegner & Co.* weiterverwenden, und die beiden Brüder nennen sich fortan *Robert Siber Hegner* und *Wolfgang Edmund Siber Hegner.*

Am Vorabend des Ersten Weltkrieges haben sich die Pioniere der Schweizer Handelshäuser erfolgreich in Asien festgesetzt. Eine zweite Generation steht bereit, den Stab zu übernehmen und auf dem grössten Kontinent der Welt in weitere Märkte einzutreten.

III. Krieg und Krisen

Der prosperierende, inzwischen global verzahnte Welthandel kommt mit dem Ersten Weltkrieg praktisch zum Erliegen. Es braucht Fantasie und gute Nerven, um trotzdem Geld zu verdienen. Die grosse Bewährungsprobe kommt freilich mit der grossen Depression, und die Schweizer in Fernost haben nur ein Ziel: die Stellung zu halten.

Die Jahrzehnte nach der Jahrhundertwende stehen für die Überwindung von Raum und Zeit. 1884 einigten sich 25 Staaten der Welt auf das System einer in Zeitzonen aufgeteilten, am *Meridian von Greenwich* ausgerichteten Weltzeit; bis 1913 wird dieses zum Standard der Zeitmessung. 1903 staunt die Menschheit über den ersten Motorflug. Ein Jahrzehnt später hält sich ein Flugzeug mit acht Personen an Bord bereits zwei Stunden in der Luft, und als der norwegische Polarforscher *Roald Amundsen* 1911 den Südpol erreicht, ist auch einer der letzten Flecken auf dem Globus bereist und kartografiert. Die Menschen fühlen sich als Teil eines Ganzen, die aufkommende Massenpresse in den USA, in Europa, aber auch in China oder Japan fördert das Bewusstsein für die Gleichzeitigkeit von globalen Ereignissen, in der Umgangssprache wird von *einer* Weltwirtschaft gesprochen, und wer will, kann nach 1913 im Zug die Strecke Lissabon–Shanghai ohne Umsteigen zurücklegen. Er braucht dafür nicht einmal zwingend einen Pass, da für die meisten Länder bei der Einreise keine Reisedokumente benötigt werden. Auch die Schweizer, die in den Handelshäusern in Asien tätig sind und dort leben, besitzen zur Identifikation meist nur eine Geburtsurkunde ihres Heimatorts.

In Asien ist es insbesondere Japan, das die Chancen einer sich vernetzenden Welt des Handels und die Industrie für die Expansion der nationalen Wirtschaft zu nutzen sucht. Grossunternehmen wie *Mitsui, Mitsubishi* oder auch *Sumitomo* kooperieren eng mit der Meiji-Regierung, welche die Industrialisierung des Landes vorwärts treibt und dabei auf die unternehmerische Initiative der Privatwirtschaft setzt. Das Eisenbahnnetz wird zügig ausgebaut, der Aufbau einer arbeitskräfteintensiven Textilindustrie forciert, und es entstehen Getreidemühlen, Zuckerraffinerien, Brauereien, Maschinenfabriken. Das Land der aufgehenden Sonne schreitet in schnellen Schritten in Richtung Moderne. Im Jahrzehnt zwischen 1893 und 1903 verdreifacht sich die Zahl der Gesellschaften im Land, ebenso die Kapitaleinlagen oder das Exportvolumen in Yen. Der Bau von Eisenbahnlinien verdoppelt sich auf knapp 4500 Meilen, und die Anzahl Fabriken, die mechanisch betriebene Maschinen einsetzen, verfünffacht sich auf knapp 4000. Die forcierte Industrialisierung erfolgt freilich auch aus einem weiteren Grund: «Die enge Bindung der Privatwirtschaft an die Rüstungsindustrie ist ein Charakteristikum des japanischen Kapitalismus», urteilt der japanische Historiker Kiyoshi Inoue. Praktisch die gesamte heimische Industrie stellt das Meiji-Regime in den Dienst der militärischen Aufrüstung des Landes. Lediglich die Seidenindustrie arbeitet als einzige der bedeutenden inländischen Produktionszweige weder direkt noch indirekt für die expansiven Territorial-Ambitionen Japans.

Dass Nippon solche hegt, hatte bereits der *Erste Japanisch-Chinesische Krieg* kurz vor der Jahrhundertwende gezeigt und der *Russisch-Japanische Krieg* zu Beginn des neuen Jahrhunderts bestätigt. Bei beiden Waffengängen ging es um den Einfluss auf Korea. Bei beiden trugen die Meiji-Truppen den Sieg davon. Japan, das wenige Jahre zuvor unter dem Druck imperialer Mächte seine Grenzen für den internationalen Handel hatte öffnen müssen, entwickelte sich dank einer schlagkräftigen Armee innert kurzer Zeit vom Opfer westlicher Expansionsabsichten zu einem Täter mit kolonialer Energie. 1910 annektiert Japan den koreanischen Nachbarn, und der Sieg über die Russen zementiert den japanischen Anspruch der dominanten Militärmacht im ostasiatischen Raum. Erstmals hat ein asiatisches Land eine europäische Grossmacht geschlagen, erstmals kommen im grossen Stil Kriegsstrategien zum Einsatz, die keine zehn Jahre später die Schlachtfelder im Ersten Weltkrieg prägen sollten:

Grabenkriege mit Maschinengewehrstellungen und Stacheldraht, Gefechtsbeleuchtung, Feldtelefone. Die erfolgreiche Expansionspolitik hat freilich auch eine Kehrseite. Japan isoliert sich politisch zunehmend im asiatischen Raum, und China spricht im Jahre 1908 gar einen vorübergehenden Boykott für japanische Produkte aus. Im Innern stärkt diese Entwicklung das nationale Selbstbewusstsein des Landes, gibt all jenen Kräften Auftrieb, die eine expansive imperialistische Politik betreiben wollen und Nippon als bestimmende Militärmacht der Region sehen.

Dieser und andere regionale Konflikte um die Jahrhundertwende, wie etwa auch der Spanisch-Amerikanische Krieg 1898 auf den Philippinen, tangiert die wirtschaftliche Grundlage der Schweizer Handelshäuser «nicht ernsthaft», wie es in einem zeitgenössischen Bericht der *Ed. A. Keller & Co.* in Manila heisst. Sie profitieren vielmehr von einer zunehmenden Nachfrage nach Gütern aus der Schweiz und anderen europäischen Ländern. Steigende Umsätze und Gewinne lassen Pläne reifen, das angestammte Handelsgeschäft durch artverwandte Aktivitäten abzurunden. Im Jahre 1912 installiert etwa das Handelshaus Keller in ihrem Office in Manila ein Departement Versicherungen. Es ist ein Vertrauensbeweis und Ausfluss eines in einem Vierteljahrhundert aufgebauten, tragfähigen Beziehungsnetzes, dass Ed. A. Keller & Co. in kurzer Zeit zum bedeutendsten Versicherungsagenten im West-Ost-Handel auf den Philippinen aufsteigt. Unter der Kundschaft finden sich führende Adressen im Immobilienhandel, Maschinenbau, der Schiff- und Luftfahrt.

Die Geschäfte laufen bestens, als am 28. Juni 1914 im fernen Sarajewo der österreichische Thronfolger *Franz Ferdinand* und dessen Ehefrau *Sophie* von einem serbischen Separatisten ermordet werden und eine unheilvolle Bündnispolitik europäischer Mächte in der Folge den Ersten Weltkrieg auslöst. Obwohl das Ringen der Armeen zunächst auf den europäischen Kontinent beschränkt bleibt, legt sich der Schatten des Krieges auch über Asien. Die Handelsverbindungen zwischen Europa und Far East sind stark in Mitleidenschaft gezogen, und als sich die Kriegshandlungen zunehmend auch auf die Meere verlagern, werden zahlreiche Handelsschiffe für den Kriegseinsatz konfisziert. Eine nächste Eskalationsstufe wird erreicht, als Deutschland Ende 1914 zunehmend U-Boote einsetzt und insbesondere britische Handelsschiffe direkt ins Visier nimmt. Ganze Schiffsladungen unter der Flagge einer der beiden Krieg führenden Parteien werden vom Feind im besten Falle blockiert, im schlechtesten versenkt, und Seeblockaden erschweren den Handel zusätzlich.

Nun braucht es Glück, Geduld und gute Nerven, um Geschäfte zu betreiben. Bei *Diethelm & Co. Ltd.* in Singapur sind einige Mitarbeitende damit beschäftigt, die kriegsbedingten Auswirkungen auf den internationalen Handel zu analysieren. Sie kommen zu mitunter erstaunlichen, ökonomisch vorteilhaften Erkenntnissen. Handelswaren aus England oder Spanien beispielsweise sollten nur unter der Flagge dieser Länder verschoben werden, während für Asien bestimmte Güter aus dem Rest von Europa unter holländischer Flagge von Rotterdam oder Genua aus verschifft werden müssen. In beiden Fällen lässt sich ein Kriegsaufschlag von zwei Prozent auf den Warenwert in Rechnung stellen. Bis eine Fracht allerdings unversehrt im Zielhafen eintrifft, herrscht in den Handelshäusern ein Bangen und Zittern. Die kriegsbedingt instabilen Kommunikationswege machen die Überwachung der Fracht während der Fahrt zu einer «nervenaufreibenden Erfahrung», kommentiert ein Bericht der Zeit, und wenn verderbliche Ware nicht zeitgerecht den Abnehmer erreicht, wird sie notgedrungen abgeschrieben.

Zahlreiche Berichte über Zwischenfälle dieser Art finden Eingang in die Verwaltungsratsprotokolle der Ed. A. Keller & Co. Ltd. Um die Jahreswende 1914/15 sind Vorfälle wie diese protokolliert:

«Unsere in Antwerpen eingelagerte Ladung Hanf (rund 5000 Kilo) ist kürzlich vom deutschen Militär konfisziert und nach Deutschland verschifft worden.»

«Das deutsche Frachtschiff *Koerber*, welches rund zwei Tonnen unserer bereits an philippinische Kundschaft verkauften Ware an Bord hat, liegt noch immer im Hafen von Alexandria. Es ist uns immerhin gelungen, telegraphisch eine andere Passage zu organisieren. Die Fracht wird allerdings Manila nicht rechtzeitig erreichen, um diese noch in dieser Saison verkaufen zu können.»

«Unsere Exportfracht aus den Philippinen, welche auf dem deutschen Frachter *Joeben* einbehalten worden ist, ist kürzlich in Bordeaux wieder aufgetaucht. Laut dem Spediteur ist sie auf dem Weg in die Schweiz. Aber keiner weiss, wann sie dort ankommen wird.»

Wenn gar nichts mehr hilft, wenden sich die Händler mitunter Hilfe suchend an die Schweizer Regierung. Beispielsweise *Siber Hegner & Co.*, Yokohama, als der französische Zoll im Juni 1916 zwei Kisten von Spezialwerkzeugen für die Seidenindustrie konfisziert hat. Das Handelshaus bittet die Behörden, zu intervenieren und den Franzosen klarzumachen, dass es sich um harmloses Gerät des Schweizer Textilmaschinenherstellers *Honegger & Co.* handle, das für einen japanischen Klienten *Fuji Gasian Boseki Kabushiki* bestimmt sei. Kein feindlicher Kriegsgegner Frankreichs ist involviert, doch allein der Verdacht reicht, um dieses Handelsgeschäft zu vereiteln.

Dennoch lässt sich auch im Krieg Geld verdienen. Die sich abschwächende internationale Handelstätigkeit hat zur Folge, dass der Nachfrage für europäische Güter in Fernost kein entsprechendes Angebot mehr gegenübersteht. Dies führt insbesondere in den ersten Kriegsjahren zu steigenden Preisen und höheren Margen. Hinzu kommt, dass die Verknappung des Angebots es den Handelshäusern ermöglicht, Ausstände gegenüber lokalen Handelspartnern sowie Lagerbestände drastisch zu reduzieren. Es fliesst Bares in die Kassen, das Diethelm in Singapur und Keller in Manila angesichts der instabilen Weltlage repatriieren wollen. Und bei derart heiklen Transaktionen ist Fantasie gefragt. Der vor dem Krieg florierende, meist über den Seeweg beförderte interkontinentale Briefverkehr ist unsicher geworden und schrumpft deshalb auf ein Rinnsal zusammen. Der Telegraf avanciert zum praktisch einzig sicheren, aber auch äusserst kostspieligen Kommunikationsmittel. Die moderne Technik erlaubt es den Handelshäusern in Asien immerhin, präzise Orders zu geben, wie die Gewinne aus Fernost nach Europa zu verschieben sind. Die Transaktionen werden über London abgewickelt. In der Schweiz sichern sie sich zweifach gegen kriegsbedingte Geschäftsrisiken ab: Überschüssiges Kapital investieren sie in Bonds und Aktien, Waren dagegen, die durch Kriegshandlungen verloren gehen könnten, sind bei der Schweizer Assekuranz versichert.

Der Krieg zeitigt mitunter noch ganz andere für die Schweizer unerhofft geschäftsfördernde Folgen. Als in Singapur sämtliche in der Hafenstadt Residierende deutscher Nationalität in den Räumlichkeiten des eleganten *Teutonia Club* interniert werden, ist diese Konkurrenz plötzlich ausgeschaltet, und Diethelm in Singapur übernimmt zahlreiche Kunden, die zuvor ihre Handelsgeschäfte über deutsche Unternehmen abgewickelt hatten. Je länger der Krieg jedoch andauert, desto enger wird der Spielraum selbst für Unternehmen aus neutralen Ländern. Die Entente-Mächte Grossbritannien und Frankreich gehen schon früh dazu über, schwarze Listen von Firmen zu erstellen, die im Verdacht stehen, Geschäftsbeziehungen mit den feindlichen Mittelmächten zu unterhalten. Schweizer Industrie- und Handelsfirmen pflegen traditionell enge wirtschaftliche Beziehungen mit Zulieferern aus dem Deutschen Reich und Österreich-Ungarn, und so dauert es nicht lange, bis Dutzende von Unternehmen auf dieser Schwarzen Liste auftauchen. Für die Betroffenen bedeutet dies, dass sie praktisch mit einem Schlag vom Import- und Exportgeschäft ausgeschlossen sind.

Siber Hegner & Co. in Zürich trifft dieser Bannstrahl im Dezember 1915. Ein Telefonanruf aus Bern setzt die Unternehmensleitung darüber ins Bild, dass die Engländer das Büro in Yokohama sowie auch das inzwischen in Kobe eröffnete auf die Schwarze Liste gesetzt haben. Es gibt zunächst weder von der Britischen Botschaft noch von den Behörden in Japan eine Erklärung für diese drastische Massnahme. Erst einige Wochen später kommt etwas Licht ins Dunkel, als ein verdächtiger Brief auftaucht. Es handelt sich um ein Schreiben, das von Siber Hegner & Co., Yokohama, an die Zürcher Zentrale geschickt und von den Briten abgefangen worden war. Darin ordert die Dependance in Japan 200 Flakons eines Parfüms mit dem schönen Namen *Veilchen*. Dumm nur, dass dieser Duft, der für einen langjährigen japanischen Kunden bestimmt ist, aus Deutschland stammt. Der Schweizer Auftraggeber in Japan ist sich durchaus bewusst, dass diese Tatsache ein Konfliktpotenzial birgt. Und deshalb schlägt er in seinem Schreiben der Zürcher Zentrale vor, die Original-Flakons durch neutrale zu ersetzen und die Ware als schweizerischen Ursprungs zu deklarieren. Mit diesem kleinen Trick zur Umgehung britischer und französischer Handelsembargos erhofft sich das Büro in Japan einen «hübschen Profit».

Die Vorgesetzten in Zürich finden dieses Vorgehen allerdings weniger «hübsch», und die Antwort fällt denn auch deutlich aus. Handelsaktivitäten mit Deutschland seien zu unterlassen, heisst es in der Replik, und deshalb sei es «zwecklos, weitere Anfragen oder Bestellungen dieser Art» in die Schweiz zu senden. Trotz dieser klaren Haltung findet sich das Handelshaus nun auf der *black list* wieder. Kunden, Lieferanten und Banken ist nun jegliche geschäftliche Aktivität mit dem Handelshaus verboten. Welche Konsequenzen das haben kann, schildert ein Brief der Schweizer Botschaft in Japan an das Schweizer Aussenministerium in Bern: «Statt mit den Handelsaktivitäten zu expandieren, was angesichts der Absenz deutscher Konkurrenz durchaus möglich gewesen wäre, droht dem Unternehmen nun der Verlust zahlreicher bestehender Kunden. Da diese nun gezwungen sind, Alternativen zu suchen, ist nicht anzunehmen, dass sie nach dem Krieg einfach zurückkehren werden.»

So schlimm kommt es freilich dann doch nicht. Die Unternehmensleitung setzt umgehend ein Entschuldigungsschreiben auf und versichert den Britischen Behörden, bei allen Handelsaktivitäten die Bestimmungen der Alliierten erfüllen zu wollen. Diese Einsicht verfehlt seine Wirkung nicht, und wenige Wochen später wandert das Handelshaus von der Schwarzen Liste hinüber auf jene der Unternehmen *under observation*. Konflikte mit den Alliierten haben freilich auch andere. Im August 1916 fällt Ed. A. Keller & Co. Ltd. auf den Philippinen unter ein ähnliches Diktat der Behörden, und auch diesmal gibt es zunächst keine Erklärung für diesen Akt. Stattdessen tauchen im Büro in Manila britische Wirtschaftsprüfer auf, die sämtliche Geschäftsaktivitäten vor Ort inspizieren. Erst nachdem diese keine Unregelmässigkeiten aufspüren können und das Schweizer Handelshaus eine Kaution über 100 000 philippinische Pesos bei dem Britischen Konsulat hinterlegt, ist wieder an eine geordnete Geschäftstätigkeit zu denken. Immerhin fliesst das Geld später wieder an den rechtmässigen Besitzer zurück.

Am stärksten entwickelt ist das Bewusstsein für allfällige Konflikte mit den Kriegsparteien bei der Diethelm & Co. Ltd. Die Firma ist bei Ausbruch des Krieges lediglich zu zwei Dritteln in Schweizer Hand. Rund einen Drittel des Aktienkapitals besitzen noch immer die Nachfahren der holländischen Gründerfamilie der Hooglandts, und die deutsch-niederländischen Geschäftsbeziehungen sind traditionell eng geknüpft. Als es darum geht, ob die Diethelm-Niederlassung in *Siam*, dem heutigen Thailand, unter die Jurisdiktion des Deutschen Konsulats in Bangkok gestellt werden soll, wird diese Absicht nach Kriegsausbruch widerrufen. Trotzdem steht das Büro kurze Zeit unter Verdacht, Geschäfte mit den Deutschen abzuwickeln, und es braucht einiges an Anstrengung, um diesen wieder aus der Welt zu schaffen. Erst als englische Kundschaft sich für Diethelm verbürgt, weichen sich die Fronten auf. Etwa als die *Chartered Bank* in London einen Brief aufsetzt, in dem es heisst, Diethelm & Co. Ltd. sei «ein langjähriger und sehr geschätzter Kunde der Bank». Es sei zu hoffen, dass «die Regierung der Königlichen Majestät einen Weg ebnen könne, diesen Namen von der

Liste feindlicher Unternehmen zu tilgen». Am 1. September 1915 versendet das *British War Trade Department* eine Vollzugsmeldung, dass dies geschehen sei.

Der englische Einfluss reicht während des Ersten Weltkriegs nicht zufällig bis nach Fernost in das entfernte Japan. Das Kaiserreich hatte bereits im Jahre 1902 einen Bündnisvertrag mit Grossbritannien abgeschlossen. Es erklärt aus diesem Grund am 23. August 1914 Deutschland den Krieg und tritt an der Seite der Entente-Mächte in den Ersten Weltkrieg ein. Die japanische Industrie profitiert in hohem Masse von dieser Entwicklung. Während die europäischen Volkswirtschaften ihre Produktionsstätten auf Kriegswirtschaft umstellen, dringt die japanische Wirtschaft in die Märkte Ost- und Südostasiens ein und exportiert Reis oder Düngemittel nach Südostasien, Fahrräder, Nähmaschinen oder Baumwolltextilien nach Indien oder Afrika. Hinzu kommt, dass die Alliierten grosse Mengen an kriegstauglichen Gütern ordern, was insbesondere auch den japanischen Reedereien über Jahre volle Auftragsbücher beschert. «Zu dieser Zeit», urteilt der deutsche Japanologe *Reinhard Zöllner,* «bildeten sich in der japanischen Wirtschaft oligopolische Strukturen heraus, die von Grosskonzernen beherrscht wurden.» Es sind dies ehemals Familienunternehmen mit einer geschlossenen Holdinggesellschaft an der Spitze und einer pyramidal aufgebauten, durch Kapitalverflechtungen eng verwobenen Unternehmensgruppe, zu der meist eine Bank, eine Handelsgesellschaft und Produktionsgesellschaften in der Leicht- und Schwerindustrie gehören. Diese bedeutenden Industriekonglomerate erhalten den wenig schmeichelhaften Übernahmen *zaibatsu,* was so viel bedeutet wie «Finanzclique». Die drei bedeutendsten Exponenten dieses neuen, auch politisch einflussreichen japanischen Finanzkapitals sind die Konglomerate Mitsui, Mitsubishi und Sumitomo.

Mitsui etwa betreibt Bank-, Handels- und Textilgeschäfte, aber auch Berg- und Schiffsbau sowie ein starkes Engagement in der Kolonialwirtschaft in Fernost. Das Unternehmen importiert Zucker aus

Taiwan und Indien, Holz aus Korea, Taiwan und den Philippinen, Soja aus der Mandschurei, Gummi aus Südostasien oder Baumwolle aus Indien, fördert Kohle in Taiwan, produziert Zement in Korea. Mitsubishi, 1870 von einem Samurai als Schifffahrtsgesellschaft gegründet, profitiert von den Truppenverschiebungen der japanischen Armee in den Kriegen vor und während des Ersten Weltkriegs und betreibt auch eine bedeutende Schiffswerft in Nagasaki. Sumitomo schliesslich ist mit Bergbau und Kupferhandel gross geworden und steigt später auch in die Schifffahrt und den Überseehandel ein. Diese Konzerne beeinflussen in hohem Masse die imperiale Politik der aufstrebenden Wirtschaftsmacht Japan und unterstreichen deren Anspruch als zentraler Machtfaktor in Fernost.

Der Aussenhandel, aber auch Einnahmen aus dem Seetransport lassen die Finanzreserven des Landes sprunghaft von 341 Millionen Yen im Jahr des Kriegsausbruchs auf über zwei Milliarden Yen im Jahre 1919 anschwellen. Japan, das bis vor Kurzem noch auf ausländisches Investitionskapital angewiesen war, wird nun zum Kapitalexporteur und baut beispielsweise in China eine bedeutende Textilindustrie auf. Auch im Innern des Landes wandelt sich die Struktur der Wirtschaft. Die Industrieproduktion wächst in den Kriegsjahren um das Fünffache; der Anteil der Landwirtschaft fällt auf rund einen Drittel der Gesamtproduktion zurück. Aussenpolitisch gelingt es Japan, das durch die Krieg führenden europäischen Mächte entstandene Machtvakuum in Fernost für sich zu nutzen. Bereits im November 1914, kurz nach ihrem Eintritt in den Ersten Weltkrieg, hatten die Japaner die deutsche Kolonie *Kiautschou* an der Ostküste Chinas eingenommen. Dieses rund 550 Quadratkilometer grosse Gebiet im Süden der *Shandong*-Halbinsel war im Jahre 1898 vom Kaiserreich China an das Deutsche Reich verpachtet und zu einem Flottenstützpunkt für die Wilhelminische Marine in Ostasien ausgebaut worden. Zur gleichen Zeit gelangen auch die deutschen Kolonien im Pazifik, die *Marshall-*, *Karolinen-* und *Marianen*-Inseln, in die Hände der Japaner. Auf den Marshall-Inseln hatten die Deutschen 1885 eine Handelsgesellschaft errichtet, die beiden Letzteren hatten sie nach dem *Spanisch-Amerikanischen Krieg* und kurz vor der Jahrhundertwende den Spaniern abgekauft.

Bestärkt durch diese erfolgreiche Expansion wendet Japan seinen Blick nach China. Im Reich der Mitte herrschen bürgerkriegsähnliche Zustände, seit die Monarchie abgedankt hatte und im Jahre 1912 die Republik ausgerufen worden war. Diese innenpolitische Schwäche will Japan nutzen, um dort seine Einflusssphäre auszuweiten. China wiederum fühlt sich angesichts der japanischen Interessenpolitik bedroht und lässt sich nicht zuletzt aus diesem Grund auf der Seite der Alliierten in den Ersten Weltkrieg hineinziehen. Als das Deutsche Reich im Jahre 1917 den U-Boot-Krieg zur Militärdoktrin erhebt, erklärt China den Mittelmächten, dem Deutschen Reich und Österreich-Ungarn, den Krieg. Das geschwächte Land hat keinesfalls die Absicht, eigene Truppen an die Kriegsschauplätze zu senden. Der Kriegseintritt erfolgt aus dem Kalkül heraus, das eigene Territorium gegen die kolonialen Begehrlichkeiten Japans durch ein Bündnis mit England und Frankreich besser schützen zu können. Dies gelingt den Chinesen nur zum Teil. Am Ende des Weltkrieges verfügt Japan über Handelsrechte in chinesischen Territorien in der südlichen Mandschurei und der Inneren Mongolei.

Japan geht als neue asiatische Grossmacht aus dem Ersten Weltkrieg hervor. Als einzige fernöstliche Nation wird das Land der aufgehenden Sonne im *Versailler Friedensvertrag* vom 28. Juni 1919 zusammen mit den USA, dem Britischen Reich, Frankreich und Italien als «alliierte und assoziierte Hauptmacht» bezeichnet. In den Artikeln 156–158 wird die Shandong-Halbinsel definitiv an Japan übertragen, und «Deutschland verzichtet zugunsten Japans auf alle seine Rechte, Ansprüche und Vorrechte», heisst es im Versailler Vertrag, «insbesondere Eisenbahnen, Bergwerke und unterseeische Kabel (...) sowie aller anderer Vereinbarungen bezüglich der Provinz Shandong». Auch die Kolonialherrschaft über Korea wird in der französischen Garnisonsstadt Versailles als dauerhafte Lösung anerkannt; die koreanische Delegation muss unverrichteter Dinge die Heimreise antreten. Weitergehende Begehrlichkeiten der fünf in Versailles anwesenden japanischen Vertreter werden von den Alliierten jedoch abgeblockt. Dem Wunsch, in den Friedensvertrag einen Passus über rassistische Gleichberechtigung aufzunehmen, entsprechen sie genauso wenig wie dem Versuch, aus China ein japanisches Protektorat zu machen.

Siber Hegner & Co. in Yokohama profitiert von der erstarkenden Wirtschaftskraft Japans und nutzt diese Entwicklung auch für die eigene Expansion. In Osaka hatte das Handelshaus bereits im Jahre 1904 eine Niederlassung eröffnet, im Jahr darauf folgte Kobe, 1913 Tokio. Dies führt zu einer ganz neuen Dynamik, und im Jahre vier nach Kriegsende erreichen die Umsätze noch nie da gewesene 150 Millionen Franken. Davon entfallen zwei Drittel auf Rohseiden-Exporte aus Japan, die sich seit dem Versailler Frieden praktisch verdoppelt hatten. Das dritte Drittel zum finanziellen Ergebnis steuern Importe von Schweizer und europäischen Waren nach Nippon bei. Dieser geschäftliche Erfolg ermuntert den Senior Robert Hegner-von Juvalta und die Vertreter der zweiten Generation, Robert Siber Hegner und Wolfgang Edmund Siber Hegner, dazu, aus den angestammten japanischen Gefilden auszubrechen und das ungleich grössere Reich der Mitte, in dem die Firma bereits seit der Jahrhundertwende aktiv ist, stärker zu bearbeiten. Im Jahre 1921 übernimmt Siber Hegner & Co. ein kleines Schweizer Handelshaus in Shanghai, und dies entpuppt sich rasch als ein guter Schachzug. Die erste Niederlassung in China schliesst Agentenverträge mit englischen Textilfabrikanten ab und unterhält intensive Geschäftsbeziehungen mit Schweizer Unternehmen aus der Uhren-, Maschinen- oder pharmazeutischen Industrie. Diese Kundschaft hatte Siber Hegner & Co. bereits über lange Jahre betreut, als Pionier für den Export europäischer Technologie nach Japan.

Am 1. September 1923, zwei Minuten vor Mittag, wird die Zeit der Prosperität jäh gestoppt. Ein gewaltiges Beben lässt die Erde erzittern. Die Richterskala zeigt die Stärke 8,3. Das Epizentrum liegt irgendwo zwischen Tokio und Yokohama, einem Gebiet, in dem zwei Millionen Menschen leben. Es ist das gewaltigste Erdbeben seit Menschengedenken in dieser seismologisch sensiblen Weltregion. Als sich die Naturgewalten wieder beruhigen, haben sie über 100 000 Menschen in den Tod gerissen, über 40 000 weitere werden vermisst. Drei Viertel aller Gebäude in der Region sind vollständig zerstört oder massiv beschädigt. Siber Hegner & Co. wird von diesem Ereignis nicht verschont. Zeitgenössische Quellen beschreiben dramatische Szenen. Die Angestellten sind bei der Arbeit, als sie von dem Beben überrascht werden. Manche springen in Panik aus dem Fenster. Andere, wie auch der Schweizer Geschäftsführer vor Ort, *Eduard Bosshart,* suchen unter Schreibtischen und Stühlen Schutz vor den einstürzenden Decken. Nach dem Beben bricht Feuer aus und dem Siber Hegner-Chef gelingt es nur mit Hilfe eines Mitarbeiters, sich aus seinem Büro zu befreien und lebend ins Freie zu gelangen. Die Hitze der nach dem Beben auftretenden Feuerwalzen ist derart gross, dass in einem Firmentresor lagernde Perlen nicht etwa verbrennen, sondern aufgrund der herrschenden Temperaturen direkt zu Asche zerfallen.

Als er gerettet im Freien steht, wird Bosshart das Ausmass der Tragödie langsam bewusst. Das Lagergebäude neben seinem Büro ist eingestürzt und hat 48 Mitarbeiterinnen unter sich begraben. Als das Beben kam, waren sie gerade damit beschäftigt, Restbestände von Seide zu sortieren. Von den über einem Dutzend Gebäuden der Siber Hegner & Co. in Yokohama steht kein einziges mehr. Ähnlich dramatisch sind die Folgen der Naturkatastrophe für die Firma: Keine Versicherung zeigt sich gewillt, die Verluste aufgrund zerstörter Gebäude und Warenbestände zu decken. Beide sind zwar gegen Feuereinwirkung abgesichert, doch die Versicherer stellen sich auf den Standpunkt, nicht

Feuer habe die Zerstörungen ursächlich ausgelöst, sondern eben ein Erdbeben – und diese Eventualität lasse sich nicht versichern. Lediglich einige wenige Waren werden schliesslich ersetzt, jene nämlich, die sich beim Ausbruch des Bebens auf dem Weg in die Lagerhäuser befunden hatten. Diese fallen unter die Transportversicherung. Weitere Verluste ergeben sich für Siber Hegner & Co. aufgrund der Tatsache, dass die Naturkatastrophe auch zahlreiche Kunden vor Ort an den Rand des Ruins treibt. Manche sind schlicht nicht mehr in der Lage, ihre Ausstände zu begleichen. Andere suchen um eine grosszügige Erstreckung der Zahlungsfristen nach. Insgesamt summieren sich die Verluste aus dem sogenannten *Grossen Kantō-Erdbeben* für Siber Hegner & Co. auf mehr als zehn Millionen Franken.

Nun geht es um das nackte Überleben. Um das tägliche Business am Laufen zu halten und einer aufkommenden ernsthaften Rezession in Asien zu begegnen, muss das Unternehmen grosszügig Bankkredite in Anspruch nehmen, was die Kosten in die Höhe treibt. Während die mannigfaltigen Folgen des Erdbebens zahlreiche Konkurrenten vor Ort in den Konkurs treiben, gelingt es Siber Hegner & Co. immerhin, dank ihrer traditionell starken Position im Rohseidenhandel ein Abrutschen in operationelle Verluste zu vermeiden. Die finanzielle Situation bleibt aber labil. Auch deshalb, weil mächtige japanische Unternehmenskonglomerate die Schwäche der europäischen Handelshäuser für sich zu nutzen suchen und zunehmend in den internationalen Handel einsteigen. *Japan incorporated* exportiert alles, was ein Geschäft verspricht: von Sandalen bis Fahrrädern, von Textilien bis Zement. Die neue Konkurrenz aus Nippon stört insbesondere den Export europäischer Güter nach China und Fernost – beides natürliche Absatzmärkte für das benachbarte Japan. Es entwickelt sich ein Preiskampf, dem die Händler aus dem Abendland wenig entgegenzusetzen haben. Ein in Nippon produzierter Textildruck kostet viermal weniger als ein aus England importierter; ein Schuh ist fünfmal billiger, und dasselbe gilt für Fahrräder *made in Japan.* Der Preis ist heiss und die Qualität um einiges tiefer als bei der europäischen Importware – nur kümmert Letzteres die Kundschaft kaum. Dies bringt die ins Hintertreffen geratenden Handelshäuser fast zur Verzweiflung. Wie soll man in diesem Wettbewerb siegen, fragt leicht resigniert der Bürochef von Diethelm & Co., Singapur, wenn japanischer Zement billiger feilgeboten wird als der Preis für den Schiffstransport eines leeren Zementbehälters von Europa nach Far East? Unter der neuen, kraftstrotzenden Konkurrenz ächzten vor allem die einst stolze englische Textilindustrie und – zumindest indirekt – auch Handelshäuser wie Diethelm & Co. Ltd. Die Schweizer hatten bereits im Jahre 1921 ein Verkaufsoffice in Manchester eingerichtet, um näher am Puls der Lieferanten zu sein. Zahlreiche Diethelm-Mitarbeitende erlernen dort die Kniffe im Textilhandel, bevor sie dann in Fernost stationiert werden. So wird Diethelm & Co. Ltd. aus nächster Nähe Zeuge davon, wie englische Textilhersteller vor dem japanischen Ansturm reihenweise in die Knie gehen. Einigermassen hilflos und verwundert nimmt die Londoner *Times* zur Kenntnis, dass die Japaner im Begriffe sind, die Engländer mit ihren eigenen Waffen zu schlagen. «Mit weniger als neun Millionen Spindeln ist Japan in der Lage, mehr zu exportieren als unsere Industrie mit 50 Millionen», schreibt das Blatt und folgert, «in fünf Jahren sind wir erledigt.»

Ungefähr zur gleichen Zeit, als das Jahrhundert-Erdbeben und die abkühlende Weltkonjunktur Siber Hegner & Co. in Japan in existenzielle Bedrängnis bringen, kommt für ein anderes Schweizer Handelshaus jede Hilfe zu spät. Auf *Penang,* der *Perle des Orients,* einer traumhaften Insel vor der Westküste der malaiischen Halbinsel, betreibt die *Sturzenegger & Co.* neben Singapur ein zweites Office. Die Firma mit Headoffice in Schaffhausen wird in zweiter Generation von *Robert Sturzenegger* geführt, der im Ersten Weltkrieg zwei von den Briten enteignete Handelshäuser deutscher Provenienz übernommen hatte und sich dadurch in

Penang hatte festsetzen können. Doch Rezession und sich türmende Schulden zwingen ihn nach kurzer Zeit in die Knie: Im November 1922, als die Banken weitere Kredite verweigern, ist die Firma bankrott, und die Gläubiger sichern sich umgehend Sturzeneggers noch verwertbare Lagerbestände. Das Pech des einen ist das Glück des anderen. Diethelm & Co. Ltd. wird mit der Liquidation dieser Bestände beauftragt. Das Schweizer Handelshaus realisiert sofort, dass in diesem Auftrag grössere Chancen schlummern. Sturzenegger vertritt vor Ort klingende Konsumgüterhersteller wie den Schweizer Suppenproduzenten *Maggi*, den französischen Champagnerhersteller *Heidsieck* oder den deutschen Bierbrauer *Beck's*. Diese Agentenverträge sind mit dem Bankrott heimatlos und suchen einen neuen Partner in Far East. Allerdings bestehen die Gläubigerbanken darauf, dass der mit der Liquidation der Warenbestände Beauftragte über eine permanente physische Präsenz vor Ort in Penang verfügen und die Liquidation am 1. Januar 1923 beginnen muss. Es verbleiben Diethelm also gerade einmal sechs Wochen, um dieser letzten Bedingung zu entsprechen. Angesichts der Dringlichkeit bewilligt der Verwaltungsrat der Diethelm & Co. Ltd. in Zürich, nach der angestammten Präsenz in Singapur und bedeutenden Niederlassungen in Bangkok und Saigon in Penang eine dritte zu eröffnen. Der Entscheid zur Marktexpansion fällt, wie so oft in diesen Pionierjahren, ohne vorgängige Marktabklärungen oder Machbarkeitsstudien, sondern folgt dem opportunistischen Impuls einer sich unverhofft eröffnenden Möglichkeit.

Der Start ist vielversprechend: Die Liquidation alter Warenbestände verläuft zügig, und es gelingt Diethelm & Co. Ltd. auch, einige lukrative Agentenverträge aus der Konkursmasse zu übernehmen. Doch schon bald treten Probleme auf, wie sie typisch sind für den Markteintritt europäischer Lieferanten in Asien. Der Markt in Penang ist klein und kleinteilig. Konsumgüter und Produkte des täglichen Bedarfs müssen über ein Netz von lokalen Händlern vertrieben werden, und kein

Ladenbesitzer ist in der Lage, grosse Warenmengen abzunehmen. Die Güter nehmen die Händler meist in Kommission und bezahlen erst, wenn die Ware verkauft ist, was mitunter Monate dauert. Das finanzielle Risiko trägt der Importeur, und dies ist meist kein geringes. In Penang summieren sich die Ausstände in schlechten Jahren auf bis zu einer halben Million Franken oder 30 Prozent des erwirtschafteten Umsatzes. Die Schwierigkeit in diesem Geschäft liegt auch darin, dass Lieferanten aus Übersee meist auf einer Mindestabnahmemenge bestehen, was für die Handelshäuser vor Ort höchste Anforderungen an Preisgestaltung und Margenmanagement stellt. Besonders dann, wenn in begrenzten Märkten kaum Aussicht besteht, die Ware innert nützlicher Frist gänzlich an die Kundschaft zu verkaufen. In Penang macht Diethelm & Co. Ltd. die Erfahrung, dass von einer Lieferung höchstens ein Fünftel bis ein Drittel der Ware zu einer zufriedenstellenden Profitmarge veräussert werden kann, dann brechen die Verkäufe in der Regel ein, und oft kommt es Ende Jahr zu einem Abschreiber, der die Profite wieder wegfrisst. Hält das Handelshaus Teile einer Lieferung jedoch künstlich zurück, um die Margen hoch zu halten, potenziert sich das Risiko, Ende Jahr auf unverkäuflichen Beständen sitzen zu bleiben.

Wollen Handelshäuser wie Diethelm & Co. Ltd. in dieser Zeit fernab der Schweizer Heimat Erfolg haben, sind sie vor Ort auf ein Management angewiesen, das mit diesen Tücken des Geschäfts in Asien umzugehen weiss. In Penang ist ein Bürochef am Werk, der in der lokalen und regionalen Szene der Händler bestens verankert ist, ein Mann mit robuster Natur und gewinnendem Charakter. Er pflegt das Geschäft nach traditioneller Manier abzuwickeln, und das geht so: Von proaktivem Handeln keine Spur, sitzt er in seinem Büro und wartet darauf, dass Schiffsladungen mit neuen Waren im Hafen einlaufen. Ist das der Fall, wartet er dort auf den Besuch der lokalen Händler, die ihre Bestellungen aufgeben wollen. Eine aktive Akquisition von neuem Geschäft und neuen Kunden hat in seinem Weltbild kaum Platz, und dieses Verwalter-

Verhalten hat dramatische Folgen für Diethelm & Co. Ltd. Die Niederlassung auf der Perle des Orients macht seinem Namen gar keine Ehre. Im Jahre 1926 summieren sich die Verluste bereits auf 200 000 Franken, und damit ist Penang zum Problemkind der Diethelm & Co. Ltd. geworden. Drei Jahre später kabelt ein besorgter Wilhelm H. Diethelm seinem Officemanager in Singapur: «Wir müssen Penang schnellstens dichtmachen. Diese Niederlassung hat mich bereits eine Menge Geld gekostet.»

Vielleicht ahnt der Firmengründer schon, dass die Weltwirtschaft vor einer Zeitenwende steht. Im Oktober 1929 erlebt die amerikanische Börse eine historische Talfahrt, die als *Black Friday* vom 25. Oktober und als Beginn der bislang dramatischsten Weltwirtschaftskrise in die Geschichtsbücher eingeht. Eine Weltwirtschaft global verzahnter Kapital- und Warenströme kommt praktisch zum Stillstand, und die in Bedrängnis geratenen nationalen Volkswirtschaften verfügen über kein Rezept, diesem Flächenbrand Einhalt zu gebieten. Sich überlagernde Problemfelder der Weltwirtschaft wirken dabei krisenverstärkend. Die USA hatten sich bereits während des Ersten Weltkriegs zum bedeutendsten Produzenten von Massen- und neuartigen Konsumgütern wie Automobilen, Kühlschränken oder Fotoapparaten entwickelt und decken damit die Nachfrage nicht nur im eigenen Land, sondern auch in Europa, deren Industrie kriegsbedingt darniederliegt. Als der Alte Kontinent sich nach dem Weltenbrand wieder auf den Weltmärkten zurückmeldet, ist ein Überangebot bei fallenden Preisen die Folge, verstärkt noch durch die auch in den USA inzwischen gesättigten Heimmärkte. Wo man auch hinschaut, bei Agrar- oder Rohstoffmärkten, bei Konsum- oder Investitionsgütern, überall kennen die Preise nur eine Richtung: steil abwärts. Und nun platzt auch eine riesige Spekulationsblase an der Börse. Millionen von Menschen hatten im Glauben an endlos steigende Börsenkurse Aktien gekauft und diese meist mit kurzfristigen Krediten und hohen Zinsen finanziert. Als erste Anzeichen vom Ende des Booms erkennbar sind, stossen Spekulanten panikartig ihre Titel ab, um noch grössere Verluste zu vermeiden, und lösen damit eine unheilvolle Kettenreaktion aus. Allein am 24. Oktober 1929, dem *Black Thursday*, werden an der Wall Street 16 Millionen Aktien auf den Markt geworfen, und dies löst ein weltweites Beben aus. Die USA sind auch grösster Kreditexporteur, und als sie diese überall auf der Welt zurückfordern, wirkt dies wie ein globaler Brandbeschleuniger.

Der internationale Kapitalverkehr kommt praktisch zum Erliegen, der Welthandel bricht in den Jahren bis 1935 um zwei Drittel ein; es herrscht Massenarbeitslosigkeit, Protektionismus, Depression – es ist, als hätte jemand das immer schneller drehende Rad der Globalisierung plötzlich zum Stillstand gebracht. Die Schweizer Handelshäuser in Asien werden von dieser Abwärtsspirale frontal erfasst. In Penang wachsen die Verluste weiter, und als sie sich im Jahre 1930 auf 335 000 Franken erhöhen, zieht das Zürcher Headoffice die Notbremse. Die Geschäftsaktivitäten werden drastisch zurückgefahren, nicht mehr benötigte Gebäude verkauft und Personal, Europäer und auch lokale Mitarbeitende, entlassen. Penang wird zu einer Dependence von Diethelm & Co. Ltd., Singapur, zurückgestuft. Es ist eine traurige Entwicklung, hat doch diese Niederlassung für die Diethelm-Familie eine besondere Bedeutung. Der jüngste Sohn des Firmengründers, *Walter R. Diethelm,* hatte sich hier seinerzeit mit den Tücken des Asiengeschäfts vertraut gemacht – auch um sich für die Nachfolge vorzubereiten. Und hier hatte Diethelm junior, als er seine Braut *Clara Gertrud* geheiratet hatte, seine Flitterwochen verbracht, und 1927 wurde hier auch sein einziger Sohn *Mark Diethelm* geboren. Zur selben Zeit arbeitete auch *Maurice Blancpain,* Walters Neffe und Sohn einer Tochter des Firmengründers, in Penang.

Angesichts zwar langsam, aber kontinuierlich fallender Profite innerhalb der Diethelm-Firma haben familiäre Sentimentalitäten jedoch keinen Platz mehr. Von diesem Rückgang sind sämtliche Niederlassungen betroffen, und im Jahre 1930 rutscht auch das Betriebsergebnis der Gruppe ins Negative. Es existiert nur eine erfreuliche Ausnahme: Hooglandt & Co., Singapur, jene Niederlassung, mit der einst alles begonnen hatte, widersteht diesem Trend und erwirtschaftet selbst in all den Jahren der Krise positive Ergebnisse, ein Beweis für die unglaublich starke Position, die sich Hooglandt in den sieben Jahrzehnten ihrer Existenz aufgebaut hatte. Dennoch streicht das Zürcher Mutterhaus für zwei Jahre die Dividendenzahlungen, implementiert im Headquarter wie auch in Far East ein drastisches Kostensenkungsprogramm und reduziert das Aktienkapital innert zweier Jahre um einen Drittel auf zwei Millionen Franken. Und selbst in Zeiten der Not will Firmengründer Wilhelm H. Diethelm keine Geschäfte tätigen, die quer zu seinen ethischen Werten stehen. So weigert er sich im Jahre 1931, einen lukrativen Auftrag auszuführen, der thailändischen Armee Waffen zu verkaufen, und setzt damit einen der Standards, die ihre Gültigkeit in der Firmengruppe bis heute nie verloren haben.

Ähnlich ergeht es auch der Ed. A. Keller & Co. Ltd. Im Geschäftsjahr 1930/31 muss Chairman *Wilhelm M. Keller* das zweitschlechteste Ergebnis in der Geschichte der Firma vermelden, und auch er streicht die Tantiemen für die Aktionäre. Im folgenden Jahr schüttet er wieder Dividenden aus, doch diese Gelder sind nicht wirklich verdient, sondern werden aus den Reserven bezahlt. Möglicherweise hat dieser antizyklische Entscheid mit Kellers Optimismus zu tun. Gegenüber seinen Aktionären äussert er die Hoffnung, dass nun, Ende 1931, die Talsohle erreicht und die schlimmste Rezession wohl vorüber sei. Dies ist freilich Wunschdenken. Fünf Jahre in Folge gehen die Kapitalgeber leer aus, und erst Jahre später kann der Chairman diese dividendenlose Zeit in ein besseres Licht rücken: «Seit der Gründung der Aktiengesellschaft im Jahre 1908 wurden nicht weniger als 165 Prozent des investierten Kapitals an Dividenden ausbezahlt. Dies ergibt, inklusive der dividendenlosen Jahre, eine durchschnittliche Auszahlung von über sechs Prozent pro Jahr.»

Diese Profitabilität ist in den Jahren der Krise freilich hart erkämpft. 1931 werden im historischen Gründungsoffice in Manila die Saläre um zehn Prozent gekürzt, eine erst im Jahre 1928 in der philippinischen Provinzstadt *Cebu* eröffnete Niederlassung wieder dichtgemacht, und selbst das Keller-Office in der Kronkolonie Hongkong steht nun zur Disposition. Ed. A. Keller & Co. Ltd. hatte diesen strategisch motivierten Sprung im Jahre 1923 gewagt, um aus dem begrenzten philippinischen Markt auszubrechen und nach China, dem mit Abstand grössten asiatischen Markt, expandieren zu können. Keller hatte das kleine Schweizer Handelshaus *E. Kern* übernommen, das Schweizer Textilien und Stickereien importierte und chinesische Handarbeiten aus Jade oder Elfenbein exportierte. Es ist eine juristisch komplizierte Transaktion notwendig, um diesen Kauf abwickeln zu können: In Manila wird die neue Gesellschaft *Keller, Kern & Co. Ltd.* aus der Taufe gehoben, und diese gründet in der Kronkolonie an der chinesischen Südküste eine Niederlassung, in welche die existierende E. Kern eingebracht wird. Doch die Zusammenführung beider Firmenkulturen will nicht recht gelingen, und *Harry Keller,* Sohn des Gründers sowie Direktor im Hongkong-Office, notiert bereits 1926 in resignativem Ton: «Wir hätten von Hongkong besser die Finger gelassen.» Fünf Jahre später, als die Britische Krone das Pfund Sterling massiv abwertet, was die Geschäftsaktivitäten in Hongkong fast zum Erliegen bringt, wird er das ein zweites Mal gedacht haben.

Als am 21. Dezember 1933 die Generalversammlung der Ed. A. Keller & Co. Ltd. über die Bühne geht, ist die Niederlassung Hongkong zentrales Thema, und die Aktionäre beschliessen ein drastisches Vorgehen: Die Keller, Kern & Co. Ltd. in Manila wird kurzerhand liquidiert und die Hongkong-Niederlassung unter direkte Aufsicht der Zürcher Zentrale gestellt. Die Kapitalgeber hoffen, auf diesem Weg in der Kronkolonie doch noch ein profitables Handelsgeschäft aufbauen zu können. Während die Aktionäre der Keller-Firma die Grosse Depression immerhin mit Kampfeslust und einem gemeinsamen Überlebenswillen angehen, flirtet das älteste, mittlerweile 65 Jahre alte Schweizer Handelshaus in Far East zur selben Zeit mit dem Bankrott. Siber Hegner & Co. ist noch immer im Besitz von lediglich einem halben Dutzend Partnern, in Ehren ergraute Herren mit mehreren Jahrzehnten Asien-Erfahrung auf den Schultern, aber unterschiedlichen persönlichen Interessen und ohne Kraft, der Krise mit Entschlossenheit zu begegnen. Im Dezember 1930 stirbt zudem Senior-Partner Robert Hegner-von Juvalta, und er hinterlässt ein praktisch führungsloses Unternehmen, in dem sich Schulden und Verluste täglich häufen.

Nun geht es um das reine Überleben. Im April 1931 errechnet ein externer Wirtschaftsprüfer einen voraussichtlichen Verlust von 1,9 Millionen Franken für das laufende Geschäftsjahr. Dramatisch angesichts der Tatsache, dass die Partner mit ihrem persönlichen Vermögen haften. Was also ist zu tun? Das Unternehmen liquidieren? Dies würde bedeuten, dass Kapitalgeber und Gläubiger unkalkulierbaren Schaden in Kauf nehmen müssten und das Erbe der Familie Hegner unwiderruflich verloren wäre. Es ist Robert S. (Siber) Hegner, Vertreter der nächsten Generation, der nun für die Zukunft der Firma kämpft, frisches Kapital organisieren und Siber Hegner & Co. in eine Aktiengesellschaft überführen will. Die Konzernzentrale einer neu gegründeten *Siber Hegner & Co. Ltd.* soll, so der Plan, in Zürich aufgeschlagen werden.

Das Wichtigste, was die angeschlagene Firma noch für sich in die Waagschale werfen kann, ist ein ausgezeichnetes Image, das sich Siber Hegner & Co. trotz aller geschäftlichen Schwierigkeiten in Asien und Europa über Jahrzehnte bewahrt hat. Dies und die Bereitschaft der *Schweizerischen Kreditanstalt,* die für diese Transaktion notwendigen Kredite bereitzustellen, gibt potenziellen Investoren das notwendige Vertrauen, dass die Sanierung Erfolg haben kann. Einer, der so denkt und auch bereit ist, Geld in die Hand zu nehmen, ist Wilhelm M. Keller, Präsident der Zürcher Ed. A. Keller & Co. Ltd. Als die Aktiengesellschaft gegründet ist, hält Keller rund ein Fünftel des Kapitals und wird kraft dieser bedeutenden Beteiligung zum Vizechairman der neu gegründeten *Siber Hegner & Co. Ltd.* Es ist dies ein historisches Ereignis und das erste Mal, dass die drei Schweizer Handelshäuser in Far East personell miteinander verbunden sind: Wilhelm M. Keller, der 1914 eine Diethelm geheiratet hatte, amtet auch als Vizepräsident von Diethelm.

B. Die Gegenwart

IV. Die grosse Bewährungsprobe

Die Kriegshandlungen im Pazifik sowie der japanische Eroberungsfeldzug in Fernost während des Zweiten Weltkriegs zeigen den Schweizer Handelshäusern drastisch ihre Verletzlichkeit. Dies und eine durch den Krieg völlig veränderte politische Landkarte in Asien führen dazu, dass die Nachfahren der Pioniere ihre Strategie für die Nachkriegszeit fundamental neu ausrichten müssen.

Es ist 7.49 Uhr in der Früh auf Hawaii. Der japanische Kommandant gibt das vereinbarte Signal zum Angriff: *Tora! Tora! Tora!* – *To* als Code für das japanische Wort *totsugeki,* was so viel heisst wie «angreifen»; *ra* für *raigeki,* «Torpedos». Sechs Minuten später fallen die ersten Bomben. Und als das Bombardement an diesem 7. Dezember 1941 nach zwei verheerenden Angriffswellen vorüber ist, sind 2403 feindliche amerikanische Soldaten tot, 1178 verwundet, ein Dutzend Kriegsschiffe versenkt oder zerstört und 164 Kampfflugzeuge vernichtet. Kurze Zeit später tauchen in den Vereinigten Staaten Propaganda-Plakate auf, auf denen ein Amerikaner zu sehen ist, der wutentbrannt seine Faust nach oben reckt; am Himmel sind bombenspeiende japanische Flieger zu sehen. Darunter steht in blutroter Farbe *Avenge Pearl Harbor* – Rächt Pearl Harbor.

Der Überraschungsangriff der kaiserlichen Armee auf die amerikanische Pazifikflotte ist nur ein Teil umfassender Kriegsziele japanischer Militärs. *Asien den Asiaten:* Unter diesem Schlachtruf trachten die Kriegstreiber Nippons die Kolonialreiche von Niederländern, Engländern und vor allem Amerikanern unter eigene Kontrolle zu bringen. Etwa die Philippinen. Dort weht seit 1898 die Flagge der Kolonialmacht USA, und die Hauptstadt Manila liegt lediglich 2900 Kilometer Luftlinie von Tokio entfernt. Das macht den Inselstaat zum vordringlichen Kriegsziel der Japaner. In Manila sind an diesem Tag die Uhrzeiger bereits auf 2.30 Uhr des 8. Dezember vorgerückt, als die dort stationierten US-Streitkräfte den Funkspruch erhalten: «Luftangriff auf Pearl Harbor! Dies ist keine Übung!» Drei Stunden dauert es, bis sämtliche vor Ort stationierten US-Einheiten im Bilde sind – auch darüber, dass nun ebenfalls jederzeit ein Angriff der Japaner auf die Pazifikinseln erfolgen könnte. Und in der Tat stehen auf der nur etwas über 1000 Kilometer entfernten japanischen Kolonie Formosa, dem heutigen Taiwan, Nippons Kampfflugzeuge bereit zum Angriff auf das nächstgelegene philippinische Eiland *Luzón*.

25 Tage später, am 2. Januar 1942, fällt Manila, und die Besetzer hissen die japanische Flagge des Sonnensymbols über der philippinischen Hauptstadt. Der Krieg ist nun auch für die vor Ort ansässige *Ed. A. Keller & Co. Ltd.* eine Realität. Obwohl der Blitzkrieg der Japaner für die Philippinos überraschend kommt, verläuft die Besetzung der Kapitale «in geordneten Bahnen», wie es in einem zeitgenössischen Bericht aus dem Keller-Büro in Manila heisst. Dass dies eine Zeitenwende darstellt, erfahren die Schweizer freilich umgehend am eigenen Leibe. Jegliche Handelstätigkeit kommt zu einem abrupten Stillstand, als die neuen japanischen Machthaber die Lagerhäuser der Ed. A. Keller versiegeln und damit die gesamten Warenbestände der Firma blockieren. Obwohl das Unternehmen und auch das Schweizer Konsulat umgehend intervenieren, gehen drei lange Monate ins Land, bis die japanischen Behörden die Versiegelungen wieder entfernen.

Für das Handelshaus wirft dieser Zwischenfall grundsätzliche Fragen auf. Was soll mit den umfangreichen Warenbeständen geschehen, welche die Firma in den prosperierenden Jahren vor Ausbruch des Krieges im Pazifik aufgebaut hatte? Was ist vorzukehren, um zu verhindern, dass diese von den Japanern konfisziert werden könnten? Die Lager durch einen Ausverkauf leer zu räumen und die daraus resultierenden Einnahmen in die Schweiz zu transferieren ist in diesen politisch instabilen Zeiten ein aussichtsloses Unterfangen. Der mögliche Ausweg, die Erlöse in einer lokalen Bank zu bunkern, erscheint genauso wenig empfehlenswert. Die Besetzer hatten auf den Philippinen neues Geld in Umlauf gebracht, von dem kein Mensch vorhersehen kann, wie lange diese Kriegswährung Bestand haben und wie sie sich entwickeln würde. Das Bare in Immobilien vor Ort zu investieren scheitert daran, dass das Gesetz deren Erwerb für Ausländer praktisch verunmöglicht. Als die Militärbehörden im Rahmen der Kriegswirtschaft zudem für verschiedenste Erzeugnisse Preislimiten und -kontrollen einführen, erscheint selbst ein Verkauf der akkumulierten Waren als nicht sehr sinnvoll. Der Schwarzmarkt als Absatzkanal ist für die Firmenleitung der Ed. A. Keller Co. Ltd. ein Tabu, ebenso jeglicher Deal mit den japanischen Machthabern.

Dass Letzteres wohl ein Gebot der Vernunft darstellt, zeigt sich rasch. Im Mai 1942, die Japaner sind gerade einmal drei Monate Herrscher über Manila, werden die Schweizer von den Militärbehörden ultimativ angewiesen, ihr Lagerhaus zu räumen. «Sich dem zu widersetzen war zwecklos», urteilt der Schweizer Geschäftsführer vor Ort, *Joseph O. Bessmer,* später, «uns wurde lediglich mitgeteilt, die Armee brauche diesen Platz.» So gilt es, unter Einsatz der Muskelkraft – ausserhalb der Armee existieren kaum mehr Transportmöglichkeiten in Manila – die Warenbestände zu transferieren, und es trifft sich gut, dass es gelingt, bei der ebenfalls schweizerischen *Nestlé Anglo Swiss* etwas Lagerraum anmieten zu können. Ein Glück, das freilich nicht lange währt. Es dauert nur ein paar Wochen, bis die Besetzer auch diese Räumlichkeiten konfiszieren, und Ed. A. Keller bleibt nichts anderes übrig, als die Handelsware, so gut es eben geht, im eigenen Büro und in Kellerräumen der Nachbarschaft zu verstauen. Im Lichte der Versicherungsverträge sicherlich keine optimale Lösung, aber immerhin ist das Handelsgut in Sichtweite der Besitzer. Diese werden nun von den Besetzern auch gezwungen, Teile der Warenbestände zu festgesetzten Preisen zu veräussern. Aber diese sind derart tief angesetzt, dass den Schweizern das Händlerherz blutet. Die Erlöse fliessen auf ein Sperrkonto und sind somit blockiert.

An ein ordentliches Geschäften ist während des Krieges im Pazifik also nicht zu denken. Die Ed. A. Keller ist auch den üblichen, kriegsbedingten Nadelstichen der Besatzer ausgesetzt: Immer wieder einmal tauchen japanische Inspektoren auf, inspizieren die Lager und bezichtigen das Handelshaus aus dem neutralen Land wahlweise der «Kooperationsunwilligkeit» mit den Besatzern oder aber des unstatthaften «Hortens» von Waren in Zeiten des Mangels. Immerhin gelingt es, Letzteres zu entkräften, als die Schweizer einen kleinen Laden einrichten und Artikel des täglichen Bedarfs wie Zahnpasta, Toilettenpapier und verschiedene Grundnahrungsmittel zu erschwinglichen Preisen feilbieten. Es ist dies ein kleiner Beitrag zur Linderung der harten Lebensbedingungen, denen die Zivilbevölkerung in dem mit zunehmender Härte geführten Pazifikkrieg ausgesetzt ist.

Seit dem Überfall auf Pearl Harbor läuft die japanische Kriegsmaschinerie im südostasiatischen Raum auf Hochtouren. 40 Minuten nach dem Angriff auf die US-Pazifikflotte greifen Nippons Truppen *Kota Bharu* in Britisch-Malaysia an; drei Stunden später fallen sie in Thailand ein, ebenso in die britische Kronkolonie Hongkong, in Singapur, in die unter amerikanischer Verwaltung stehende südlichste Insel des Marianen-Archipels *Guam* und in das Pazifik-Atoll *Wake*. Im gleichen Atemzug erklärt das japanische Kaiserreich den USA, Grossbritannien und den Niederlanden den Krieg. Es ist dies der Kulminationspunkt einer Expansionspolitik, die Jahre zuvor bereits ihren Anfang genommen hatte.

Japanische Militärs träumen von der Neuordnung des ostasiatischen Raumes unter Führung Nippons und sehen das Reich der aufgehenden Sonne bereits als legitimen Erben der europäischen Kolonialmächte in Fernost. Im Zuge dieser Grossmachtspläne besetzt die Armee 1931 den Nordosten Chinas; ruft im Jahr darauf den von Nippon abhängigen Staat Mandschurei aus, und 1933 tritt das Gründungsmitglied des Völkerbundes aus dieser internationalen Organisation aus. Schon früh wird die chinesische Hafenstadt Shanghai in diese Feindseligkeiten hineingezogen und damit auch die dort ansässige Niederlassung der *Siber Hegner & Co. Ltd.* Als während der Mandschurei-Krise in der Stadt ein Boykott japanischer Waren ausgerufen wird, beenden Kaiserliche Truppen diesen gewaltsam, und wenige Jahre später, am 9. November 1937, besetzen sie die Stadt. «Zweifellos», urteilen Zeitzeugen von Siber Hegner, «wollen die Aggressoren auch die Kontrolle ausüben über die Handels-Gemeinschaft.»

Es sind keine isolierten «militärischen» Aktionen. Nur ein paar Monate später, im Jahre 1938, formuliert der japanische Aussenminister *Konoe Fumimaro* die tiefer liegenden Absichten des Kaiserreichs: eine «Gross-Ostasiatische Wohlstandssphäre» unter japanischer Führung schaffen zu wollen. Als im Herbst 1939 in Europa der Zweite Weltkrieg ausbricht, trägt die Kaiserliche Armee den eigenen Aggressionskrieg gezielt in die europäischen Kolonien wie Malaysia, Burma oder Indonesien hinein. In ihren Plänen bestärkt werden die japanischen Militärs durch den sogenannten *Dreimächtepakt,* der am 27. September 1940 auf Initiative des deutschen Diktators Adolf Hitler zwischen dem Deutschen Reich, dem Kaiserreich Japan und dem Königreich Italien unterzeichnet wird. Diese *Achse Berlin–Rom–Tokio* erklärt den ostasiatischen Raum zur ausschliesslichen Einflusssphäre Nippons. Die Regierung der USA unter Präsident *Franklin D. Roosevelt* registriert die Ausweitung des japanischen Einflussbereichs im südostasiatischen Raum mit zunehmender Irritation, verhält sich jedoch zunächst passiv. Erst im Sommer 1941, als Truppen der Kaiserlichen Armee in Französisch-Indochina einrücken, sperren die USA, England und die Niederlande den gesamten Export nach Japan. Die Armee wird dadurch von kriegswichtigen Lieferungen, vor allem vom Öl oder auch Kautschuk, abgeschnitten; die Vorräte, errechnen die Militärbehörden, reichen noch für höchstens zwei Jahre. Japan sieht sich einer *ABCD-Einkreisung* gegenüber, wie die Militärs dies nennen, gemeint sind Amerikaner, Briten, Chinesen und Niederländer, die *dutch.* Als im Herbst 1941 Verhandlungen über die Wiederaufnahme von amerikanischen Öllieferungen scheitern, ist Japan entschlossen, einen Präventivkrieg gegen die USA zu führen, bevor die Kriegsmaschinerie des Gegners ihre maximale Stärke erlangen kann. Nach den Philippinen überrennen die japanischen Verbände in rascher Folge auch Hongkong, Singapur, Indonesien. Im März 1942 stehen sie in Neuguinea und sind bereit für den Angriff auf Australien. Zwei Monate später ist Burma unterworfen, und ins Visier gerät nun sogar Indien.

Diese Kriegshandlungen tangieren nun praktisch alle Niederlassungen von Schweizer Handelshäusern im Fernen Osten. In Singapur etwa ersetzen die Japaner die britische Kolonialbehörde durch eine «willkürliche Militärgesetzgebung, welche ausschliesslich den japanischen Interessen dient», so urteilt ein ortsansässiger Diethelm-Manager der Zeit. Derart ausgeprägt ist die Abneigung der Besetzer gegen alles Westliche, dass die Militärbehörden selbst seit Jahren gültige diplomatische Gepflogenheiten nicht mehr anerkennen. Dem offiziellen diplomatischen Vertreter der Schweiz in der Hafenstadt etwa bescheiden sie kurz und knapp: «Sie sind kein Konsul mehr.» Für *Diethelm & Co. Ltd.* fällt freilich stärker ins Gewicht, dass die Japaner kriegswichtige Rohstoffe beschlagnahmen, wo immer sie diese bekommen können, Aluminium oder Kautschuk etwa bei Diethelm in Singapur. Immerhin erreichen die Mitarbeitenden vor Ort, dass die Militärregierung diesen Akt mit Barem begleicht. Je länger der Krieg im Pazifik jedoch dauert, desto grösser wird der Hunger der japanischen Kriegswirtschaft nach Rohstoffen und desto rüder werden die Beschaffungsmethoden. In der Niederlassung Yokohama von Siber Hegner etwa montieren die Behörden die Heizungsrohre kurzerhand ab, um das Eisen in Kriegsmaterial umzugiessen – und sie zahlen auch dafür einen symbolischen Preis. Im thailändischen Bangkok transferieren Diethelm-Mitarbeitende sensitive medizinische Bestände oder auch Nahrungsmittel kurzerhand in das Schweizer Konsulat – es trifft sich dabei gut, dass ein Diethelm-Manager das Amt des Konsuls bekleidet. Von dort werden sie unauffällig abgetragen, etwa an das Internationale Rote Kreuz verkauft. Diese begleichen die Lieferungen direkt bei der Zentrale in Zürich –

für diese ein eleganter Weg, das Devisenausfuhrverbot der Japaner zu umgehen.

Auch im von direkten Einwirkungen unversehrten Zürich sind in den Hauptsitzen der drei Handelshäuser Krieg und Kriegsfolgen permanente Themen. Im täglichen Geschäft haben die Patrons immer neue Schwierigkeiten zu meistern. Bei Kriegsausbruch in Europa im Jahre 1939 sind bei Diethelm, Ed. A. Keller und Siber Hegner grosse Warenbestände verschifft und befinden sich irgendwo zwischen Europa und Fernost. Diese gilt es in den ersten Kriegsmonaten nach Europa zu retournieren oder zumindest vor einer Konfiszierung zu schützen. Als mit fortschreitenden Kriegshandlungen die Handelsströme schwächer werden, gilt es, mit sich pausenlos verändernden Import- und Exportbestimmungen und -quoten umzugehen und die Klippen zu umschiffen, die einem Unternehmen den folgenreichen Vorwurf des Handels mit dem Feind eintragen könnten. Jedes der drei Handelshäuser hat in dieser Hinsicht bereits während des Ersten Weltkriegs einschlägige Erfahrungen gemacht. Psychologisch am schwierigsten zu ertragen ist aber wohl der Umstand, dass mit dem Kriegseintritt Japans die Kommunikationswege zwischen Europa und Fernost zusammenbrechen. Während der ersten 50 Tage des Kriegs im Pazifik verfügt beispielsweise die Zentrale der Ed. A. Keller in Zürich über keinerlei Informationen über ihre Niederlassungen in Manila und Hongkong – mit Ausnahme der Nachricht, die in den Zeitungen gestanden hatte: dass beide Städte in die Hände der Japaner gefallen seien. Umgekehrt ist die Ungewissheit dieselbe. Ein Schweizer Diethelm-Manager in Singapur notiert in dieser Zeit: «Von dem Hauptsitz oder auch anderen Niederlassungen haben wir schon seit geraumer Zeit keine Informationen mehr erhalten. *No news.* Einfach nichts.» Ohne Informationen über die Tochterunternehmen in Asien aber ist an eine ordentliche Unternehmensführung von den Zürcher Hauptsitzen aus fast nicht mehr zu denken. Und wo kaum mehr Geschäfte zu tätigen sind, müssen Aktivitäten und Kosten reduziert werden. Überall in den Zentralen werden Mitarbeitende freigestellt, Diethelm reduziert die Vergütungen an seine Direktoren, Keller verzichtet, da es nichts zu entscheiden gibt, während fünf Kriegsjahren auf die Einberufung der Generalversammlung. Siber Hegner mietet gar Büroräume in Lausanne an und transferiert sensible Kundendaten oder auch Telegrafencodes in die französischsprachige Westschweiz – eine Vorsichtsmassnahme für den Fall, dass die Deutsche Wehrmacht in die Schweiz einfallen sollte.

Jede Seite, in Zürich wie in Fernost, sowie jeder Einzelne ist nun auf sich allein gestellt, und Kreativität wird zur Überlebensstrategie. Bei Diethelm in Singapur beginnen Mitarbeitende damit, aus noch vorhandenen Grundstoffen Zahnpasta oder Putzmittel für Schuhe herzustellen. Andere zimmern Möbel mit derartigem Erfolg, dass daraus mit den Jahren eine neue Geschäftseinheit entsteht. Und wieder andere fahren mit dem letzten noch funktionstüchtigen Lastwagen der Firma, den sie aufgrund der Farbe der Karosserie *Blue Angel* nennen, Medikamente in die Interniertenlager in der Region. In der Schweiz wickeln die Handelshäuser nach dem fast vollständigen Wegfall des Asien-Handels überall da Geschäfte ab, wo sie noch zu machen sind. Siber Hegner beispielsweise beliefert den Vatikan, importiert Zucker und Speiseöl aus Angola und forciert die Exporte aus der Heimat nach Südamerika. Diethelm sondiert derweil Geschäftschancen im Iran oder der Türkei, und Keller importiert mit einigem Erfolg Rohstoffe aus Argentinien.

Neben dem täglichen Kampf um das unternehmerische Überleben hat die kriegsbedingte, Wochen und Monate währende Funkstille mit Fernost bei allen drei Handelshäusern aber auch die eigene Verwundbarkeit vor Augen geführt. Die extreme, historisch bedingte Abhängigkeit der Unternehmen vom asiatisch-pazifischen Raum, lautet die Analyse unisono bei Diethelm, Ed. A. Keller und Siber Hegner, stellt ein möglicherweise existenzgefährdendes Klumpenrisiko dar. Diethelm und Ed. A. Keller entscheiden sich aus diesem Grund, gemeinsam den Schweizer

Markt aufzurollen. Sie kommen überein, dafür in Zürich ihre existierenden Import-Abteilungen zusammenzulegen und auch die aus diesem Geschäft resultierenden Gewinne und Verluste aufteilen zu wollen. In einem zeitgenössischen Verwaltungsratsprotokoll der Diethelm heisst es: «Um zu verhindern, dass wir ein zweites Mal von unserem Handelsgeschäft abgeschnitten werden können, haben wir beschlossen, dem Beispiel unserer Freunde bei Ed. A. Keller & Co. Ltd. zu folgen und unsere Aktivitäten über Ostasien hinaus weiterzuentwickeln. Dafür haben wir mit Keller eine engere Zusammenarbeit und eine gegenseitige Unterstützung vereinbart. Zusammen wollen wir nicht nur den Export aus der Schweiz heraus weiter stärken, sondern idealerweise auch Importe in die Schweiz.»

Siber Hegner verfolgt diese Strategie der Geschäftsausweitung auf dem Heimmarkt mit wesentlich weniger Energie. Jahrelang hatte das Management das natürliche schweizerische Marktumfeld für den Vertrieb der gängigen Produkte der Handelsfirma als zu limitiert angesehen. Aber der Versuch, sich in der französischen Seidenhandelsmetropole Lyon festzusetzen, verläuft eher harzig. Das bereits im Jahre 1938 an der Rhone eröffnete Büro muss nach Jahren unbefriedigender Geschäftsabschlüsse immer mehr redimensioniert werden. Ähnlich unerfreulich sind die Erfahrungen, als Siber Hegner auch an der Seine, in Paris, eine Niederlassung aufmacht. Das Fazit dieser Diversifikationsversuche scheint klar: Es ist nicht einfach, das traditionelle Geschäftsmodell aus Asien auf andere Gebiete und Regionen zu übertragen, und ebenso klar scheint auch, dass langfristig für alle drei Schweizer Handelshäuser der Druck zu einer besseren Risikoverteilung zunehmen dürfte. Dieses Bewusstsein, nach der etablierten Exporttätigkeit nach Fernost nun auch zum Spezialisten für Importe mutieren zu müssen, ist nach den Erfahrungen des Zweiten Weltkriegs bei den Firmenleitungen von Diethelm und Ed. A. Keller wie auch Siber Hegner stark ausgeprägt.

Es ist insbesondere ein Keller der dritten Generation, der das Import-Geschäft in der Schweiz forciert. *Luk Keller,* Sohn von Willhelm M. Keller und Enkel des Firmengründers, tritt 1941 als 26-Jähriger in die Familienfirma ein und unterzeichnet mit dem amerikanischen Pharmaunternehmen *Charles Pfizer* einen ersten bedeutenden Importvertrag für die Schweiz. Ein respektabler Erfolg: Pfizer, das knapp 100-jährige New Yorker Unternehmen, ist führender Hersteller für Penizillin sowie Streptomycin, das erste Antibiotikum gegen Tuberkulose überhaupt. Weitere Vertragsabschlüsse entspringen weniger einer ausformulierten Strategie, sondern meist archaisch den sich bietenden Möglichkeiten. Darunter finden sich derart unterschiedliche Produkte wie aufblasbare Schwimmbäder, Schreibgeräte von *Parker,* Camping-Utensilien oder Haushaltgeräte. Ein zweites Mal nach der Gründerzeit in Fernost gilt es nun, Chancen zu sehen und in Importgeschäfte umzusetzen. Diese erste Häutung der Schweizer Handelsunternehmen bedingt nicht nur eine neue Optik auf Geschäftsmöglichkeiten, sondern einen eigentlichen Kulturwandel in jedem der drei Häuser. Die Margen in diesem Geschäft sind eher tief, ein grosser Personaleinsatz ist vonnöten, und es bedingt auch substanzielle Investitionen. Das Portfolio der Vertragspartner erfordert zudem eine ständige Neubeurteilung, Ladenhüter müssen sofort ausgemustert und durch lukrativere Importprodukte ersetzt werden. Für manch einen asienerprobten Exportprofi ist der Einstieg in dieses Geschäft der kleinen Margen eine unerquickliche Vorstellung. Der Widerstand gegen diese von den Zentralen forcierte strategische Ausweitung des Geschäftsmodells ist denn auch in den Büros draussen in den asiatischen Märkten zunächst jedenfalls beträchtlich. Zumal sich dort die militärische Lage zuspitzt und sich das Blatt allmählich gegen die Japaner wendet.

Am 18. April 1942 bombardieren US-Flugzeuge erstmals Tokio. Zwei Monate später versenkt die US-Marine nahe den hawaiischen Midway-Inseln vier modernste Flugzeugträger der Kaiserlichen Armee, und im

August rollt mit der *Operation Watchtower* die Gegenoffensive der US-Armee gegen die Japaner an. Am 7. August 1942 gehen auf den *Salomonen*-Inseln erstmals amerikanische Soldaten an Land. Nun stossen die Amerikaner von Insel zu Insel gegen Japan vor. Nach der Landung von US-Truppen auf der Philippino-Insel Luzón beginnt Anfang Februar 1945 der Kampf um die Rückeroberung der philippinischen Hauptstadt. Von Norden her rücken die Alliierten in Richtung Stadtzentrum vor. Während die Aussenbezirke den Angreifern schnell in die Hände fallen, verschanzen sich die Japaner im Geschäftsviertel der Stadt. Erst nach einem massiven Artilleriebeschuss erlahmt deren Widerstand. Die zurückweichenden japanischen Truppen richten auf Befehl Tokios schwere Schäden an Gebäuden und Infrastruktur an; rund 100000 Zivilisten werden in den letzten Februarwochen ermordet, was später in den Geschichtsbüchern als *Massaker von Manila* bezeichnet wird. Unter den Toten befindet sich auch ein Uhrmacher aus der Schweiz und dessen Familie, der in Diensten der Ed. A. Keller gestanden hatte. Im Häuserkampf um Manila werden auch sämtliche Gebäude der Handelsfirma zerstört. Das Büro geht in Flammen auf, ebenso die darin gestapelten Lagerbestände. Als der Schweizer Bürochef nach der Befreiung der Stadt im März 1945 die Lage inspiziert, findet er ausser einigen durch Hitzeeinwirkung arg verformten Safes nur noch Asche und verkohltes Material vor. Auf einem Regal gestapelte Uhren sind eine undefinierbare Schmelzmasse, sämtliche Geschäftsunterlagen der Abteilung Versicherungen sind verbrannt, ebenso die Bücher, in denen die Kundenbeziehungen lückenlos dokumentiert sind. Das Schicksal der Ed. A. Keller ist keineswegs ein Einzelfall. Bilder der Zeit zeigen Manila als Geisterstadt, ausgebombte Häuser, ganze Strassenzüge, in denen nur noch ein paar Fassaden stehen.

Der Überlebenswille ist bei der Ed. A. Keller freilich stark ausgeprägt. Die Mitarbeitenden vor Ort wollen so schnell wie möglich wieder ins Geschäft zurückkehren. Sofort. Von zu Hause aus zu arbeiten verwerfen sie nur deshalb, weil sämtliche Privathäuser bis unter das Dach mit Flüchtlingen bevölkert sind. Im Juli ist das Departement Versicherungen als erste Abteilung bereits wieder vollständig betriebsfähig, und die Ed. A. Keller meldet nach Zürich: «Wir sind nach wie vor überzeugt, dass wir unsere Betriebskosten selber zu decken imstande sind.» Der Optimismus hat seinen Grund: Die Schweizer vor Ort bauen darauf, dass eine erneute amerikanische Präsenz auf den Philippinen auch den pazifischen Handel innert Kürze wieder beleben würde.

Während die europäische Kaufmannschaft in Fernost ihr Augenmerk bereits auf eine Zukunft nach dem Krieg richtet, steht die Kaiserliche Japanische Armee im Sommer 1945 mit dem Rücken zur Wand. Das Land ist militärisch am Ende, aber nicht bereit, die in der sogenannten *Potsdamer Erklärung* geforderte bedingungslose Kapitulation zu unterzeichnen. Am 6. August 1945 zünden die Vereinigten Staaten von Amerika über der japanischen Stadt Hiroshima die erste Atombombe in der Geschichte der Menschheit. Zwei Tage später erklärt Russland Japan den Krieg und dringt in die Mandschurei ein. Am 9. August 1945 zünden die Amerikaner eine zweite Atombombe über Nagasaki. Nun ist der Widerstand gebrochen. Am 15. August, mittags um zwölf, ist am Radio die Stimme des Kaisers *Hirohito* zu hören. Er verkündet die «Beendigung des Krieges». Am 2. September 1945 wird die bedingungslose Kapitulation Japans an Bord des US-Schlachtschiffes *Missouri* in der Bucht von Tokio unterzeichnet.

Es beginnt die Nachkriegsgeschichte. Robert S. Hegner, Verwaltungsratspräsident der Siber Hegner & Co. Ltd., und Wilhelm M. Keller, dessen Pendant bei der Ed. A. Keller & Co. Ltd., sind sich persönlich bestens bekannt. Keller amtet auch als Stellvertreter des Verwaltungsratspräsidenten bei Siber Hegner sowie Diethelm. Die beiden bestimmenden Figuren in den in Fernost engagierten Handelsunternehmen sind sich einig in ihrer Einschätzung, dass nun auch für die Firmen ihrer

Väter und Vorväter eine neue Zeitrechnung beginnt. Mehr noch: Der asiatische Kontinent, so wie sie ihn von Kindsbeinen an kennengelernt haben, wird nie mehr so sein, wie er war. Dort, wo ehemals die Europäer und später die japanische Kolonialmacht bestimmenden Einfluss ausgeübt haben, entsteht nun in der Tat eine neue geopolitische Topografie. Das Reich der aufgehenden Sonne hatte auf dem Zenit seiner Macht ein asiatisches Grossreich besessen, das unter anderem Taiwan, Korea, grosse Gebiete Chinas, Burma sowie die ehemals europäischen südostasiatischen Kolonien Britisch-Malaysia, Indochina, Niederländisch-Indien/ Indonesien sowie die Philippinen umfasst hatte. Mit der Kapitulation wird die besiegte Nation auf ihre vier Hauptinseln reduziert, zum Besatzungsgebiet der Amerikaner bestimmt, und das ehemalige japanische Kolonialreich zerfällt.

Die Philippinen, die Jahrhunderte spanischer, amerikanischer und japanischer Kolonialherrschaft erlebt hatten, werden am 4. Juli 1946 als erstes Land der Region in die Unabhängigkeit entlassen. Die USA lassen sich durch den sogenannten *Bell Trade Act* freilich weitgehende eigene wirtschaftliche Interessen schützen und sichern sich für Jahrzehnte die Hoheitsrechte über insgesamt 23 Militärstützpunkte auf dem Inselreich. Indien erhält 1947 die Unabhängigkeit von der Britischen Krone. Burma widersetzt sich, wie vor dem Krieg wieder unter britischen Einfluss zu kommen, sagt sich auch vom *Commonwealth* los und erlangt Anfang 1948 die absolute Unabhängigkeit. Auch in Indonesien bedeutet das Kriegsende nicht nur den Schlusspunkt der japanischen, sondern auch der niederländischen Kolonialzeit: Die Wiederauferstehung einer Holländisch-Indonesischen Union scheitert, und auf Druck der Amerikaner und auch der Vereinten Nationen erhalten die Vereinigten Staaten von Indonesien im Jahre 1949 die nationale Souveränität. In Korea, der ehemaligen japanischen Kolonie, ergeben sich die Kaiserlichen Truppen nördlich des 38. Breitengrades den Sowjets, südlich davon den Amerikanern – so wie das der Abmachung der

Alliierten entspricht. Als Erbe des Kriegs bleibt eine zweigeteilte Nation zurück.

Im Reich der Mitte flammt nach der japanischen Kapitulation ein jahrzehntealter Konflikt zwischen den Nationalisten um *Chiang Kaishek* und den Kommunisten um *Mao Zedong* um die politische Führung Chinas wieder auf. Im Jahre 1949 müssen sich die Nationalisten im chinesischen Bürgerkrieg geschlagen geben. Chiang Kai-shek zieht sich mit seinen Anhängern auf die im Westpazifik, vor dem chinesischen Festland gelegene Insel Taiwan zurück. Er gründet dort die *Republik China auf Taiwan* und erhebt Anspruch darauf, legitime Regierung des chinesischen Festlandes zu sein. Mao Zedong ruft am 1. Oktober 1949 auf dem Platz vor dem *Tor zum Himmlischen Frieden* vor 300000 begeisterten Chinesen die Volksrepublik China aus.

Bereits in den letzten Kriegsmonaten richten sich die führenden Köpfe in den Schweizer Handelsunternehmen auf eine neue Zeit ein. Eine Analyse ist schnell gemacht: Europa liegt wirtschaftlich am Boden, und die Volkswirtschaften in Fernost befinden sich in einem tief greifenden Umbruch ihrer politischen, ökonomischen und gesellschaftlichen Systeme. Nur die USA sind erstarkt, praktisch unversehrt und mit intakten Fabriken aus dem Zweiten Weltkrieg hervorgegangen. Amerika, dies scheint klar, wird über lange Zeit Lieferant der Welt für Rohstoffe und Konsumgüter sein. Und die USA, auch das scheint absehbar, werden nach Jahren der Kriegsmaterialwirtschaft einen gewaltigen Appetit nach importierten Konsumgütern entwickeln. All das verspricht ein goldener Boden zu werden für jedes Import- und Exportgeschäft.

Wer von diesem absehbaren Aufschwung partizipieren will, muss nach Amerika. Wer bereits dort ist, verfügt nun über einen Wettbewerbsvorteil. So etwa Ed. A. Keller & Co. Ltd., die bereits im Jahre 1910 in New York ein Verkaufsbüro eröffnet hatte, um in den philippinisch-amerikanischen Handel einzusteigen. Die Niederlassung koordinierte damals in erster Linie Warenexporte nach Fernost. Nach dem Ersten Weltkrieg wird diese Repräsentanz zu einer offiziellen Niederlassung des Zürcher Handelshauses aufgewertet; sie verfügt inzwischen über wertvolle Erfahrungen im transpazifischen Handel sowie auch über originäre Kenntnisse im inneramerikanischen Markt. Während des Kriegs im Pazifik verlegt die US-Niederlassung von Ed. A. Keller ihre Aktivität auf den Import von Schweizer Uhren. Die Nachfrage nach den Zeitmessern ist gross, und trotz der kriegsbedingt rationierten Liefermengen erlauben die hohen Margen ein profitables Geschäft. In all diesen Jahren ist das amerikanische Standbein für Keller zu einem strategisch bedeutenden Brückenkopf herangewachsen. Die Firma verfügt mit der Zeit über ein ansehnliches Beziehungsnetz in der amerikanischen Wirtschaft und vertritt eine Reihe bedeutender US-Lieferanten in den Philippinen oder Hongkong. Wilhelm M. Keller, Kopf des Unternehmens in der zweiten Generation, wie auch dessen Sohn Luk Keller, später die bedeutende Figur in der dritten Generation, pflegen die Kontakte in den USA stets persönlich. Dies ist wohl auch der Grund, weshalb noch während des Krieges das Handelshaus Diethelm die eigenen Ausfuhrquoten an Uhren in die USA über das New Yorker Keller-Büro vertreiben lässt. Das Handelshaus verfügt über kein Büro am Hudson River, und so hilft man sich in aller Freundschaft und bei aller Konkurrenz gerne aus.

Amerika steht auch bei Robert S. Hegner ganz oben auf der Prioritätenliste für die Ausrichtung seiner Siber Hegner in der Nachkriegszeit. Bereits im Herbst des Jahres 1944 bricht der Verwaltungsratspräsident von Zürich in die USA auf, um sich vor Ort ein Bild über die Geschäftsmöglichkeiten zu machen. Da die Kriegshandlungen zu dieser Zeit auf dem Alten Kontinent noch im Gange sind, wird dies eine abenteuerliche Reise über den Atlantik via afrikanischen Kontinent. Im Privatwagen reist Hegner nach Südfrankreich, steigt dort in einen Zug nach Barcelona und gelangt dann im Flugzeug nach Lissabon. Zehn Tage lang sitzt der Schweizer in der portugiesischen Hauptstadt fest – er muss sich für eine Einreise in die USA gegen Gelbfieber impfen lassen, und die Inkubationszeit beträgt knapp zwei Wochen. Dann besteigt Robert S. Hegner erneut den Flieger. Dieser bringt ihn via Senegal, Liberia, Natal, Belém, Trinidad und die Bermudas schliesslich in die Vereinigten Staaten. Nach dem kriegsbedingten Umweg setzt der Flieger am 29. November 1944 nach fünf Tagen Flugzeit auf dem Rollfeld des New Yorker Airports *La Guardia* auf.

Robert S. Hegner ist mit einer Mission nach Amerika gekommen. Seit rund zehn Jahren betreibt das Handelshaus ein Verkaufsbüro in New York zum Import von japanischer Rohseide. Nun muss dieses auf neue Erfordernisse der Märkte ausgerichtet werden. Im Handel mit Konsum- und Industriegütern verfügt die Niederlassung in der US-Metropole nur über eine sehr limitierte Erfahrung, und genau in dieser Import- und Exporttätigkeit liegt nach Einschätzung des Verwaltungsratspräsidenten die Zukunft, sobald auf der Welt wieder Frieden einkehren würde. *America is the place to be:* Diese Einschätzung teilt bekanntlich auch Wilhelm M. Keller, und der Zufall will es, dass der Chairman von Ed. A. Keller im Herbst 1944 ebenfalls in New York weilt. So kommt eins zum anderen. Da Keller bei allen drei Schweizer Handelshäusern Funktionen in den Verwaltungsräten bekleidet und Robert S. Hegner bestimmender Kopf in seiner Firma ist, ist es naheliegend, dass die beiden Männer über ihre Expansionsbestrebungen in den USA ins Gespräch kommen und bald schon über eine grosse Lösung verhandeln.

Ein bemerkenswerter Vorgang trotz allem. Wilhelm M. Keller hatte eine Diethelm geheiratet, war dadurch Aktionär beider Handelshäuser geworden und hatte Anfang der 1930er-Jahre – in einer finanziellen Notlage bei Siber Hegner – auch kräftig in dieses Handelshaus investiert. Doch die Geschäfte wurden dadurch nie vermischt. Mehr noch: Es existiert unter den drei Pionierunternehmen im Handel mit Fernost ein ungeschriebenes Gesetz, sich gegenseitig in keinem der Märkte zu konkurrenzieren. Was wie eine kartellistische Absprache aussieht, ist in Tat und Wahrheit Ausfluss des Urvertrauens in die eigene unternehmerische Kraft, von der die Pioniere durchdrungen waren. Selbstständig wollten sie sein, zu stolz waren sie vielleicht auch, um die von ihnen bearbeiteten Märkte mit ihresgleichen teilen zu wollen. Keine direkte Konkurrenz zwischen Siber Hegner, Diethelm oder Ed. A. Keller in Fernost war die Devise seit der Gründerzeit gewesen, höchstens freundschaftliche Hilfestellung in Zeiten der Not. Und so können die drei Handelshäuser zwar personell und auch punkto Kapital miteinander verflochten sein, draussen in den Märkten ist jeder für sich sein eigener König. Siber Hegner ist traditionell in Japan aktiv und auch in einigen chinesischen Regionen. Ed. A. Keller macht seine Geschäfte vornehmlich in den Philippinen und in Hongkong. Diethelm hat seine historischen Wurzeln in Singapur und expandierte von dort in benachbarte Märkte wie Indochina, Thailand, Penang und Malaysia.

Doch nun erfordern neue Umstände ein Abrücken von dieser seit der Gründerzeit gültigen Maxime. Der US-Verleger und Gründer des Nachrichtenmagazins *Time, Henry Luce,* hatte bereits im Jahre 1941 das 20. Jahrhundert zum *American Century* erkoren, und die führenden Köpfe in den Schweizer Handelshäusern wollen daran teilhaben, indem sie in diesem Markt verstärkt unternehmerisch aktiv werden. Es ist ihnen freilich bewusst, dass New York ein heisses Pflaster für jede Handelstätigkeit darstellt. Der Markt ist komplex, der Eintritt kostspielig und die Sitten rau. Wilhelm M. Keller und Robert S. Hegner sind Unternehmer genug, um zu erkennen, dass eine Teilung der Risiken und eine Bündelung der Kräfte das Gebot der Stunde sind. Im Frühjahr 1946 tritt Keller – er spricht für Diethelm und Ed. A. Keller – in Verhandlungen mit Robert S. Hegner. Das Ziel ist, sämtliche bestehenden und zukünftigen unternehmerischen Operationen der drei Unternehmen in den Vereinigten Staaten im New Yorker Büro der Siber Hegner & Co. Ltd. zu konzentrieren. Nach wenigen Wochen ist der Vertrag ausgearbeitet, und während der feierlichen Unterzeichnung verspricht ein sichtlich stolzer Robert S. Hegner seinen zwei Partnern einen «echten Erst-Klass-Service in New York». Acht Jahrzehnte nach der ersten Gründung eines Schweizer Handelshauses im japanischen Yokohama treten die drei Unternehmen erstmals gemeinsam auf. Sie tun es nicht im Fernen Osten, sie tun es nicht in der Schweiz oder Europa, sondern in den USA. Und dies ist auch ein Zeugnis des Respekts vor diesem grossflächigen Markt mit seinen ganz eigenen Gesetzen.

Doch die grosse gemeinsame Vision zerbricht schnell an der harten Realität in Amerika. Zu unterschiedlich sind die Firmenkulturen, zu unterschiedlich auch die bereits vorhandenen Marktpositionen der drei Firmen in den USA, als dass im Büro in New York ein gemeinsamer Nenner für das neue Geschäft gefunden werden könnte – und sei dieser noch so klein. Hinzu kommen die typischen Anlaufschwierigkeiten wie hohe Mietkosten oder Kosten für die Neuausrichtung, ungeeignetes Personal sowie – fast schlimmer noch – zahlreiche, nach Kriegsende eingeführte Handelsrestriktionen und -regularien. Und so nistet sich der Zwist ein, lange bevor die gemeinsam formulierte Geschäftsstrategie Früchte tragen kann. Keller ist unzufrieden mit dem so freudig angekündigten Service von Hegner im New Yorker Büro; Letzterer diagnostiziert bei den Partnern ein ungenügendes Geschäftsvolumen, insbesondere bei Diethelm, das über das Büro am Hudson River abgewickelt werden könnte. Nach nur einem Jahr wird die Heirat zu dritt in Amerika wieder geschieden und der einst so hoffnungsfroh geschlossene Vertrag wieder aufgelöst.

Die Zeit, so scheint es, ist für ein Zusammengehen nicht reif. Im Gegenteil: Der Bruch in New York hinterlässt insbesondere bei Siber Hegner eine offene Wunde. So tief sitzt die Enttäuschung, dass Robert S. Hegner sogar bereit ist, in Fernost das seit Jahrzehnten gültige *Gentleman-Agreement* zu brechen. Es geht um eine geschäftliche Präsenz in der aufstrebenden britischen Kronkolonie Hongkong, für Siber Hegner ein Tabu, da dort traditionell die Ed. A. Keller & Co. Ltd. ansässig ist. Das aber gilt für den Verwaltungsratspräsidenten der Siber Hegner nun offensichtlich nicht mehr. Robert S. Hegner wirft den Fehdehandschuh. An einer Verwaltungsratssitzung werden im Beisein von Verwaltungsrat Wilhelm M. Keller folgende Worte protokolliert: «In den Jahren seit dem Krieg im Pazifik hat Hongkong einen gewaltigen wirtschaftlichen Aufschwung erlebt. In jüngster Zeit sind deshalb zahlreiche in Shanghai ansässige Unternehmen dazu übergegangen, Niederlassungen in Hongkong zu eröffnen. Ein Vorschlag, mit dem auch unser Büro in Shanghai wiederholt an uns herangetreten ist. Wir in der Zentrale haben dies abgelehnt. Wir haben immer akzeptiert, dass wir in Hongkong keine Geschäfte machen können und sollten, da wir uns verpflichtet fühlen, in keinen Markt einzutreten, in dem unsere Freunde aus der Ed. A. Keller & Co. Ltd. oder der Diethelm & Co. Ltd. bereits aktiv sind. Nun aber, wo diese beiden Unternehmen unsere gemeinsame Vereinbarung in New York aufgekündigt haben, fühlen wir uns nicht mehr an diese Pflicht gebunden.»

So eröffnet Siber Hegner in Hongkong seine eigene Niederlassung; wählt also gewissermassen den Alleingang. Diethelm und Keller rücken dagegen noch enger zusammen. Am 1. September 1948 gründen sie die *Diethelm & Keller (USA) Ltd.;* gemeinsam wollen sie den amerikanischen Markt aufrollen. So richtet sich jeder auf seine Weise für die Nachkriegsordnung ein, in der Hoffnung auf einen starken Aufschwung im globalen Handel nach den Kriegsjahren des Darbens. Und die USA wie auch Hongkong entwickeln sich wohl nicht zufällig zu Sinnbildern für eine neue Nachkriegsordnung. Die Vereinigten Staaten von Amerika werden nun zum Taktgeber der Weltwirtschaft, an der Konferenz von *Bretton Woods* im US-Bundesstaat New Hampshire einigen sich noch vor Kriegsende 44 Nationen auf ein internationales Währungssystem fester Wechselkurse, auf globale Institutionen wie die Weltbank oder den Internationalen Währungsfonds (IWF) und definieren damit den neuen Rahmen einer freien Weltwirtschaft. Hongkong ist nach japanischer Besetzung und dem Ende der Kriegshandlungen ein Trümmerhaufen und das Armenhaus der Region. Als die Kommunisten im Jahre 1949 die Volksrepublik China ausrufen, strömen Hunderttausende Chinesen in die Stadt am Südchinesischen Meer, zahlreiche ausländische Unternehmen verlegen ihre Vertretungen von Shanghai in die britische Kronkolonie, und die Stadt entwickelt sich in der Folge zu einer der effizientesten und am schnellsten wachsenden Metropolen der Welt. So gesehen haben Wilhelm M. Keller und auch Robert S. Hegner die Zeichen der Zeit richtig erkannt. Die Welt tritt nach dem Krieg in eine äusserst dynamische Boomphase ein; im Jahrzehnt nach 1948 wächst die Weltwirtschaft um durchschnittlich über fünf Prozent pro Jahr, und der globale Handel nimmt gar noch stärker zu als die weltweite Produktion – ein Phänomen, das letztmals vor dem Ersten Weltkrieg aufgetreten war. Es ist ein eigentlicher Globalisierungsschub, der die interkontinentalen Bewegungen von Kapital, Warenströmen und Menschen in einem extremen Masse intensiviert. Und das sind gute Zeiten für Handelshäuser.

V. Asien wird rot

Nach dem Zweiten Weltkrieg entsteht ein neues Asien. Ehemalige Kolonien erhalten die nationale Souveränität, schützen ihre Industrie durch Importzölle und wenden sich teilweise totalitären Systemen zu. Die Handelshäuser reagieren mit partiellem Rückzug, dem Aufbau eigener lokaler Produktionsstätten und begeben sich in mitunter grosse Abhängigkeit von Lieferanten. Für Siber Hegner & Co. Ltd. wird dies existenzgefährdend. Mit Jörg Wolle tritt dort ein Manager in die Firma ein, der in eine bedeutende Rolle hineinwachsen wird.

Es ist, als hätte es die Schweizer Regierung für einmal besonders eilig. Im Januar des Jahres 1950, keine drei Monate nachdem Partei- und Staatschef Mao Zedong die Volksrepublik China ausgerufen hatte, erkennt der Bundesrat der Schweizerischen Eidgenossenschaft als eine der ersten westlichen Nationen überhaupt das neue Regime im Reich der Mitte an. Fast so, als gingen die politischen Spitzen in Bern davon aus, dass dies ein Zustand von Dauer und Stabilität darstellen könnte, während die nach Taiwan geflüchteten chinesischen Nationalisten um den im Bürgerkrieg unterlegenen Chiang Kai-shek davor warnen, die Politik des neuen starken Mannes könnte den asiatischen Kontinent in den sozialistischen Abgrund führen.

Die Gefahr eines auf weitere Volkswirtschaften in Fernost übergreifenden politischen Paradigmawechsels schätzt auch die dort aktive Schweizer Kaufmannschaft als durchaus real ein. Im Juni 1950 meint etwa Präsident Walter R. Diethelm an einer Aktionärsversammlung seiner Firma: «Der Sieg der Kommunistischen Partei Chinas bedeutet eine grosse Gefahr für sämtliche asiatischen Länder, in denen wir aktiv sind.» Eine Einschätzung, der Wilhelm M. Keller beipflichten muss. Seit Mao in China an der Macht ist, hat sich das Geschäftsumfeld in der britischen Kronkolonie Hongkong, einer traditionell starken Niederlassung der *Ed. A. Keller & Co. Ltd.*, bereits dramatisch verschlechtert. Insbesondere als westliche Industrieländer ein teilweises Embargo gegen die Volksrepublik aussprechen.

Direkt exponiert durch den Machtwechsel in Peking ist freilich lediglich das dritte Schweizer Handelshaus, *Siber Hegner & Co. Ltd.*, das im

Reich der Mitte seit geraumer Zeit über zwei Niederlassungen verfügt. Seit Anfang der 1920er-Jahre betreibt die Firma ein Büro in Shanghai, das Verwaltungsratspräsident Robert S. Hegner seinerzeit während dreier Jahre persönlich geführt hatte, bevor er nach Japan zurückgekehrt war. Er hatte Shanghai noch als das *Paris von Asien* gekannt, eine kosmopolitische Metropole, die fünftgrösste Stadt der Welt, in der westlicher Lifestyle, Motorenlärm der Automobile und Türkische Bäder ein Flair von Grandezza verströmten. Die Stadt lebte in den *Goldenen Zwanzigern* unbesorgt, und Siber Hegner importierte in dieser Zeit Textilien aus Grossbritannien oder Seidenerzeugnisse und Ovomaltine aus der Schweiz. Jahre später, 1936, expandierte Siber Hegner, eröffnete ein Büro in Tianjin, der im Norden Chinas, am Kaiserkanal gelegenen Hafenstadt, und importierte über die neue Niederlassung Papier, Stahl und vor allem europäische Maschinentechnologie in das Reich der Mitte.

Diese jahrzehntelange Aufbauarbeit scheint nun plötzlich bedroht. «Wir müssen uns auf den schlimmstmöglichen Fall vorbereiten», urteilt der Präsident Robert S. Hegner Mitte 1950, «was bedeuten könnte, dass wir in China alles verlieren.» Hegner will auch um jeden Preis verhindern, dass das rund um die Niederlassungen gewachsene Beziehungsnetz durch den Regimewechsel wertlos werden könnte, und so beschliesst er, das Büro Shanghai auf reduziertem Niveau weiterzubetreiben, jenes in Tianjin aber dichtzumachen und den dänischen Manager vor Ort auf schnellstem Wege nach Europa zurückzuholen.

Es kommt jedoch anders. In der zweiten Hälfte des Jahres 1950 erfährt das Geschäft der Niederlassung im Norden des Landes einen derartigen Aufschwung, dass diese Pläne schnell fallengelassen werden. Westliche Technologie, insbesondere die Qualität der Erzeugnisse der Schweizer Maschinenindustrie, stehen bei den chinesischen Kommunisten plötzlich hoch im Kurs – Mao will sein Land nach jahrelangem Bürgerkrieg nun zügig modernisieren. Nun zahlt sich für Siber Hegner auch aus, dass die Schweizer Regierung das kommunistische Regime schnell und unbürokratisch anerkannt hatte. Auf den seinerzeitigen Schliessungsentscheid zurückzukommen ist nun nicht mehr sinnvoll, und wenn er darauf angesprochen wird, pflegt Robert S. Hegner die geflügelten Worte des damaligen Schweizer Konsuls in Shanghai zu zitieren: «Je länger einer in China lebt, desto weniger versteht er die Chinesen, geschweige denn ist er in der Lage, eine Prognose über die Entwicklung dieses Landes abzugeben.»

Wahre Worte sind das in der Tat. In den ersten Jahren forciert Staatschef Mao Zedong die wirtschaftliche Entwicklung des rückständigen Landes und insbesondere der Schwerindustrie nach sowjetischem Vorbild. Während des ersten Fünfjahresplanes 1953–1957 steigt die Industrieproduktion denn auch um durchschnittlich stolze 18 Prozent pro Jahr, und am Ende ist China erstmals in der Lage, grössere Stückzahlen an Lastwagen, Automobilen, Schiffen oder Flugzeugen aus eigener Produktion herzustellen. Klar ist freilich, dass dieser Erfolg ohne das Know-how und die Fachleute des kommunistischen Bruderlandes Sowjetunion kaum möglich gewesen wäre. Von diesem Technologiehunger profitieren auch westliche Importeure. So pflegen die chinesischen Kommunisten noch Anfang der 1950er-Jahre dem Handelshaus Siber Hegner umfangreiche Einkaufslisten zu schicken.

Die Schweizer in China registrieren freilich auch, dass die Lebens- und Geschäftsbedingungen nach den ersten Jahren des kommunistischen Aufbruchs sich weiter verschlechtern. Die Behörden schränken die Bewegungsfreiheit von Ausländern im Land immer stärker ein, Visa zur Ausreise stellen sie oft nur mit grosszügiger zeitlicher Verspätung aus, was das Konfliktpotenzial mit den Autoritäten massiv erhöht. Seit Mitte der 1950er-Jahre rückt Mao Zedong vom sowjetischen Entwicklungsmodell ab, Kollektivierung und Massenmobilisierung zum Aufbau der *kommunistischen Gesellschaft* stehen im Vordergrund. Politische Opposition verträgt es nun in China nicht mehr. Bis zum Frühjahr 1958 werden rund 400 chinesische Intellektuelle als *Feinde des Sozialismus* hingerichtet und mehr als eine halbe Million Menschen in Arbeitslager deportiert. Für die vor Ort tätigen Ausländer besteht zunehmend die Gefahr, von dieser Ideologisierung der Verhältnisse negativ tangiert zu werden. Hinzu kommt, dass auch der Einkauf westlicher Technologie durch die chinesischen Behörden immer stärker bürokratisiert wird. Einfuhren von Erzeugnissen der Schweizer Maschinenindustrie laufen immer seltener direkt über die Niederlassungen der Handelshäuser vor Ort, sondern müssen vorab mit einem Einkaufsbüro in der offiziellen chinesischen Repräsentanz in Bern ausgehandelt werden. Die Konsequenzen dieser Politik schlagen praktisch ohne Zeitverzögerung auf das Geschäftsvolumen von Siber Hegner in China durch. Im Büro in Tianjin sinkt die Zahl der Aufträge für die Schweizer Maschinenindustrie 1958 innert Jahresfrist auf weniger als einen Zehntel.

Nach einem zeitgenössischen Protokoll des Verwaltungsrates zeigt sich Robert S. Hegner über diese Entwicklung konsterniert. «China ist für uns zum ernsthaften Problemfall geworden. Das Land hat sich nicht so entwickelt, wie wir uns das erhofft haben. In den vergangenen Monaten sind unsere ausländischen Mitarbeiter Opfer von allerlei behördlicher Willkür geworden. Es besteht kaum ein Zweifel, dass die Regierung alles unternimmt, unser Leben zu erschweren, um uns loszuwerden.» Der Verwaltungsrat handelt angesichts dieser Situation rasch, beschliesst wiederum, die Präsenz der Firma im Reich der Mitte zu reduzieren und das Büro in Tianjin zu schliessen. Nach langwierigen Verhandlungen mit den Vertretern des Regimes stimmen diese der Liquidation der Niederlassung zu. Doch die Erleichterung über diesen Fortschritt währt in der Zürcher Zentrale von Siber Hegner nur kurz. Nun sind es die lokalen Angestellten im Büro Tianjin, die sich gegen die Geschäftsaufgabe stemmen. Im kommunistischen China hat die Basis grossen Einfluss, mehr noch: Ohne deren Zustimmung kann sich keine ausländische Firma aus dem Land zurückziehen. Jetzt sitzt Siber Hegner in der Falle. Verhandlungen zwischen dem Schweizer Management und den chinesischen Mitarbeitenden bringen keinen Durchbruch; die Behörden nutzen die festgefahrene Situation weidlich aus und lassen die Schweizer für ihre Absicht, sich aus China zurückziehen zu wollen, bezahlen. Sie stellen Forderungen nach zusätzlichen Steuern und erfinden immer neue Gründe für weitere behördliche Abgaben. «Die Liquidation unseres Büros in Tianjin kostet uns immer mehr Zeit und Geld», heisst es fast schon entnervt in einem Bericht der Zürcher Zentrale.

Diese Entwicklung ist ein Spiegelbild für das sich verschärfende politische Klima in China. Eine ideologisch aufgeladene Stimmung im Land wendet sich gegen alles Kapitalistische, gegen alle Unternehmer und ebnet den Weg Mao Zedongs hin zum Sozialismus. Dass dies keine ideologischen Phrasen sind, wird für die kleine ausländische Gemeinschaft in Tianjin bald einmal klar. Zwei stadtbekannte deutsche Geschäftsleute, im Sprachduktus des Regimes eben Kapitalisten, werden gegen Ende 1959 verhaftet und ins Gefängnis geworfen. Für den Schweizer Manager des Siber Hegner-Büros vor Ort ist dies ein Fanal. Er nutzt die erste Reiseerlaubnis nach Hongkong, um sich aus der Volksrepublik abzusetzen. So verständlich diese Reaktion auch sein mag, für den Schweizer Hauptsitz der Firma macht dies die Situation noch viel komplizierter. Einen weiteren Ausländer in die Volksrepublik zu entsenden kommt angesichts der politischen Lage nicht in Frage. Das Büro in Shanghai in diese unerfreuliche Angelegenheit hineinzuziehen erscheint der Firmenleitung ebenfalls kein gangbarer Weg zu sein. Was also tun? Schliesslich ernennt sie in der Not erstmals in der Geschichte einen Chinesen namens *Ching,* bislang Assistent des Niederlassungsleiters, zum neuen Bürochef in Tianjin. Dies entpuppt sich freilich als keine gute Idee. Herr Ching, hocherfreut über seine Beförderung, wird nunmehr jedoch von seinen eigenen chinesischen Kollegen mit der Begründung abgelehnt, er sei nun ein Kapitalist. Mehrmals bittet der derart isolierte Chef die Zürcher Zentrale, ihn von diesem Posten zu entbinden. Ohne Erfolg freilich – die Firmenleitung in der Schweiz sieht schlicht keine Alternative zu ihrem Entscheid.

Eine Konstellation mit schweren Folgen. Ching wird, wie seine ausländischen Geschäftspartner zuvor, ebenfalls verhaftet und ins Gefängnis geworfen. Unter dem Druck ideologisch gesteuerter Verhöre gibt der arme Mann immer neue sogenannte Verfehlungen zu, und dies führt dazu, dass die Behörden von Siber Hegner Nachsteuern in Höhe von 200000 Franken einfordern. Die Schweizer sind nun derart in Bedrängnis, dass sie sich Hilfe suchend an die Schweizer Botschaft in Peking wenden. Zwei lange Jahre Geduld und nervenaufreibende Verhandlungen sind nötig, bis es mithilfe der Diplomaten gelingt, die chinesischen Behörden zum Einlenken zu bringen. Am 8. Juni 1961 kann das Büro Tianjin schliesslich liquidiert werden. Nach dieser unerfreulichen Erfahrung wollen sich die Schweizer auch aus Shanghai zurückziehen. Die Parteiverwaltung verspricht immerhin, diesen Fall nun zügig abzuwickeln, und vier Monate später ist auch die Liquidation dieses Büros Tatsache. Nach mehr als 40 Jahren Präsenz im Reich der Mitte endet damit das Engagement von Siber Hegner.

In Vietnam hatte der politische Führer *Ho Chi Minh* nach der Kapitulation der vormaligen Kolonialmacht Japan bereits im September 1945 die kommunistische *Demokratische Republik Vietnam* ausgerufen. Von Südvietnam aus versuchen die vormaligen französischen Kolonialherren daraufhin, das Land wieder in den Vorkriegszustand zurückzuführen, und zetteln den sogenannten *Französischen Indochinakrieg* an. Der Sieg Mao Zedongs in China macht aus diesem regionalen Konflikt eine internationale Angelegenheit an der Demarkationslinie zwischen kommunistischem und kapitalistischem Einflussbereich. Nach einer vernichtenden Niederlage der Franzosen werden auf der *Genfer Konferenz* vom 21. Juli 1954 ein Waffenstillstand und die Teilung Vietnams beschlossen. Nördlich des 17. Breitengrades etabliert sich mit der Hauptstadt Hanoi die Demokratische Republik Vietnam, die sich in den kommunistischen Block eingliedert; südlich davon entsteht die *Republik Viet-*

nam mit der Hauptstadt Saigon. Von diesen politischen Umwälzungen wird das Handelshaus *Diethelm & Co. Ltd.* direkt tangiert. Das im Jahre 1924 in der nordvietnamesischen Hafenstadt *Haiphong* eröffnete und lange Jahre äusserst profitable Büro wird dichtgemacht, kaum ist die Teilung des Landes vollzogen. Und im Frühjahr 1955 erhält Verwaltungsratspräsident Walter R. Diethelm einen Brief seines Schweizer Bürochefs im südvietnamesischen Saigon, in dem dieser angesichts der instabilen politischen Situation im Land empfiehlt, auch diese Niederlassung «schnellstens zu liquidieren». Nach hitzigen Diskussionen im Verwaltungsrat wird dieser Entscheid noch im selben Jahr vollzogen – nach 65 Jahren Präsenz am *Mekon*g-Delta.

Der partielle Rückzug der Schweizer Handelshäuser aus dem Fernen Osten ist ein Tribut an die veränderte politische Topografie beim Übergang des asiatischen Kontinents von einer kolonialen Vergangenheit in eine Gegenwart der nationalen Selbstbestimmung in den ersten Jahrzehnten der Nachkriegszeit. Für Diethelm, Ed. A. Keller und Siber Hegner bedeutet dies die Aufgabe von seit der Gründerzeit bearbeiteten Märkten. Für alle drei stellt sich angesichts eines Kontinents im Umbruch die Frage der Substitution der verloren gegangenen Geschäftsmöglichkeiten. Hinzu kommt, dass zahlreiche Länder im Fernen Osten im Zuge ihrer erstarkenden nationalen Souveränität hohe Zölle auf Importe verhängen. So schotten sie ihre eigenen Volkswirtschaften gegen westliche Einfuhren ab und fördern gleichzeitig den Auf- und Ausbau eigener Industrien. Für Handelsunternehmen droht damit das traditionelle Geschäft wegzubrechen. Eine weitere Entwicklungslinie kommt von den grossen, multinationalen Unternehmen selber, die teilweise über Jahrzehnte Kunden der Handelshäuser gewesen sind und über diese den Vertrieb ihrer Produkte im Fernen Osten organisiert hatten. Nun, als der Welthandel nach dem Krieg wieder anzieht, bauen einige von ihnen ihre eigenen Vertriebskanäle auf und machen sich damit unabhängig vom Zwischenhandel, wie ihn Diethelm, Ed. A. Keller und Siber Hegner über Jahrzehnte in deren Auftrag getätigt hatten.

Die Handelshäuser sehen sich insgesamt einer komplexer gewordenen Welt gegenüber, in der ihr traditionelles Geschäftsmodell an Überzeugungskraft einzubüssen droht. War die Entstehung der Weltwirtschaft im 19. Jahrhundert im Wesentlichen das Resultat privatwirtschaftlicher Initiative gewesen, haben sich die meist von Unternehmerfamilien gegründeten produzierenden Industrien zu mehr oder weniger anonymen Aktiengesellschaften weiterentwickelt. Es sind im Laufe der Zeit multinationale, vertikal integrierte Unternehmen entstanden, die von der Rohstofferzeugung bis zur Vermarktung der Endprodukte die gesamte Wertschöpfungskette ihrer Erzeugnisse abdecken. Diese Unternehmen gehören zu den erfolgreichsten und vor allem auch stabilsten grenzübergreifenden Konglomeraten.

Demgegenüber durchlaufen zahlreiche Nationalstaaten nach dem Zweiten Weltkrieg einen diametral gegenläufigen Transformationsschub. Im 19. Jahrhundert war der Nationalstaat Voraussetzung und Organisationsprinzip gewesen für die Entstehung von Territorialmärkten mit einheitlicher Währung, Gewichts- oder Längenmassen. Die in dieser Hinsicht erfolgreichsten Nationen bauten ganze Kolonialreiche auf und integrierten auf diesem Wege die neuen Märkte in ihre eigene Nationalstaatlichkeit. In diesem System segelten die Handelshäuser aus der neutralen Schweiz mit Rückenwind und konnten dadurch ihre Geschäfte ausbauen.

Nach der Zäsur des Zweiten Weltkriegs brechen die Kolonialreiche zusammen und mit ihnen ein wirtschaftliches Organisationsprinzip der überseeischen Märkte, das der Tätigkeit der traditionellen Handelshäuser stark entgegengekommen war. Nun, nach 1945, herrscht in dieser Hinsicht neue Unübersichtlichkeit. Vormalige europäische Kolonien erlangen ihre nationale Souveränität, die Welt wächst in eine ideologisch festgefahrene bipolare Struktur hinein, und das kommunistische China schottet sich in den 1960er-Jahren weitgehend von der Aussenwelt ab. In diesem neuen Geflecht entstehen zwar länderübergreifende, wirtschaftspolitische Interaktionsräume, die aber keine wirklich globale Ausdehnung erfahren.

Für die Handelshäuser Diethelm, Ed. A. Keller und Siber Hegner schafft die praktische Gleichzeitigkeit all dieser Entwicklungen eine gänzlich neue Ausgangslage. Sie müssen versuchen, wegbrechende Märkte zu kompensieren. Und sie sind gezwungen, neue Wege zu finden in Ländern mit protektionistischer Regierung und müssen den ständig steigenden Ansprüchen der Lieferanten Paroli bieten. Kurzum, der Kompass muss neu ausgerichtet werden.

Mitte der 1950er-Jahre scheint es für die traditionell in Fernost engagierten Schweizer Handelshäuser in der Tat ein Gebot der unternehmerischen Vernunft zu sein, Alternativen zu Asien zu prüfen. China und Nordkorea befinden sich unter kommunistischen Regimes, Nordvietnam ist in der Hand von nationalistischen und kommunistischen Gruppen der *Viet Minh,* und auch andere asiatische Nationen sind gefährdet, in ein antikapitalistisches Fahrwasser abzudriften. Allen voran das von politischer Instabilität umgebene Königreich Thailand, seit geraumer Zeit einer der bedeutendsten Märkte für Diethelm & Co. Ltd. Vorsichtshalber entscheidet die Zürcher Zentrale jedenfalls kurz vor dem Fünfzig-Jahr-Jubiläum im Jahre 1956, eine weitere Expansion im Land zu drosseln. Stattdessen richtet sie ihren Blick auf andere Regionen der Welt. Neben den USA insbesondere auch auf Afrika.

Aus ökonomischer Sicht scheint den Schweizern der Schwarze Kontinent inzwischen stabil genug, um riskieren zu können, ihr in Asien erprobtes Geschäftsmodell dorthin zu übertragen – auch wenn auf diesem Kontinent zahlreiche ehemalige Kolonialstaaten ebenfalls im Kampf um ihre Unabhängigkeit stehen. Diethelm ist sich bewusst, dass ein Eintritt in das im Gegensatz zu Asien dünn besiedelte Afrika durchaus auch Risiken birgt. Aus diesem Grund ist das Handelshaus bestrebt, den

Markteintritt, wenn immer möglich, zusammen mit der Ed. A. Keller & Co. Ltd. zu bewerkstelligen, mit der Diethelm ja bereits in den USA aktiv ist. 1955 tritt Diethelm erstmals in Afrika auf und kauft die Hälfte des Aktienkapitals der *Compagnie Commerciale Congo Suisse,* die der schweizerischen Handelsfirma *A.E. Reinhard* gehört, in Belgisch-Kongo, dem späteren Zaire, drei Niederlassungen betreibt und Schweizer Uhren, Küchengeräte und Büroeinrichtungen importiert. Von diesem Brückenkopf aus will Diethelm das afrikanische Geschäft in schnellem Tempo entwickeln. Im gleichen Jahr engagiert sich Diethelm zusammen mit Ed. A. Keller in Sierra Leone sowie in Britisch-Westafrika und kauft sich für eine Million Schweizer Franken in eine existierende Firma ein. Nochmals ein Jahr später baut das Handelshaus ein Vertriebsnetz in Französisch-Westafrika auf, mit einem knappen Dutzend Niederlassungen von Guinea bis zur Zentralafrikanischen Republik und insgesamt rund 100 Angestellten. Ein Jahrzehnt später ist das afrikanische Abenteuer für Diethelm und Ed. A. Keller jedoch beendet – die Schweizer scheitern an den Unabhängigkeitskriegen, die überall auf dem Kontinent ausbrechen und eine ökonomisch stabile Entwicklung verunmöglichen. Auch mangelt es wohl am tieferen kulturellen Verständnis, das für die asiatischen Regionen über Generationen aufgebaut werden konnte. Ähnlich ergeht es auch Siber Hegner, die ebenfalls ihr Glück in Afrika versucht, sich aber bereits 1963 wieder aus dem Schwarzen Kontinent zurückzieht.

Die politische Befreiung ehemaliger Kolonien, wie dies die Schweizer Handelshäuser zunächst in ihren Märkten in Fernost und später auch in Afrika erleben, hat eine ökonomische Kehrseite, die in der zweiten Hälfte des 20. Jahrhunderts fast überall in Asien sichtbar wird: *Import Substitution* – zwei Worte, die in den Zürcher Zentralen von Diethelm, Ed. A. Keller und Siber Hegner höchste Alarmbereitschaft auslösen. Nach der politischen Unabhängigkeit streben die Volkswirtschaften

Thailand, Malaysia, Indonesien oder auch die Philippinen nun den Aufbau einer nationalen produzierenden Industrie an. Dies hat zur Folge, dass die Regierungen hohe, protektionistische Zölle auf Importgüter erheben – fast ein Todesurteil für jedes international tätige Handelshaus. Es stellt sich die Frage, wie man verhindern kann, nach China und Vietnam weitere fernöstliche Märkte nach und nach aufgeben zu müssen. Nüchtern betrachtet, gibt es wohl nur einen Weg, nämlich sich diese neuen Gegebenheiten zunutze zu machen und, wo möglich, selber in die lokale Produktion einzusteigen. In den lokalen Märkten sind die Handelshäuser schliesslich von jeher in ihrem Element. Anpassungsfähigkeit ist ihr Geschäftsprinzip, und über die notwendigen Kontakte vor Ort verfügen sie aus Tradition.

«Wir haben nun eine wunderbare Fabrik», sagt der Schweizer Diethelm-Manager der Abteilung Aluminium vor der versammelten Belegschaft, als es erstmals so weit ist: Im März 1949 wird an der *Alexandra Road* in Singapur eine nagelneue Aluminiumfabrik eröffnet. Für Diethelm ist dies Zufall und Glücksfall zugleich. Vor einem Vierteljahrhundert hatte das Handelshaus eine kleine Schweizer Firma namens *L. Raeber & Co.* übernommen und war dadurch unverhofft in den Besitz einer kleinen Aluminium-Werkstätte in der südostasiatischen Hafenstadt gelangt, ein Geschäft, das auf den ersten Blick weit entfernt liegt von dem traditionellen Handelsgeschäft von Diethelm. Die dort produzierten leichtgewichtigen Alu-Gefässe finden jedoch perfekte Anwendung in der boomenden Kautschuk-Industrie. Das zunächst artfremde Geschäft entwickelt sich derart erfolgreich, dass Diethelm es zu einem integrierten Bestandteil der unternehmerischen Aktivität der Niederlassung in Singapur macht und sogar eine eigene Aluminium-Abteilung aufbaut. Eine Entwicklung mit Folgen: Das Handelshaus ist nun – zumindest partiell – auch eine Industriefirma, und es stellt nun Ingenieure und Techniker ein – eine Berufsqualifikation, die bislang in den Handelshäusern nicht vertreten gewesen war. Aus diesen Aktivitäten entwickeln sich mit den Jahren eigentliche Technologie-Abteilungen, die später Vertretungen von Schweizer Maschinenbau-Unternehmen wie *Brown Boveri, Rieter, Wild Heerbrugg* oder *Bühler Uzwil* übernehmen. Aluminium aus der Diethelm-Produktion findet mit den Jahren auch Eingang in zahlreiche exponierte Bauvorhaben der Region, so auch in der Nationalen Moschee Malaysias oder dem *Subang Airport* in Kuala Lumpur.

Diethelm in Singapur vollzieht den Schritt in die lokale Produktion zunächst mehr aus Zufall. Andere Niederlassungen von Schweizer Handelshäusern in Fernost werden durch die Umstände nach dem Zweiten Weltkrieg dazu gezwungen, die Position im Markt durch ein ähnliches Vorgehen abzusichern. Die Philippinische Republik beispielsweise ruft knapp drei Jahre nach Erlangung der Unabhängigkeit die neue sogenannte Politik *Filipino First* aus. Sämtliche Importe benötigen nun eine Bewilligung, den Devisenverkehr kontrolliert die philippinische Zentralbank. Für die seit geraumer Zeit vor Ort ansässige Ed. A. Keller & Co. Ltd. ist klar, dass mit dieser Politik jegliche Importaktivität langfristig lahmgelegt werden soll, um ausländische Konkurrenz für die heimische Industrie vom Land fernzuhalten. Keller sieht nur eine Möglichkeit, angesichts dieser Entwicklung das eigene Geschäft abzusichern. Seit Jahren schon betreibt das Handelshaus eine kleine lokale Betriebsstätte zur Produktion von Brillantine. Nun zieht das Handelshaus im Herzen von Manila eine kleine Fabrik zur Produktion einiger weniger kosmetischer und pharmazeutischer Produkte hoch, darunter auch solche, die das Handelshaus unter der eigenen Konsumgütermarke *Johnson's Wax* vertreibt. Dank diesen Aktivitäten gelangt Keller auch an neue Agentenverträge wie beispielsweise mit dem US-Pharmazieunternehmen *Bristol-Myers Company*. Zur Qualitätskontrolle in der Eigenproduktion stellt das Handelshaus in dieser Zeit auch erstmals einen Chemietechniker ein, und es trifft sich gut, dass sich diese Qualifikation sogar innerhalb der Besitzerfamilie finden lässt – es ist *Thomas Keller*, Enkel des Firmengründers.

Historische Markenembleme Siber Hegner & Co., Ed. A. Keller & Co., Diethelm & Co. Ltd.

Sitz Siber Hegner & Co. in Yokohama.

Sitz Diethelm & Co. in Phnom Penh.

Sitz Ed. A. Keller & Co. Ltd. in Manila.

Die gesamte Wertschöpfungskette für Konsumgüter: hier Marketing in Rangoon, Myanmar …

… flächendeckender Vertrieb in Hongkong …

… Distribution in Angkor Wat, Kambodscha …

… bis hin zu Logistik in Bangkok, Thailand.

Kundenberatung in der von DKSH geführten Levi's Boutique in Bangkok …

… und in der von DKSH betriebenen Boutique von Bally, ebenso in Bangkok, Thailand.

Als asienweiter Vertriebspartner für die Pharmaindustrie beliefert DKSH Apotheken und Drogerien, hier in Hongkong …

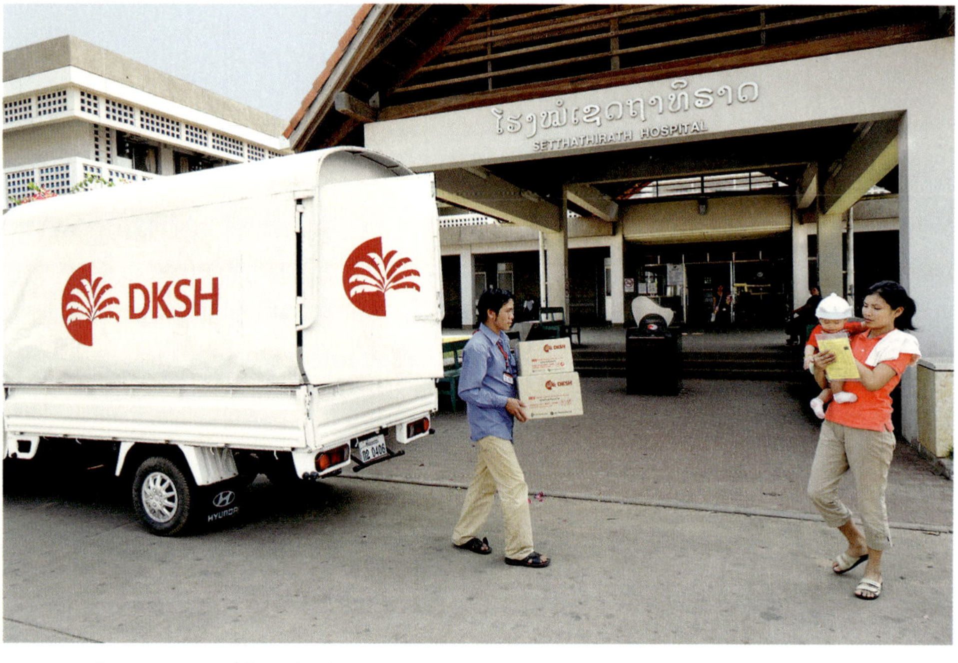

… sowie Arztpraxen und Spitäler, hier in Vientiane, Laos.

Zusatzstoffe für die Pharmaindustrie: DKSH-Labor in Tokio, Japan.

Entwicklung von Ingredienzien für die Nahrungsmittelindustrie: DKSH-Labor in Manila, Philippinen.

Vertrieb und Inbetriebnahme komplexer Anlagen in Osaka, Japan.

Umfassender Kundendienst für von DKSH gelieferte Maschinen in Ben Cat Village, Vietnam.

So macht auch die Ed. A. Keller & Co. Ltd. in Manila aus der Not eine Tugend, ersetzt die immer stärker behördlich regulierte Importtätigkeit durch eigene Produktion. Sie tut dies derart erfolgreich, dass nach wenigen Jahren bereits die Hälfte der Umsätze in der philippinischen Metropole aus industrieller Tätigkeit stammen und die Produktion in eine grössere Betriebsstätte ausserhalb der Stadt umziehen muss. Dass die Regierung die heimische Industrie bevorzugt fördert, führt auch dazu, dass die lokalen Fabriken immer stärker nach westlichen Maschinen und Investitionsgütern nachfragen. Keller nutzt auch diese Entwicklung für eine neue unternehmerische Aktivität und eröffnet im Jahre 1954 eine Abteilung Technologie. Demgegenüber fällt die ehemals traditionell starke Importtätigkeit von Schweizer Uhren, Textilien oder auch Fotokameras mit der Zeit den Importbeschränkungen vollständig zum Opfer.

Wo Geschäfte wegbrechen, müssen neue nachwachsen. Andernfalls ist ein Handelshaus langfristig in der Fremde nicht überlebensfähig. Mit wachem Geist müssen sich bietende Gelegenheiten erkannt, ergriffen und mit kompromissloser Hartnäckigkeit gegen jede Konkurrenz verteidigt werden. Solch eine Möglichkeit eröffnet sich für Diethelm in Thailand. Im Jahre 1957 plant die nationale Schweizer Fluggesellschaft Swissair, einen regulären Linienbetrieb von Zürich nach Tokio via Bangkok zu eröffnen und erstmals fernöstliche Destinationen in den Flugplan aufzunehmen: ein riskantes Unterfangen und ein rund 40 Stunden beanspruchender Trip. Der Erfolg dieses Unternehmens hängt in starkem Masse davon ab, ob es der Airline gelingt, den 20 Millionen Menschen zählenden thailändischen Markt zu bearbeiten. Und dafür ist ein ortskundiger Agent in Bangkok unabdingbare Voraussetzung. Zahlreiche Schweizer Unternehmen vor Ort buhlen um diesen Auftrag, darunter auch das Büro Diethelm. Für das lokale Management steht ausser Frage, dass dies nicht nur ein äusserst prestigeträchtiger Agenturvertrag wäre, sondern ein an das Flugnetz der Swissair angeschlossenes Bangkok auch die traditionellen Warenströme nach Fernost verändern und dadurch die Stadt mehr Bedeutung bekäme. Und jene Firma, die diesen Zuschlag erhalten würde, hätte auch in diesem Zusammenhang einen Wettbewerbsvorteil von unschätzbarem Wert.

Die Diethelm-Niederlassung in Bangkok verfügt über einige Erfahrung in der Transportbranche. Seit Jahren vertritt das Handelshaus holländische, italienische und auch amerikanische Schifffahrtsgesellschaften in der Kapitale des Königreichs. Allein im Jahre 1957 verdoppelt sich die Anzahl der bei Diethelm unter Vertrag stehenden Schiffe. Für das Handelshaus spricht auch, dass die Schweizer seit fünf Jahrzehnten im thailändischen Markt aktiv, bekannt und auch anerkannt sind. Nach dem Zweiten Weltkrieg waren die Schweizer praktisch das einzige westliche Handelshaus, das im *Land der Freien* – so lautet nach der Volksmythologie die Übersetzung von Thailand – ausgeharrt hat, wie auch in der unmittelbaren Nachkriegszeit, als noch keineswegs klar war, dass das Königreich wie andere Länder in Fernost nicht doch von der kommunistischen Ideologie infiltriert werden könnte. Das Ausharren auch in unsicheren Zeiten hat die Geschäfte positiv beflügelt. Das Schweizer Pharmaunternehmen *Hoffmann-La Roche* ist seit geraumer Zeit ein ausgezeichneter Geschäftspartner für Thailand. In den frühen 1950er-Jahren stehen im Showroom des Handelshauses an der *Luang Road* Austin aus Grossbritannien oder Chrysler aus den USA, Automobilmarken, die Diethelm in Thailand vertritt, und es kommt wohl nicht von ungefähr, dass zu dieser Zeit praktisch alle Taxis in der Stadt Austin sind.

Dass Diethelm bei aller Konkurrenz den Zuschlag für den begehrten Swissair-Vertrag erhält, ist deshalb verständlich und die Freude darüber gross in Bangkok. Viel Geld spielt dieser Vertrag freilich nie ein. Die offizielle Vertretung der Schweizer Luftfahrtgesellschaft bedeutet in der thailändischen Hauptstadt in dieser Zeit jedoch eine gesellschaftliche

Anerkennung, die nahe an einen Diplomatenstatus heranreicht. Dank den Flugzeugen mit dem Schweizer Kreuz auf der Heckflosse, die nun im 24 Kilometer vom Stadtzentrum entfernten *Don Mueang International Airport* starten und landen, rücken Zürich und Bangkok näher zusammen, und für Diethelm wird der Luftweg plötzlich eine Alternative zu den Schiffscontainern, insbesondere wenn die Zeit drängt. Dies ist der Fall, als kurz nach der Inbetriebnahme des Linienverkehrs für einen neuen Flügel im *Oriental Hotel* dringend ein Schindler-Lift aus dem luzernischen Ebikon in die thailändische Hauptstadt verfrachtet werden muss. Er wird pünktlich per Flugzeug geliefert.

Zehn Jahre später ist diese Niederlassung das lukrativste Diethelm-Büro in ganz Fernost; 1968 setzt es mehr als 150 Millionen Franken um. Was für Diethelm Thailand darstellt, ist für Ed. A. Keller Hongkong. Etwa zur gleichen Zeit umfasst deren Portfolio an Agenturverträgen in der britischen Kronkolonie über 30 amerikanische und europäische *Blue-Chip-Marken* aus der Uhren-, Textil-, Pharma- oder auch Maschinenindustrie.

Die ersten drei Jahrzehnte nach dem Zweiten Weltkrieg umschreibt der deutsche Historiker *Jürgen Osterhammel* angesichts von Kommunismus und *Eisernem Vorhang* zwar als «halbierte Globalisierung»; aber sie hat den Schweizer Handelshäusern trotz aller politischen Umwälzungen in Fernost grossen Wohlstand gebracht. Diethelm, Ed. A. Keller und Siber Hegner haben von dem Wiederaufbau nach dem globalen Krieg profitiert, wie auch die allermeisten Unternehmen, deren Vertriebspartner sie sind. Dieser ökonomische Erfolg der Firmen im kapitalistischen Teil der Welt birgt freilich auch eine für die Handelshäuser gefährliche Kehrseite. Je globaler der Aktionsradius der zu multinationalen Gebilden herangewachsenen produzierenden Aktiengesellschaften wird, desto stärker trachten diese danach, die Vertriebswege ihrer Produkte in eigener Regie zu übernehmen. Dies gilt insbesondere für Märkte in sich stark und schnell entwickelnden Volkswirtschaften. Je erfolgreicher die Handelsgesellschaften als Agenten ihrer Lieferanten den Markt eines Landes entwickeln, desto höher ist paradoxerweise die Chance, dass dieser Vertrag irgendwann aufgelöst wird und der Geschäftspartner den Vertrieb selber übernimmt. Handelshäuser leben im Bewusstsein, jederzeit Opfer des eigenen Erfolgs werden zu können.

Zu einer solch schmerzhaften Scheidung kommt es im Jahre 1956 zwischen Siber Hegner und dem Schweizer Pharmaunternehmen *Sandoz AG*. Ein halbes Jahrhundert lang hatte das Büro in Yokohama für die Basler den japanischen Markt bearbeitet, war während der Meiji-Zeit, zweier Weltkriege, einer bedingungslosen Kapitulation und einer bis 1952 währenden amerikanischen Besatzungszeit im Land der aufgehenden Sonne aktiv geblieben. Dass es nun zur Trennung kommt, hat wohl auch mit der politischen und wirtschaftlichen Entwicklung Japans unmittelbar nach dem Krieg zu tun. Die Eskalation des *Kalten Krieges* 1948/49 in Europa, der Sieg der Kommunisten 1949 in China und der Ausbruch des Koreakrieges 1950 führen bei der amerikanischen Besatzungsmacht zur Einsicht, dass der ehemalige Kriegsgegner im Pazifikkrieg unter keinen Umständen kommunistisch werden darf. Der Koreakrieg der UN-Truppen unter Führung der USA wird in dieser Frage für Japan zum politischen und wirtschaftlichen Wendepunkt. Das Land wird zur natürlichen Nachschubbasis der westlichen Truppen im Krieg gegen die nordkoreanischen Invasionsverbände. Für die nationale Wirtschaft wirkt dies als Initialzündung für das *japanische Wirtschaftswunder* nach dem Krieg. Zwischen 1950 und 1956 verdreifachen sich die japanischen Importe auf drei Milliarden Dollar, die Exporte verfünffachen sich im gleichen Zeitraum auf 2,5 Milliarden. *Yoshida Shigeru,* die wichtigste politische Figur in der unmittelbaren Nachkriegszeit und für den deutschen Japanologen *Manfred Pohl* der *Adenauer Japans,* führt das einst besiegte Land zielstrebig in das westliche Lager. 1951 erlangt Japan wieder die volle nationale Souveränität, und mit dem Inkrafttreten des Friedensvertrags drei Monate später wird auch der Rückzug der Besatzungstruppen geregelt. Zehn Jahre nach Pearl Harbor ist Japan der wichtigste Verbündete der USA in Fernost.

Unter diesen Prämissen sind auch die wirtschaftlichen Perspektiven des Landes positiv einzuschätzen. Dies dürfte das Topmanagement von Sandoz in seinem Entscheid bestätigt haben, die Zusammenarbeit mit Siber Hegner aufzukündigen. Für Robert S. Hegner hat dieser Vorfall Signalwirkung, und er zieht daraus eine Lehre für die Zukunft. Sein Handelshaus, meint der Präsident, sei gut beraten, seine Agententätigkeit in Fernost auf Mittelstands- und Kleinbetriebe auszuweiten, bei denen die Loyalität zum Partner grösser und der Drang zum Aufbau eines eigenen kostspieligen Vertriebs kleiner sei.

Die Faszination der Grösse und das natürlicherweise daraus resultierende Abhängigkeitsverhältnis vom Lieferanten sind von jeher die Antipoden, zwischen denen sich jede lukrative Agententätigkeit abspielt. Auf dieser Klaviatur erfolgreich zu spielen erfordert von einem Handelshaus Kreativität, Frustrationstoleranz, Nehmerqualitäten und vor allem die innere Balance der Überzeugung, dass jedes Spiel irgendwann wieder auf Feld eins beginnt. Wichtig ist auf jeden Fall die Nähe zu den Kunden im jeweiligen Markt. Ein solcher Fall spielt sich im thailändischen Diethelm-Büro Bangkok über den bemerkenswerten Zeitraum von knapp 100 Jahren ab.

Im Jahre 1906 kauft Diethelm das Schweizer Handelshaus *Cadonau & Co.* in Singapur, dessen Besitzer über keine Nachfolge verfügt, und gelangt dadurch in den Besitz der Vertriebsrechte der Kondensmilchmarke *Milkmaid,* die dem Schweizer *Nestlé*-Konzern gehört. Diethelm in Bangkok lässt sich nicht zweimal bitten und öffnet für die Marke nach allen Regeln der Kunst den thailändischen Markt. Bei Ausbruch des Ersten Weltkriegs verkauft das Handelshaus über eine Million Dosen pro Jahr. Ein bemerkenswerter Erfolg, gehört doch Kuhmilch keineswegs zum traditionellen thailändischen Speiseplan. Als dies erreicht ist, beschliesst Nestlé, ein eigenes globales Vertriebsnetz mit eigenen Niederlassungen aufzubauen, und kündigt in der Folge konsequenterweise auch den Agenturvertrag mit Diethelm. In der Abteilung Nahrungsmittel des Handelshauses reisst dies ein grosses finanzielles Loch, das keineswegs leicht zu stopfen ist.

Es bedarf der Übernahme eines weiteren Handelshauses, bis Diethelm & Co. Ltd. mit einem ähnlichen Produkt wieder ins Spiel kommt. Nach dem Zweiten Weltkrieg akquiriert sie die ebenfalls schweizerische *Beerli & Jucker,* die einen gültigen Agenturvertrag mit der *Berner Alpenmilch Gesellschaft* hält. Dieser Milchproduzent vertreibt unter anderem die *Bärenmarke,* eine gesüsste Kondensmilch. Der in Thailand kaum bekannte Markenartikel ist für Diethelm Herausforderung genug, um gegen Nestlés Milkmaid anzutreten, die sie drei Jahrzehnte zuvor auf diesem Markt höchst erfolgreich etabliert hatte. Mit einer nationalen Werbekampagne und moderner Kinowerbung tritt Bär gegen Milkmaid an. Dieses Kräftemessen wird zu einem Zweikampf Nestlé gegen Diethelm, als Letztere im Jahre 1940 auch die Vertretung der Marke *Ovomaltine* für den thailändischen Markt erhält, die von der Berner *Dr. A. Wander AG* hergestellt wird und in direkter Konkurrenz steht zur Nestlé-Marke *Milo.* Diethelm schlägt sich derart gut, dass Bär wie Ovomaltine sich über Jahrzehnte zu den Cashcows der Nahrungsmittelabteilung in Thailand entwickeln. Dann, im Jahre 1970, steht diese gesamte Aufbauarbeit von einem Tag auf den anderen zur Disposition. Wie eine Bombe schlägt in der Zürcher Zentrale die Nachricht ein, dass Nestlé die Berner Alpenmilch Gesellschaft übernommen habe und wohl, was naheliegend wäre, die Distribution dieses Produkts in den bestehenden Nestlé-Vertrieb übernehmen würde.

Doch die Geschichte nimmt erneut eine überraschende Wendung. Nestlé bietet Diethelm an, exklusiver Agent für sämtliche Markenprodukte des Nahrungsmittelherstellers in Thailand zu werden. Es ist dies wohl eine Referenz an die Professionalität des Handelshauses, an das tadellose Image, das sich die Schweizer über die Jahrzehnte in Thailand aufgebaut haben, und auch ein Tribut, dass Nestlés Milo gegen die von Diethelm vertretene Ovomaltine in diesem fernöstlichen Markt auf keine befriedigenden Verkaufszahlen kommt. Die Aussicht, als einziges Handelshaus weltweit in einem bedeutenden Markt exklusiver Vertriebspartner des Milliardenmultis Nestlé werden zu können, birgt für Diethelm freilich auch einen gefährlichen Klumpfuss. Nestlé verlangt im Gegenzug, dass Diethelm den Agenturvertrag mit Ovomaltine auflöst, und dies ist für das Handelshaus ein Spiel mit dem Feuer. Die Ovomaltine-Produzentin Wander gehört zum Basler Sandoz-Konzern, und deren Pharmaprodukte vertreibt Diethelm ebenfalls in Thailand.

Die Frage stellt sich, ob diese Verträge zur Disposition stehen würden, sollte Diethelm das Nestlé-Angebot annehmen. Um dies auszuloten, ist diplomatisches Geschick gefragt. Es ist Luk Keller, Vizepräsident bei Diethelm und Verwaltungsratspräsident bei Keller, der einwilligt, diesen Part zu übernehmen. Als Sandoz von den jüngsten Entwicklungen auf dem thailändischen Markt aus dem Munde Kellers erfährt, reagiert die Firmenspitze in der Basler Zentrale ungehalten, was den Überbringer der Botschaft nicht wirklich überrascht haben dürfte. Doch gelingt es Luk Keller dank diplomatischem Geschick, Sandoz dazu zu bringen, dass die Firma der Auflösung des Ovomaltine-Kontrakts ohne weitere Kostenfolge zustimmt und gewillt ist, die pharmazeutischen Erzeugnisse des Hauses in Thailand auch in Zukunft über Diethelm zu vertreiben. Am 1. Januar 1973 ist das Schweizer Handelshaus dann auch alleiniger Vertriebspartner von Nestlé-Produkten in Thailand.

Eine exklusive Verbindung eines global tätigen Unternehmens mit einer Handelsfirma in einem einzigen Markt birgt grosse Abhängigkeiten für beide Seiten. Diese Lektion lernt Diethelm mit Nestlé in Thailand und zieht daraus grundsätzliche Konsequenzen. In den frühen 1980er-Jahren stammen über 40 Prozent der Umsätze des Büros in Bangkok aus der Nestlé-Agentur – ein immenses Klumpenrisiko. Auf der anderen Seite verspürt das Viviser Unternehmen innerhalb der eigenen Organisation einen permanenten Rechtfertigungsdruck, dass Thailand als einziger Markt weltweit von einem externen Partner bearbeitet wird. Die Folge ist, dass Diethelm sich mit immer neuen Forderungen des Vertragspartners konfrontiert sieht. Die Ausnahme im weltweiten Vertriebsnetz führt auch dazu, dass Diethelm in Thailand an der Profitabilität anderer Nestlé-Ländergesellschaften gemessen wird. Als der Nahrungsmittelmulti auf immer stärkere Mitsprache pocht und auch eine wachsende Anzahl eigener Fachleute in das Bangkoker Diethelm-Büro entsendet, ist der Augenblick gekommen, in dem sich Verwaltungsratspräsident Mark Diethelm um die eigene Unabhängigkeit sorgt. Dies bewegt ihn zu einem gänzlich unorthodoxen Schritt. Im Jahre 1989 schlägt der Diethelm-Präsident der Firma Nestlé vor, den Vertrag im gegenseitigen Einvernehmen aufzulösen. Und auch er nimmt sich, wie einst Robert S. Hegner nach dem Verlust der Sandoz-Vertretung in Japan, vor, künftig auf Agenturverträge von eher mittleren und kleineren Unternehmen zu setzen. Jedes Spiel beginnt jedoch immer wieder auf Feld eins. So ist das auch für Diethelm in Bangkok. Im Jahre 1999 tritt die Sandoz-Nachfolgefirma *Novartis* an Diethelm heran und bietet dem Handelshaus einen lukrativen Agenturvertrag an – zum exklusiven Vertrieb von Ovomaltine in Thailand. Als Ovomaltine im Jahr 2002 von Novartis an den englischen ABF-Konzern verkauft wird, übernimmt DKSH ein Portfolio zusätzlicher ABF-Produkte wie beispielsweise *Twinings*.

Was Nestlé für Diethelm Thailand war, ist *Omega* für Siber Hegner in Japan. Von jeher werden Schweizer Uhren von zahlreichen Handelshäusern in verschiedene Märkte importiert: Ed. A. Keller etwa vertreibt gemeinsam mit Diethelm in den USA Zeitmesser von *Eterna*, *Cyma* oder *Ulysse Nardin* sowie *IWC*, Diethelm seinerseits vertreibt *Ebel* in Thailand. Kein Konkurrent jedoch ist in der Uhrenbranche derart präsent wie Siber Hegner, keiner führt eine Marke wie Omega im Portefeuille, und die gegenseitige Abhängigkeit ist mit der Zeit derart symbiotisch, dass sich an der Uhrenmarke mit dem letzten Buchstaben des griechischen Alphabets buchstäblich das Schicksal von Siber Hegner entscheidet.

Früher als andere Schweizer Handelshäuser hatte Siber Hegner Zeitmesser nach Fernost exportiert – 1890 etwa bereits die Vorgängerfirma *Siber & Brennwald.* Lukrative Agenturverträge mit Uhrenmarken wie *Tissot, Vacheron Constantin, Breguet, Zenith* oder eben Omega machten das Handelshaus zum bedeutendsten Importeur von Zeitmessern in Japan. Mitte der 1950er-Jahre ist Letztere die meistverkaufte Schweizer Uhr überhaupt; fast jede dritte nach Japan importierte Uhr ist eine Omega. Nach dem Zweiten Weltkrieg liegt das Land der aufgehenden Sonne darnieder, und Importe unterliegen strikten Quoten. Nun sind es die amerikanischen Besatzungstruppen, die zu dankbaren Käufern von Schweizer Zeitmessern werden. Rund zehn Jahre später liberalisiert Tokio die Uhrenimporte wieder vollständig, und Siber Hegner wird erneut zur exklusiven Partnerin für Omega. Dutzende weiterer Hersteller drängen nun auf den lukrativen japanischen Markt und haben dennoch keine wirkliche Chance gegen den Platzhirsch Omega: Siber Hegner baut als erste ausländische Firma in Japan ein eigenes direktes Vertriebsnetz und eine massgeschneiderte Serviceorganisation auf. Mitte der 1960er-Jahre zählt die Abteilung Uhren in Japan mehr als 70 Personen, die von einem Schweizer Uhrenspezialisten angeleitet werden. Siber Hegner ist für Omega in Japan längst über den Status der simplen Vertriebspartnerin von Produkten hinausgewachsen. Das Handelshaus hat die Marke im Land der aufgehenden Sonne von Null an aufgebaut und entwickelt und mit einer eigenen Serviceorganisation in einer für ein Handelshaus wegweisenden Form Kundenbindung betrieben. Dies hat zu einer gefährlichen Abhängigkeit von dieser einen Uhrenmarke geführt: In den Jahren 1965 bis 1974 stammen 70 Prozent der Gewinne der Abteilung Konsumgüter ausschliesslich aus dem Verkauf von Omega-Uhren. Eine *liaison dangereuse,* die sich Mitte der 1970er-Jahre für Siber

Hegner zum existenzbedrohenden Klumpenrisiko auswächst. Die Japaner überschwemmen in diesen Jahren mit billigen und dem Zeitgeist entsprechenden Quarzuhren den Weltmarkt. Marken wie *Seiko*, *Citizen* oder *Casio* verdrängen die traditionellen mechanischen Uhren schweizerischer Herkunft. Eine in zweifacher Hinsicht bemerkenswerte Geschichte: Die Quarz-Technologie wurde seinerzeit in der Schweiz entwickelt, aber erst von den Japanern im grossen Stil kommerzialisiert, und es war Siber Hegner, die der japanischen Uhrmacherfamilie *Hattori* erste Ausrüstungen zur Herstellung von Uhren geliefert hatte. Der Firma Hattori gehört die Uhrenmarke Seiko. Reihenweise gehen Schweizer Uhrenmanufakturen vor dem Ansturm der Japaner in die Knie; die Branche verliert im Jahre 1976 eine Million Franken pro Tag, und innert Monaten gehen rund 30000 Arbeitsplätze unwiderruflich verloren. «Selten», schreibt das amerikanische Wirtschaftsmagazin *Fortune,* «ist eine ganze Industrie derart schnell in sich zusammengefallen.»

Die Schockwellen dieser Entwicklung treffen Siber Hegner ungebremst. Vertragsklauseln verpflichten das Handelshaus zur Abnahme von Omega- und Vacheron Constantin-Zeitmessern, und als der Absatz weltweit ins Stocken gerät, sitzt Siber Hegner plötzlich auf fast unverkäuflichen Uhren im Wert von rund 35 Millionen Franken. Mehr noch: Das Handelshaus bezieht von der Omega-Konzernmutter *Société Suisse pour l'Industrie Horlogère SA* (SSIH) jährlich Uhren im Wert von rund 60 Millionen Franken und ist damit einer der allerwichtigsten Kunden des Uhrenherstellers. Siber Hegner vertreibt Omega-Uhren nicht nur in Japan, sondern auch in der Schweiz; auf dem Heimmarkt hauptsächlich über den firmeneigenen Fachhändler *Les Ambassadeurs.* Japanische Touristen sind auch hier eine bedeutende Kundschaft – so bedeutend, dass die Schweiz nach Japan zum zweitwichtigsten Markt für Uhrenverkäufe an Kunden aus diesem fernöstlichen Land aufsteigt. Die Geschäftsbeziehungen zwischen Siber Hegner und der Omega-Produzentin SSIH sind derart eng geknüpft, dass der Verwaltungsratspräsident des Handelshauses, *Ralph H. Gautier-Hegner*, sich in diesen Jahren der grössten Krise in der Geschichte der Schweizer Uhrenindustrie sogar mit der Möglichkeit befassen muss, dass das Überleben der Omega-Konzernmutter keineswegs gesichert ist. Ralph H. Gautier hatte die in Shanghai geborene *Beatrice Hegner* geheiratet, die Tochter des langjährigen Präsidenten Robert S. Hegner. Der Präsident ist gezwungen, einen wichtigen Entscheid zu fällen, um das Weiterbestehen der Familienfirma zu sichern. Angesichts der strategischen Bedeutung der SSIH für Siber Hegner sieht Ralph H. Gautier nur einen Weg, den Agenturvertrag über die Krise zu retten. Das Handelshaus, entscheidet er im Jahre 1977, muss sich direkt an der SSIH beteiligen. 25 Millionen Franken, über firmeneigene Reserven und Bankkredite finanziert, investiert Siber Hegner in die SSIH und wird so zur bedeutendsten Einzelaktionärin des Uhrenproduzenten.

Ralph H. Gautier ist überzeugt, dass die Schweizer Uhrenindustrie der japanischen Konkurrenz nicht nur Paroli bieten, sondern auch im Segment der boomenden elektronischen Zeitmesser substanzielle Marktanteile zurückgewinnen kann, vorausgesetzt, die Quarztechnologie wird von den Schweizer Herstellern breitflächig in den Markt gedrückt. Er ist derart überzeugt von dieser Vorstellung, dass er sein berufliches Schicksal damit verknüpft. Er lässt sich zum SSIH-Verwaltungsrat wählen und übernimmt auch den Job des operativen Konzernchefs. Bei Siber Hegner installiert er zur eigenen Entlastung erstmals in der Firmengeschichte mit *Claus Nüscheler* einen familienfremden operativen Chef.

Der Plan freilich misslingt. Nach drei Jahren kontinuierlicher Verluste ist das Eigenkapital aufgebraucht, und an den Börsen von Zürich und Genf fällt der Kurs der SSIH-Aktie unter den Nennwert. Die *Neue Zürcher Zeitung* spricht von einem «glücklosen Gastspiel in der Uhrenindustrie» und kommentiert, dass Siber Hegner auf Stufe Holding im Geschäftsjahr 1981/82 «erstmals einen Verlust auszuweisen und die Anteilseigner mit einem Dividendenausfall konfrontieren» muss. Als Gautier das Firmen-Investment in die SSIH ebenfalls abschreiben muss, sitzt der Schock tief. Gezeichnet von diesem geschäftlichen Misserfolg stirbt Ralph H. Gautier-Hegner im Oktober 1980, und auch das Handelshaus erholt sich nie mehr vollständig von diesem geschäftlichen Misserfolg. Die Wiederauferstehung der Schweizer Uhrenindustrie erlebt der Präsident nicht mehr. Die SSIH wird vollständig saniert und fusioniert im Jahre 1982 mit der Schweizer Konkurrenz *Allgemeine Schweizerische Uhren AG* (ASUAG), Herstellerin von Uhrenmarken wie *Rado* oder *Longines*. Diese Neuordnung der Branche wirkt sich mit einiger Zeitverzögerung auch auf den Omega-Vertrag von Siber Hegner aus. Als dieser im Jahre 1993 ausläuft, übernimmt die Herstellerin den Vertrieb in Eigenregie. Für das Handelshaus kommt die Kündigung nicht überraschend, aber zu einem denkbar ungünstigen Zeitpunkt.

Es sind schwierige Jahre für Siber Hegner. Nach dem plötzlichen Tod von Ralph H. Gautier ist kein Vertreter der Gründerfamilien mehr vorhanden, der das Präsidium des Handelshauses übernehmen könnte. Im Verwaltungsrat sitzt lediglich noch *Anton Hegner*, der im japanischen Kobe geborene Sohn von Robert S. Hegner, der für den Vater nach dessen Tod im Jahre 1970 ins Aufsichtsgremium nachgerückt war. Anton Hegner jedoch ist Berufsdiplomat, Anfang der 1980er-Jahre Schweizer Botschafter in den USA, und kommt aus diesem Grund für das verwaiste Präsidium an der Spitze des Handelshauses nicht in Betracht. In der Not rückt schliesslich der vormalige Konzernchef Claus Nüscheler in das Präsidium nach.

Auch unternehmerisch sind es schwierige Jahre für die Firma. In einem Rückblick in den *Siber Hegner News* zum 125-jährigen Firmenjubiläum im Jahre 1990 schreibt Nüscheler über diese Zeit: «Unsere Organisation wurde teilweise überfordert, und die Kontrolle einzelner Tätigkeiten war oft nicht so, wie sie bei den verschiedenen Leitern der Tochtergesellschaften und deren auch recht verschiedenen Einstellungen erforderlich gewesen wäre. Allzu sehr galt Siber Hegner als die grosse, reiche Gruppe, der es nichts ausmachte, da oder dort durch riskante Geschäfte auch grössere Verluste zu verkraften.»

Im Sommer 1990 kontaktiert mich, den jungen Projektmanager, ein Zürcher Personalberater, kurz bevor ich für meinen damaligen Arbeitgeber, den schwedischen *SKF*-Konzern, eine Geschäftsreise nach Russland antreten will. Bei der zu besetzenden Position geht es um eine Nachfolgelösung in der Sparte Technische Produkte in der Niederlassung Hongkong von Siber Hegner, die neben der Kronkolonie auch den chinesischen Markt bearbeitet. Beim SKF-Konzern hatte ich während zweier Jahre internationale Projekte mit Einsätzen in Indien, Russland, China und dem Iran betreut. Die nun in Aussicht gestellte Herausforderung als Direktor Marketing und Vertrieb interessiert mich auch deshalb, weil sie sich ebenfalls draussen in den spannenden Entwicklungsmärkten abspielt. Erkundigungen, die ich mithilfe meiner beruflichen Kontakte über das Handelshaus einziehe, schildern Siber Hegner als «angesehenes, alt eingesessenes Handelshaus auf dem Platz Zürich mit allerbestem Renommee». Der Geschäftsführer der Sparte Technische Produkte in Hongkong, der mein direkter Vorgesetzter werden sollte, ist ein kampferprobter Manager von Siber Hegner mit 30 Jahren Erfahrung in asiatischen Märkten, ein dynamischer Typ, der mit ansteckender Begeisterung von *seiner* Firma zu sprechen pflegt. Siber Hegner befindet sich zu dieser Zeit in einem schwierigen Spagat zwischen dem traditionellen, der eigenen Geschichte verpflichteten Denken und Fühlen am Zürcher Hauptsitz einerseits sowie den Frontleuten in Fernost andererseits, die sich noch immer, Pionieren gleich, in sich rasend schnell entwickelnden Märkten zu bewegen haben. Dieses Spannungsfeld wird mir deutlich bewusst, als ich, kaum ist die Tinte auf meinem Arbeitsvertrag trocken, im Jubiläumsjahr 1990 zur grossen Party im Hauptsitz im Zürcher Seefeld geladen werde. Viele verdienstvolle Kadermitarbeiter, die nach Jahrzehnten der Expedition in fernöstliche Märkte in die Zentrale zurückgeholt worden sind, geben dort den Ton an. Geführt wird das Geschäft von drei Generaldirektoren für *Rohstoffe*, *Technische Produkte* und *Konsumgüter*, jeder gebietet über sein eigenes Reich, mit eigenem Controller, eigenem Sekretariat, eigener Gefolgschaft. Und draussen in den Märkten, von Japan über Malaysia bis Singapur und Bangkok, existieren weitere Königreiche, die von mächtigen Länderchefs regiert werden. Eine Struktur, gewachsen aus der Geschichte, wie sie in zahlreichen Handelshäusern in dieser Zeit existiert. Ein Organismus, der sich im Zweifelsfall selber paralysiert, da auch keine übergeordnete Kraft mehr vorhanden ist, welche die gegensätzlichen Interessen auflösen könnte. In der Krise brechen diese Organisationsdefizite auf und entfachen eine zersetzende Wirkung.

Krise herrscht zu dieser Zeit überall. Innerhalb und auch ausserhalb des Unternehmens. Im letzten Jahr seiner Präsidentschaft wählt Claus Nüscheler düstere Worte, als er über den Geschäftsgang spricht. Er bezeichnet das Jahr 1992 als «das schlechteste in der Geschichte unserer Firma», und 1993 sei auch nicht weit davon entfernt. An seiner letzten Generalversammlung vor dem altersbedingten Rücktritt meint er zu seinen Aktionären: «Wir müssen die Kritik akzeptieren, dass wir in den Zeiten des wirtschaftlichen Booms zu sorglos waren und geglaubt haben, die guten Zeiten würden niemals vorübergehen. In den Zeiten des Erfolgs haben wir es schlicht versäumt, unsere Schwächen zu erkennen und frühzeitig zu reagieren.» Übersetzt heisst dies wohl: Siber Hegner krankt an einem Defizit in der Führung. Und dies in einer Zeit, als im wichtigsten Markt Japan im Aktien- und Immobilienmarkt eine riesige Spekulationsblase platzt. Die Immobilienpreise fallen im Jahre 1990 innerhalb kurzer Zeit um drei Viertel in den Keller, der Aktienmarkt implodiert, Deflation und Nullwachstum sind die Folge. Die Japaner nennen die 1990er-Jahre das *verlorene Jahrzehnt.*

Für Siber Hegner gilt seit den 1980er-Jahren Ähnliches. Das Haus ist innerhalb von 15 Jahren bis zum Platzen der *Bubble* in Japan stark gewachsen, hat in Singapur, den Philippinen oder Vietnam neue Niederlassungen eröffnet und den Umsatz auf rund 1,5 Milliarden Franken mehr als verdoppelt. Als der Wind dreht, ist die Firma darauf nicht vorbereitet. Es ist vieles, was zusammenkommt. Der Zusammenbruch der Sowjetunion löst weltweit einen neuen Globalisierungsschub aus. Gleichzeitig bricht der Erste Golfkrieg aus, und der für Siber Hegner einst so wichtige Seidenhandel mit Japan kommt zum Erliegen. Nachdem ich 1990 meinen Arbeitsvertrag unterschrieben habe, kommt mir noch ein weiteres Krisensymptom zu Ohren: Die von mir besetzte Stelle war über Jahre verwaist geblieben, weil sich offensichtlich kein Schweizer mehr finden liess, der bereit gewesen wäre, unter unwirtlichen Verhältnissen den chinesischen Markt vor Ort zu bearbeiten. Für eine private Gesellschaft, die seit der Gründung Generationen von Familienmitgliedern und Schweizer Kader nach Fernost geschickt hatte, ist dies kein wirklich gutes Omen.

Andere mögen den Schritt nach China, nach Hongkong, aus einer gewissen persönlichen Bequemlichkeit gescheut haben. Ich habe China gekannt und gewusst, auf was ich mich einlassen würde. Im Jahre 1988 hatte ich für meinen vormaligen Arbeitgeber ein erstes europäisch-chinesisches Gemeinschaftsunternehmen für Textilmaschinenkomponenten verhandelt. Das Reich der Mitte befand sich zu dieser Zeit auf dem Weg zur sozialistischen Marktwirtschaft, nachdem Maos Nachfolger *Deng Xiaoping* 1982 am Parteitag der Kommunistischen Partei den Aufbau eines Sozialismus chinesischer Prägung und den wirtschaftlichen Aufbau des Landes verkündet hatte. Für Asienkenner Urs Schoettli ist Deng der «wohl bedeutendste Reformer der neueren chinesischen Geschichte». Er schreibt: «Die Reformen, die Deng in den späten siebziger Jahren in Gang brachte, sind nicht nur von wirtschaftlicher Relevanz. Der grosse Reformer hat auch ein China hinterlassen, das sich gegenüber der Aussenwelt in einem Ausmasse geöffnet hat, wie dies in seiner neueren Geschichte noch nie der Fall gewesen ist. Deng wusste, dass sein

Land nur mit dieser Öffnung überleben konnte. China benötigte ausländisches Kapital, ausländische Technologie und für die Güter, die es in den anfänglich kleinen wirtschaftlichen Sonderzonen produzierte, Absatzmärkte in Übersee.» Im Zuge dieser wirtschaftlichen Öffnung verabschiedet die chinesische Regierung im Jahre 1979 auch erstmals ein *Gesetz über Joint Ventures mit chinesischen und ausländischen Investoren.*

China, ein Land im Auf- und Umbruch, ist zu dieser Zeit ein sich zaghaft öffnender Markt, ein Land, das im Jahre 1985 erstmals über eine Milliarde Einwohner zählt. Für ein in Fernost tätiges Handelshaus wie Siber Hegner ist klar, dass es an dieser Entwicklung teilhaben muss. Die Schweizer hatten zu Maos Zeiten zwar vorübergehend ihre Niederlassungen auf dem Festland geschlossen und sich nach Hongkong zurückgezogen, jedoch die über Jahrzehnte aufgebauten Kontakte weitergepflegt und ihre Reiseaktivität im Reich der Mitte nie ganz eingestellt. So wird Siber Hegner während dieses Prozesses der Öffnung von den Chinesen durchaus als Freund des Landes angesehen, und Anfang der 1990er-Jahre verfügt die Firma bereits wieder über Niederlassungen in Peking, Shanghai und Guangzhou. Das Geschäft freilich findet kaum in den Büros statt, sondern draussen in der Provinz. Wer sich auf dieses China einlassen will, tut gut daran, eine grosse Portion Abenteuerlust im Gepäck mit dabei zu haben, denn die Reisen in das chinesische Hinterland sind beschwerlich. Von Hongkong aus fliegen wir in diesen frühen Jahren mit der *Dragonair,* einer 1985 in der Kronkolonie gegründeten Fluggesellschaft – sie verfügt über Lizenzen zum Flugbetrieb in China –, nach Shanghai oder Peking, von dort geht es dann weiter mit innerchinesischen Fluglinien, und für den letzten Teil der Strecke vor dem Reiseziel sitzen wir meist in klapprigen Dienstfahrzeugen der Firmen, die wir besuchen. Hotels mit westlichem Standard existieren ausserhalb der grossen Städte kaum, und auch in Shanghai beispielsweise gibt es für Reisende aus Europa höchstens das *Hilton* als Oase.

Ganz anders ist die Lage in Hongkong. Im Juli 1992, zwei Jahre nach meiner Ankunft, wird *Christopher Francis Patten* zum 28. und letzten britischen Gouverneur der Kronkolonie berufen. Diese letzten Jahre des *Empires* sind eine faszinierende Zeit eines sich ankündigenden Wandels, im Bewusstsein, dass Hongkong 1997 wieder an China zurückfallen würde. Zwischen *Kowloon* und *Central* herrscht Kapitalismus pur: Es existieren keinerlei das Geschäft hemmende Hindernisse, was zählt, ist nicht die Herkunft, nicht die Hautfarbe, nicht die Religion, sondern einzig und allein die eigene Leistungsfähigkeit, der eigene Leistungswille. Dieses System ohne Eintrittsschranken fasziniert mich, und das hängt wohl auch mit meiner persönlichen Geschichte zusammen. In der sogenannten *Deutschen Demokratischen Republik,* wo ich aufgewachsen bin, verfolgte einen stets das Gefühl, ein Mensch zweiter Klasse zu sein. Wir durften zwar innerhalb des Ostblocks reisen, verfügten aber über keine harten Währungen, und so wurde uns im Restaurant in Prag oder St. Petersburg, was damals noch Leningrad hiess, jeder westliche Pauschaltourist vorgezogen. Ein Los, das absolut nichts mit dem eigenen Leistungsausweis zu tun hat, sondern ausschliesslich mit der Tatsache, zur falschen Zeit am falschen Ort geboren zu sein.

Die Kronkolonie ist für mich in meinen ersten Jahren bei Siber Hegner noch aus einem anderen Grund ein wichtiger Lehrplatz. Sie ermöglicht mir einen tiefen Einblick in das Innenleben meines Arbeitgebers: das Verhältnis der Zürcher Zentrale zu den Niederlassungen draussen in den Märkten und das Zusammenspiel unserer drei Sparten Rohstoffe, Technische Produkte und Konsumgüter. Dieses Koordinatensystem entscheidet nicht nur weitgehend über den kommerziellen Erfolg oder Misserfolg einer Handelsfirma wie Siber Hegner, sondern es ist auch der abgesteckte Rahmen, in dem sich jeder Kadermitarbeiter, also auch ich, zu bewegen hat. Als Präsident der Konzernleitung amtet seit Mitte 1987 mit Anton Hegner erstmals seit Jahren wieder ein Vertreter der Aktionärsfamilien, der nach Abschluss einer herausragenden diplomatischen Karriere dann doch noch an die Spitze von Siber Hegner gerückt war.

Hegner ist eine beeindruckende Persönlichkeit, ein weltgewandter Geist, aber «ein Neuling an der Firmenspitze», urteilt die *Schweizerische Handelszeitung.* Ihm stehen die Spartenleiter gegenüber, meist alte Füchse im Handelsgeschäft, und draussen in den fernöstlichen Niederlassungen regieren die Bürochefs in ihrem eigenen Reich. Kein Gebilde, das einfach zu führen wäre, und es ist denn auch viel Raum vorhanden, um ein Eigenleben zu pflegen. Welche Blüten der Individualität dies spriessen lässt, erahne ich in Hongkong. Die Sparte Konsumgüter residiert in der Kronkolonie an bester Adresse im Central District auf Hongkong Island mit freiem Blick auf den Hafen. Sie vertritt in erster Linie Schweizer Luxusuhren wie lange Jahre *Omega, Vacheron Constantin* oder auch *Breguet,* daneben aber auch einige ausgewählte Konsumgütermarken wie *Lindt & Sprüngli, Ricola* oder *Fisherman's Friend.* Die Sparte Technische Produkte, bei der ich nun also die Nummer zwei in Hongkong bin, operiert aus Kowloon heraus und betreut in eher engen, einfachen Büros eine grosse Anzahl klingender Namen der Schweizer Maschinenindustrie von *Bühler Uzwil* über *Georg Fischer* und *Rieter* bis *Sulzer.* Es sind zwei gänzlich verschiedenartige Welten, die kaum Kontakt zueinander pflegen. Persönlich sehen sich die Siber Hegner-Leute aus den verschiedenen Sparten vor Ort meist nur dann, wenn Konzernleiter Anton Hegner einmal im Jahr sämtliche *Expatriates* anlässlich seines Besuches zu einem Abendessen lädt. Austausch findet kaum statt, Synergien werden keine genutzt, und es existieren nicht einmal gemeinsame Bankverbindungen. Im Grunde genommen verhalten sich alle so, als gehörten sie konkurrenzierenden Unternehmen an. Unser direkter Mitbewerber in Hongkong ist zu dieser Zeit das ebenfalls schweizerische Handelshaus *Cosa Liebermann,* das bei den Konsumgütern wie auch bei den Technischen Produkten ähnlich positioniert ist wie Siber Hegner.

Diese sehr persönlichen Eindrücke lassen mich erahnen, dass nicht alles zum Besten bestellt ist. Dass die Probleme tiefer liegen, zeigt ein interner Bericht aus dieser Zeit, in dem es heisst: «Die Substanz der

Gruppe ist intakt, die Kapitalstruktur noch gesund. Dank umfangreichen Immobilienbesitzes ist die Beschaffung von Krediten kein Problem. Irritierend ist aber, dass das Aktienkapital zur Deckung von Krediten zu dünn ist. Die Profitabilität für die Weiterentwicklung des Unternehmens ist sehr unbefriedigend. Unprofitable Geschäftseinheiten sind über Jahre ohne Aussicht auf einen Turnaround gehalten worden.» Davon habe ich als Manager im fernen Hongkong freilich noch keine Kenntnis. Ich habe mich um das Tagesgeschäft zu kümmern, und dieses liegt vor allem in China. Dort ist die Analyse dessen, was zu tun ist, in meinen Augen recht klar. Das Reich der Mitte befindet sich in einem Modernisierungsprozess, der unser traditionelles Geschäft verändert. Früher wurden die Kontakte zu Geschäftspartnern meist bei ausgiebigen Lunchs gepflegt, und in der Schweizer Zentrale sind chinesische Delegationen fleissig empfangen worden. Am Ende mündete all dies meist in einer Bestellung von Schweizer Qualitätsmaschinen. Meist wussten wir aber nicht einmal genau, wo diese zum Einsatz gelangen sollten, geschweige denn reisten Vertreter von Siber Hegner dorthin.

Diese über Jahrzehnte erfolgreiche Geschäftsphilosophie ist nun, Anfang der 1990er-Jahre, ein Auslaufmodell. Die Ansprüche an die Professionalität in der Marktbearbeitung steigen. Je weiter sich China dem Westen öffnet, desto stärker wird auch die westliche Konkurrenz im Land, und die Margen sinken. Siber Hegner hatte durch ihre Geschäftsaktivitäten im Reich der Mitte über Jahrzehnte diese Öffnung zu einem kleinen Teil mitgestaltet, vielleicht auch mit vorangetrieben, in jedem Fall aber von ihr profitiert. Und nun droht das Handelshaus von dieser Entwicklung überrollt zu werden, es sei denn, das Geschäftsmodell wandelt sich. Dies ist zumindest meine persönliche Einschätzung zu dieser Zeit. Wohin diese Reise gehen muss, hatte ich bei meinem vormaligen Arbeitgeber gelernt, einem in dieser Hinsicht sehr modernen Grosskonzern. Dort gab es periodische Marketing- und Vertriebsschulungen für Führungskräfte, klare Businesspläne, und das gesamte Geschäftsmodell war darauf ausgerichtet, dem Kunden nicht nur ein Produkt zu verkaufen, sondern die Wertschöpfungskette zu verlängern und zu vertiefen. Auf die Aktivitäten eines Handelshauses bezogen, gehört dazu ein ausgeprägter Sinn für Kundendienst und auch das Bestreben, für den Kunden das *Fenster zur Welt* sein zu wollen, wie ich das nenne. Dies bedeutet: Kauft ein bestehender Kunde eine Maschine oder eine Anlage, misst sich der langfristige Erfolg eines Handelshauses auch daran, ob es in der Lage ist, weiterführende Bedürfnisse zu erkennen und diese auch zu befriedigen, beispielsweise indem es durch den Aufbau eines gut abgestimmten Produktportfolios ein ganzes Geflecht von zusätzlichen Bedürfnissen abdecken kann. Ein Beispiel: Wir waren bei unseren chinesischen Kunden traditionell bekannt als Vertreter der Schweizer Oerlikon Spezialschleifmaschinen, die wir der Automobilindustrie zur Bearbeitung von Zahnrädern lieferten. Über die Zeit gelang es uns, komplementäre Hersteller aus verschiedenen europäischen Ländern in unser Angebotsportfolio aufzunehmen. So konnten wir dem Kunden nun ein Komplettprogramm zur Produktion von Fahrzeuggetrieben aus einer Hand liefern – Kundendienst inklusive. Dieser Ansatz ist für Siber Hegner in zweifacher Hinsicht ein Novum. Das Unternehmen ist zwar verkaufsorientiert, aber kaum sensibilisiert darauf, das Geschäft auf diesem Weg zu verbreitern. Zum anderen arbeitet es in der Sparte Technische Produkte traditionell und fast ausschliesslich mit Schweizer Herstellern zusammen. Meine Kontakte erlauben es jedoch innerhalb kurzer Zeit, das Angebot auf Produzenten aus Deutschland, Italien, Spanien und die USA auszuweiten und dadurch unseren Angebotsradius schrittweise zu verbreitern. Meinen Mitarbeitenden erkläre ich, dass wir uns in die Situation unserer Kunden hineinversetzen müssen, ihnen nicht die teuerste Maschine mit den ausgefeiltesten Applikationen verkaufen, sondern diejenige, die sie ihr technisches Problem zu vernünftigen Konditionen lösen lässt. Wir müssen vorausschauen, weiterführende Entwicklungen und Bedürfnisse erkennen und, wenn immer möglich, diese durch die Integration weiterer Lieferanten abbilden können. Anfang der 1990er-Jahre ist dies im sich öffnenden und nach westlicher Technologie dürstenden China die Erfolgsformel. Im Reich der Mitte liegt auch die Zukunft unserer Niederlassung in Hongkong, denn zu dieser Zeit erwirtschaftet die Sparte Technische Produkte 90 Prozent der Umsätze auf dem chinesischen Festland. Doch die Konkurrenz wächst. Es gilt also auch, bestehende Agenturverträge auf diesem Weg abzusichern.

Immer geht es beim Handel in China auch darum, kulturelle Brücken zu schlagen. In den Gründerjahren der Schweizer Handelsfirmen in Fernost hatten sogenannte Compradores diese Funktion übernommen, lokale Händler, die den Europäern die asiatischen Märkte geöffnet hatten. Später sitzen in den Niederlassungen eine immer grössere Anzahl von aus der Heimat geschickten Expatriates, die viel Geld kosten und dieses labile System zwischen westlichem Management und lokalen Mitarbeitenden leicht aus dem Gleichgewicht bringen können. Vor Ort verwurzelte Chinesen kennen die Kundenwünsche besser als jeder Europäer, die Europäer jedoch sprechen die Sprache der Lieferanten. Ich hatte nach drei Jahren Hongkong das Gefühl, die Chinesen zu 80 Prozent verstehen zu können, und mein Ziel ist es immer gewesen, die lokalen Mitarbeitenden so weit zu bringen, dass sie ebenfalls 80 Prozent des westlichen Denkens nachvollziehen können. Für das letzte Fünftel wird es immer eine gewisse Anzahl Expatriates brauchen, denn auch die Lieferanten von westlicher Technologie wollen einen Ansprechpartner, der ihre Sprache spricht. In jedem Fall haben wir von Anfang an viel Energie in die Aus- und Weiterbildung unserer chinesischen Mitarbeitenden investiert.

All dies hat sich ausbezahlt. Bis Ende 1994 hat die Sparte Technische Produkte in Hongkong die Mitarbeiterzahl auf rund 60 Personen verdoppelt, den Umsatz rund verfünffacht. Mitte 1993 erscheint in der

Neuen Zürcher Zeitung unter der Schlagzeile «Rezessionsbedingter Krebsgang bei Siber Hegner» ein Artikel, in dem es heisst: «Die Siber Hegner Machinery mit Sitz in der britischen Kronkolonie vermochte die Budgets in den beiden Hauptlinien Werkzeug- und Textilmaschinen weit zu übertreffen», und die Zeitung wertet dies «als den einzigen wirklichen Lichtblick». Die Erfolgsfaktoren dagegen schaffen es nicht in die Presse. Beispielsweise, dass Siber Hegner als erstes Handelshaus auf dem chinesischen Festland, in Shanghai, einem Bauern einen alten Schuppen abgekauft, dort in Eigenregie ein zweistöckiges Servicecenter mit schliesslich 15 hoch spezialisierten Service-Ingenieuren aufgebaut hat. Auf dem Dach wehen die Schweizer- und die Firmenflagge; ein Fenster zur Welt für die chinesische Kundschaft auch dies.

Fast zur gleichen Zeit, am 6. Juli 1993, rückt mit *Christophe R. Gautier,* dem Sohn von Ralph H. Gautier-Hegner, die fünfte Generation an die operative Spitze der Firma nach, und dessen Vorgänger, Anton Hegner, wird von der Generalversammlung zum Präsidenten des Verwaltungsrates gewählt. Erstmals seit längerer Zeit sind damit beide Toppositionen des Handelshauses wieder mit zwei Exponenten der Gründerfamilie besetzt. Ein ungleiches Paar: Gautier, 46 Jahre jung, aufgewachsen in Yokohama und Hongkong, Sohn des ehedem einflussreichen Patrons aus der vierten Generation, der sich nun gegen altgediente Spartenchefs behaupten muss. Hegner, der bereits im Pensionsalter stehende ehemalige Diplomat, ein Mann mit grossem Charisma, aber wenig Branchenerfahrung. Es ist eine schwierige Konstellation für alle, auch deshalb, weil die Mutter von Christophe R. Gautier eine Schwester von Anton Hegner ist, was dazu führt, dass innerhalb des Aktionariats ein Patt herrscht. Ich lerne Christophe R. Gautier 1993 in Shanghai kennen. Er ist ein Mann, der die Firma modernisieren will, was ihm zumindest teilweise gelingt. Der Finanzfachmann implementiert eine moderne Rechnungslegung in der Firma und versucht, auch das traditionelle, auf Seniorität beruhende Beförderungsverfahren im Hause durch die Berufung von neuen Köpfen an die Spitze der Sparten aufzubrechen. Einer dieser Köpfe, auf die er setzen will, bin ich.

Dies erfahre ich, als Christophe R. Gautier mich einmal in meinem winzigen Appartement in Hongkong besucht. Es steht, so viel weiss ich bereits, die Nachfolge des Konzernleitungsmitglieds Technischer Produkte an, eines Mannes, der stolze 27 Jahre die technische Sparte geprägt und 13 davon den bedeutenden japanischen Markt erfolgreich entwickelt und geführt hatte. Er ist eine graue Eminenz im Unternehmen, zu der auch ich aufschaue. Er hatte es sich selbstverständlich nicht nehmen lassen, seinen Kronprinzen für die Nachfolge zu bestimmen, und diese Wahl ist seit Langem bekannt. In früheren Zeiten wäre diesem Willen widerspruchslos gefolgt worden. Dass dies nun nicht mehr so einfach geschehen solle, erklärt mir Christophe R. Gautier bei seinem Besuch und meint, unser Treffen müsse einstweilen geheim bleiben. Er wolle, sagt er, für diese Nomination keine Einzelkandidatur, sondern mindestens einen weiteren Kandidaten. Und dieser Kandidat sollte ich sein.

Kurze Zeit später erhalte ich eine E-Mail von unserem Präsidenten. Darin teilt mir Anton Hegner mit, dass für die Nachfolge in der Sparte Technische Produkte drei Kandidaten zur Auswahl stünden. Der Vorschlag des in Pension gehenden Chefs, ein externer Kandidat und eben meine Person. Offensichtlich hatte sich Christophe R. Gautier im Verwaltungsrat mit seinem Ansinnen durchgesetzt. Alle drei müssen sich einem professionellen eintägigen Assessment unterziehen und bekommen dann zur Bewerbung die gleiche Aufgabe gestellt. Auf der Basis unseres Wissens sollten wir einen Businessplan erstellen über das zukünftige Entwicklungspotenzial der Sparte. Kein einfaches Unterfangen. Es existieren kaum zugängliche Informationen über das gesamte Unternehmen, jede Sparte, jedes Land, jede Niederlassung führt ein praktisch vom Rest abgeschottetes Eigenleben.

Am 10. Februar 1994 um 9.00 Uhr in der Früh trete ich vor den Verwaltungsrat, im Gepäck habe ich eine professionelle Präsentation, jedes Exemplar ist korrekt mit dem Namen eines jeden Verwaltungsrates angeschrieben, Schwächen der Organisation, wie ich sie sehe, sind aufgelistet, ebenso meine Erfahrungen in China sowie meine Vorstellung davon, wie die Sparte profitabler expandieren könnte. Ich wähle offene und kritische Worte, denn zu verlieren habe ich nichts. Was ich bei meinem Auftritt nicht weiss: Anton Hegner hatte in der Einladung an seine Verwaltungsräte folgenden Satz zu Papier gebracht: «Die wirtschaftliche Weltlage, die nötigen Restrukturierungsaufgaben, Aufräumarbeiten und Abschreibungen führten zu einem wiederum stark negativen Resultat!» Es herrscht also eine gewisse Nervosität im Gremium. Nach meinem Auftritt werde ich gebeten, vor dem Verwaltungsratszimmer zu warten. Nach einer Dreiviertelstunde werde ich wieder hineingerufen, und Anton Hegner, der Präsident, gratuliert mir zu meiner Beförderung zum Leiter Technische Produkte.

Ich weiss, dass nun die Arbeit für mich erst beginnt. In der Presse steht meist nur Negatives. Das Anlegerblatt *Finanz und Wirtschaft* titelt etwa: «Siber Hegner hat Neuerungen dringend nötig.» Und darunter steht knapp wie Gewehrsalven: «Massiver Gewinneinbruch. Restrukturierungsbedarf.» Vielleicht haben meine beiden Mitbewerber den Ernst der Lage nicht richtig eingeschätzt. Der eine hat, wie ich erfahre, einen Vortrag gehalten, der andere nichts Schriftliches abgeliefert. Dass gerade der mir bestens bekannte chinesische Markt schwieriger werden dürfte, ist mir bewusst. In einem Verwaltungsratsprotokoll der Zeit heisst es: «Christophe R. Gautier hat soeben noch mit Jörg Wolle telefoniert. Offensichtlich hat China an einer unlängst zu Ende gegangenen Planungskonferenz ein *save-the-nation-package* für 1995 verabschiedet. Erstmals wurden dabei Entscheide über die Begrenzung des Wachstums gefällt. Dem Vernehmen nach soll künftig weniger Geld in die Industrie, dafür mehr in die Landwirtschaft, den Transport und die Energie investiert werden.» Und weiter: «Wenn China nun wirklich die Notbremse zieht, so wird sich das weltweit auswirken.»

In der Krise gilt es, Flagge zu zeigen. Mit dieser Haltung hat Siber Hegner noch jedem Sturm über Asien getrotzt. Und so ist es auch diesmal. Am 7. April 1994 unterzeichnen der Präsident und der Konzernleiter einen Brief an das chinesische Aussenhandelsministerium, in dem es heisst: «Having been active in China since the beginning of this century and having especially these last 15 years witnessed and participated in the tremendous growth of China we feel more and more the need to manifest our commitment to the People's Republic of China by establishing in Beijing and Shanghai a wholly owned Marketing and Service Organisation in your country.»

Kleinere Problemfälle gilt es unbürokratisch aus dem Weg zu räumen. Als Anton Hegner mir zu meiner Beförderung gratuliert, brennt ihm noch eine letzte Frage auf der Zunge. Ob ich Schweizerdeutsch verstehe, fragt er mich, und als ich bejahe, ist er offensichtlich erleichtert. Die Verwaltungsratssitzung in Zukunft in Hochdeutsch halten zu müssen, wäre gar nicht in seinem Sinne gewesen, konstatiert er. Und lacht.

VI. Die grosse Transformation

Über 100 Jahre lang sind die drei Schweizer Handelshäuser in Fernost getrennt marschiert und im neuen Jahrtausend durch zwei Fusionen doch noch zusammengekommen. In einer faszinierenden Metamorphose entstand daraus DKSH und damit eine neue Industrie: Market Expansion Services, eine hoch spezialisierte Branche, in der die Schweizer heute Marktführer in Asien sind.

Zum Jahreswechsel 1995 ziehe ich nach vier Jahren von Hongkong in die Schweiz um und wohne vorübergehend im Hotel Hirschen in Obermeilen, direkt am Zürichsee. Als Spartenleiter Technologie trage ich nun die operative Verantwortung für knapp 500 Mitarbeitende weltweit und 230 Millionen Franken Umsatz. Nicht nur der Name der Sparte ist neu, alles ist neu für mich, und im ersten Monat im neuen Job ist auch ein für diesen Bereich der Siber Hegner sehr wichtiges Meeting anberaumt. Die Spitzen des Schweizer Präzisionsgeräte-Herstellers *Mettler Toledo* hatten sich angemeldet, um über die Verlängerung des Agenturvertrages zu verhandeln. Für unsere Sparte ist dies seit Jahrzehnten ein lukrativer Vertrag, der rund 30 Prozent des Umsatzes und sogar fast 40 Prozent des Gewinns einspielt. Auf der anderen Seite bedeutet dies aber auch ein gewaltiges Klumpenrisiko, das sich nur aus der langen gemeinsamen Erfolgsgeschichte beider Unternehmen erklären lässt.

Im Jahre 1945 hatte der Schweizer Ingenieur *Erhard Mettler* in einer Garage im zürcherischen Küsnacht das Unternehmen *Mettler Instrumente AG* zur Herstellung von modernen Präzisionswaagen gegründet. Wenige Jahre später, 1952, unterzeichnete der Firmengründer mit Siber Hegner einen Kontrakt zum Vertrieb seiner Erzeugnisse auf den asiatischen Märkten, insbesondere in Japan. Dieser wurde in der Folge immer wieder verlängert, auch als Mettler im Jahre 1980 seine Firma an die Basler *Ciba-Geigy AG* verkaufte, diese ihrerseits neun Jahre später einen amerikanischen Hersteller von Industriewaagen namens *Toledo Scale Corporation* zukaufte und daraus das Unternehmen Mettler Toledo formte. Siber Hegner hatte entscheidenden Anteil am Aufbau der Marke

Mettler in Asien, und das Verhältnis wurde schliesslich derart eng, dass der zwei Seiten umfassende Originalvertrag nach vier Jahrzehnten noch immer Gültigkeit besitzt.

In jüngster Zeit besteht freilich Klärungsbedarf, den es unter den Partnern zu besprechen gilt. Einer betrifft die Produkte selber: Mettler stellt traditionell Präzisionswaagen her, die insbesondere in Labors und im Detailhandel eingesetzt werden, hoch spezialisierte Gewichtsmesser also, die Siber Hegner in zahlreichen asiatischen Ländern zur Marktführerschaft entwickelt hat. Mit der Übernahme von Toledo kommen Grosswaagen für Lastwagen dazu, ein Erzeugnis mit tieferen Gewinnspannen, und als ein neu installierter Chef von Mettler Toledo bei Siber Hegner anfragen lässt, ob das Handelshaus auch den Vertrieb dieser technisch weniger ausgefeilten Produkte übernehmen will, hält sich dort die Begeisterung in Grenzen. Seit Jahren schon hat Siber Hegner eigentlich die Absicht, in diesem Bereich die Abhängigkeit von dem einen Geschäftspartner zu reduzieren – doch bislang hatte die Beharrlichkeit des Bestehenden noch immer verhindert, dass dies wirklich in die Tat umgesetzt wurde. In einem Verwaltungsratsprotokoll aus dem Herbst 1994 wird schon fast etwas resigniert festgestellt, «dass der Mettler-Anteil bei vier Technologie-Länder-Gesellschaften noch immer sehr ausgeprägt ist», nur um ein paar Zeilen weiter unten wieder erleichtert festzuhalten, «dem Vernehmen nach» wolle Mettler Toledo «die Zusammenarbeit fortsetzen». Und weiter: «Für den Januar ist ein Treffen geplant, an welchem eine schriftliche Vereinbarung über die zukünftige Zusammenarbeit geschlossen werden soll.»

Dennoch muss ich mich im Vorfeld dieses Treffens mit der Möglichkeit befassen, dass der Vertrag gekündigt werden könnte, nachdem sich unser Unternehmen im Vertrieb der aus der übernommenen Toledo stammenden Produkte nicht engagieren will. Dies ist für Siber Hegner nach so vielen Jahren eine möglicherweise gewöhnungsbedürftige Vorstellung. Als neuer, von der Historie dieser Geschäftsbeziehung unbelasteter Chef beurteile ich das nüchterner. Die Sparte ist in einem ungesunden Masse von diesem einen Kontrakt abhängig. Auf der anderen Seite gilt: Sollte der Vertrag tatsächlich einseitig gekündigt werden, muss dies verbunden sein mit einer entsprechenden Kompensationszahlung für den jahrzehntelangen Markenaufbau. Wir brauchen genügend Bares und damit Zeit, um das Geschäft grundsätzlich neu auszurichten.

Mit dieser Haltung gehe ich in das anberaumte Meeting. Es wird eine kurze Zusammenkunft. Die Leute von Mettler Toledo, eine Delegation von einem Dutzend Personen, eröffnen mir in der Tat, dass sie den Vertrag aufkündigen wollen. Sie stellen sich vor, diesen noch vier Monate laufen zu lassen, dann unsere Vertriebs- und Servicespezialisten zu übernehmen und das Geschäft selber zu betreiben. Als Kompensation dafür und als Goodwill für die jahrzehntelange erfolgreiche Aufbauarbeit nennen die Herren eine Summe, die ich nur ungläubig zur Kenntnis nehmen kann. Ich bedanke mich für ihr Kommen und biete ihnen an, sie wieder in die Garage zu begleiten. Die Sitzung dauert keine zehn Minuten. Erstaunt sind die Blicke auf der anderen Seite des Tisches, aber ich bin nicht gewillt, mich auf diese Weise abspeisen zu lassen.

Tage später, an einer Verwaltungsratssitzung von Siber Hegner, erläutere ich dem besorgten Präsidenten Anton Hegner dieses für das Handelshaus so ungewöhnliche Vorgehen. Wenn wir aus diesem Ausstieg nicht eine vernünftige Kompensation für geleistete Aufbauarbeit erzielen könnten, erkläre ich dem Präsidenten, gehe mein Geschäftsbereich in die Knie, und die gesamte Siber Hegner bekäme Schlagseite. Wir haben also gar keine andere Wahl, als notfalls vor ein Schiedsgericht zu gehen, um das einzufordern, was uns nach internationalem Recht zusteht. Nach Ansicht unserer Anwälte wäre dies mindestens ein durchschnittlicher Jahresgewinn der vergangenen drei Jahre. Für Anton Hegner wie auch für Mettler Toledo sind das neue, ungewohnte Töne aus dem Hause Siber Hegner. In der Vergangenheit war den Wünschen dieses bedeutenden Lieferanten stets in einer Art vorauseilenden Gehorsams entsprochen worden. Ich kann mir das schlicht nicht mehr leisten. Die Sparte muss neu ausgerichtet werden, und wir brauchen neue, breiter diversifizierte Agenturverträge, um das wegbrechende Geschäft zu kompensieren. Letzteres ist besonders wichtig, da dies meiner Truppe Zuversicht gibt, dass es ein Leben nach Mettler Toledo gibt.

Mit der Firmenspitze von Mettler Toledo nehme ich in diesem Sinne Verhandlungen auf. Gleichzeitig hole ich meinen Vorgänger in der Leitung der Sparte Technologie zurück aus der Pensionierung. Mit einem Beraterstatus ausgestattet, nimmt er Sondierungsgespräche mit den Konkurrenten von Mettler Toledo in Deutschland, Japan und den USA auf. Auf beiden Ebenen schaffen wir den Durchbruch. Für die Übernahme der hoch spezialisierten Abteilung in Japan zahlt uns Mettler Toledo schliesslich etwa das Zwanzigfache des ersten Vorschlags, und den Übertrag des Geschäfts wickeln wir sauber und in aller Freundschaft ab. Praktisch zeitgleich gelingt es uns, mit *Denver Instrument,* einem amerikanischen Hersteller von Laborgeräten, einen neuen Vertrag in einem ähnlichen Segment für alle anderen asiatischen Länder abzuschliessen. Im Juli 1996 titelt die *Basler Zeitung:* «Siber Hegner künftig ohne Mettler Toledo» und schreibt: «Der Handelskonzern Siber Hegner bricht seine Kooperation mit der früheren Ciba-Tochter Mettler Toledo im asiatischen Raum nach 42 Jahren ab. Stattdessen wurde mit der amerikanischen Unternehmung Denver Instrument eine neue Partnerschaft eingegangen.»

Die Gleichzeitigkeit der Ereignisse ist ein Glücksfall für uns, und dies auch gleichzeitig positiv zu kommunizieren, eine absolute Notwendigkeit für mich. Es zeigt meinen Leuten: Es geht weiter, die Firma bewegt sich und ist auch in der Lage, neue Agenturverträge abzuschliessen. Für die Sparte Technologie bedeutet dies einen Neuanfang mit Zukunft. Dass sich dieser erfreulich gestaltet, lässt sich Ende Mai 1997 in der *Neuen Zürcher Zeitung* nachlesen. «Erfolgreiche Fitnesskur der Siber Hegner-Gruppe – Erste Ausschüttung nach drei dividendenlosen Jahren» titelt das Blatt und schreibt: «Ein weit über den Erwartungen liegendes Ergebnis erzielte laut weiteren Ausführungen des Präsidenten der Konzernleitung Christophe R. Gautier die in allen bedeutenden asiatischen Ländern betriebene Sparte Technologie, die bei einer steigenden Rentabilität ihren Umsatz ausweiten konnte.»

Es sind gute Zeiten. Doch lange währen sie nicht. Es ist der 2. Juli 1997, als ich mit unserem Konzernchef unser Büro in Baltimore im US-Bundesstaat Maryland besuche. Am Nachmittag, als wir gerade zu einem kurzen Segeltörn aus dem Hafen auslaufen wollen, erreicht uns die Nachricht über Radio, dass die thailändische Regierung den Wechselkurs des *Baht* freigegeben hat. Bislang war die thailändische Währung an den US-Dollar gekoppelt, und die daraus resultierende währungspolitische Stabilität hatte dem Land über Jahre traumhafte Wachstumsraten beschert. Nun aber markiert dieses Ereignis den Ausbruch dessen, was später als *Asienkrise* in die Geschichtsbücher eingehen wird.

Die robuste Wirtschaftsentwicklung in den USA seit Mitte der 1990er-Jahre hatte den Kurs des an den *Greenback* geketteten Baht ebenfalls nach oben getrieben. Die überbewertete thailändische Währung ruft in der Folge scharenweise Spekulanten auf den Plan, während die Nationalbank des Landes rund die Hälfte ihrer Devisenreserven einsetzt, um den Absturz der eigenen Währung durch massive Stützungskäufe zu verhindern – freilich ohne Erfolg; der Baht verliert gegenüber dem Dollar in wenigen Tagen 50 Prozent seines Werts. Im August 1997 wendet sich die thailändische Regierung Hilfe suchend an den *Internationalen Währungsfonds* (IWF) und handelt eine milliardenschwere Finanzierungshilfe aus. Der Sturm an der Währungsfront Thailands bleibt nicht ohne Folgen für die umliegenden asiatischen Länder. Der philippinische *Peso,* die indonesische *Rupiah,* der malaiische *Ringgit* kommen allesamt unter Druck, und selbst Korea sucht schliesslich um Hilfe beim IWF nach.

Diese Währungsverluste zeigen schnell Auswirkungen auf die Börsen in Südostasien, ja selbst Hongkong und schliesslich sogar Tokio. Als den Investoren bewusst wird, dass selbst die japanische Wirtschaft nicht widerstehen kann, kommt es zu Panikverkäufen an den Börsen rund um die Welt. In der Asienkrise manifestiert sich die Verletzlichkeit der Weltwirtschaft, und es gibt viele, die nun bereits das Ende des asiatischen Wunders beschwören. Das US-Wirtschaftsmagazin *Business Week* schreibt etwa im Dezember 1997: «Arbeitslosigkeit macht sich in Asien in einem Ausmasse breit wie seit über einem Jahrzehnt nicht mehr. In der koreanischen Finanzindustrie und in thailändischen Montagewerken, bei Detailhändlern in Hongkong, und der Bauwirtschaft in Indonesien werden die Beschäftigten zu Tausenden entlassen. Die während des asiatischen Booms zugewanderten Arbeitskräfte werden nun wieder nach Hause geschickt, und selbst das hoch gelobte japanische Anstellungssystem auf Lebenszeit kommt nun unter Druck.»

Von diesen dramatischen Auswirkungen ist freilich noch nichts zu spüren, als Christophe R. Gautier und ich an jenem Tag Anfang Juli 1997 uns noch auf dem Segelboot zusammensetzen und zwei Stunden lang darüber diskutieren, was nun zu tun sei. Mit unserer Sparte Technologie haben wir im Gegensatz zu Diethelm nur kleine Aktivitäten in Thailand, aber es wird uns sofort bewusst, dass die Krise in Thailand schnell auch auf die umliegenden Länder übergreifen würde. Daher überlegen wir uns proaktiv, was dies für Auswirkungen auf unser dortiges Geschäft haben könnte. Da die Grundsatzfrage, ob ein Rückzug das Gebot der Stunde sei, für uns nicht zur Diskussion steht, frage ich mich stattdessen, wer von unseren Kunden vor Ort auch in der Krise gute Überlebenschancen haben würde.

Die Gespräche, die in den USA, fernab des asiatischen Krisenherdes, ihren Anfang nehmen, münden schliesslich in eine präventive Strategie zur Krisenbewältigung. Einen Rückzug der Sparte Technologie aus einzelnen asiatischen Märkten, wie das verschiedene, vor allem amerikanische Konkurrenten tun, ist keine Option für uns. Wir sind schliesslich seit mehr als einem Jahrhundert in Asien tätig und haben in diesen vielen Jahren dort jede wirtschaftliche Berg- und Talfahrt gemeistert. Doch wir kommen freilich nicht umhin, unsere Kosten den durch die Krise reduzierten Geschäftsaktivitäten anzupassen, und so gebe ich unseren Büros draussen, auch in den bis dato noch nicht betroffenen Ländern, die Anweisung, den Personalbestand gewissermassen proaktiv der neuen Lage anzupassen. Aber wir sind auch in schlechten Zeiten für unsere Kunden da. Kein einziges Büro wird dichtgemacht. Stattdessen lasse ich mir jede grössere Bestellung persönlich vorlegen, um zu entscheiden, ob die Lieferung ausgelöst wird oder nicht. Wir prägen damals einen Begriff, der zehn Jahre später in der grossen Banken- und Finanzkrise traurige Berühmtheit erlangen sollte: *counterparty-risk*. Ein notwendiges Vorgehen, da unsere Kunden vor Ort von der Krise meist noch stärker betroffen sind als wir selbst. In den asiatischen Staaten mit IWF-Eingriff beispielsweise erhalten selbst solide finanzierte, mittelgrosse Unternehmen von den Banken bald einmal keinen Kredit mehr und kämpfen mit Liquiditätsproblemen. Wir beschliessen, diese Kunden dennoch mit Ersatzteilen für die von uns gelieferten Maschinen zu versorgen. Ein erhebliches finanzielles Risiko zwar, rückblickend jedoch hat sich dieses Verhalten ausbezahlt. In vier Fünfteln der Fälle haben wir unser Geld erhalten, und die betroffenen Unternehmen vergessen uns unsere Unterstützung bis heute nicht. Andere Wettbewerber sind nicht bereit, derartige Risiken zu tragen, und ziehen sich aus den asiatischen Märkten zurück. Wir gewinnen dadurch Marktanteile, stellen einige der besten Fachkräfte der Konkurrenz an, und als diese Firmen nach der Asienkrise den Wiedereinstieg versuchen, liegen die Eintrittsbarrieren ungleich höher.

Dennoch manövriert die Krise Siber Hegner als Gesamtunternehmen in eine existenzbedrohende Lage hinein. Vor allem die Sparte Konsumgüter schreibt in diesen Jahren hohe Verluste. Eine psychologisch schwierige Situation, denn vor allem der Bereich Luxusuhren ist von jeher eine Paradedisziplin der Firma, und zahlreiche Familienmitglieder haben dort etliche Berufsjahre verbracht. Die Sparte Technologie kann sich dem Bann der zusammenbrechenden asiatischen Märkte natürlich auch nicht ganz entziehen. Unser Geschäftsradius erstreckt sich von China über Südostasien bis nach Japan, und mit Ausnahme vom sozialistischen Reich der Mitte befinden sich die meisten anderen Volkswirtschaften in einer tiefen Rezession. Immerhin haben wir proaktiv Gegensteuer gegeben, die Kosten reduziert und damit die Verluste in Grenzen gehalten. Kaum betroffen von der Asienkrise ist die Sparte Rohstoffe, die in Japan, Indien und Europa tätig ist.

Insgesamt ergibt dies für Siber Hegner jedoch eine düstere Perspektive. Das Unternehmen setzt im Jahre 1998 noch knapp eine Milliarde Franken um und macht vier Millionen Franken Verlust, nachdem im Vorjahr noch ein Gewinn von fünf Millionen resultiert hatte. Im Geschäftsbericht dominieren die nachdenklichen Töne. «Nach einer langen Phase des Wachstums kam im letzten Jahr ein ganzer Kontinent zurück auf den Boden der Realität», heisst es da, «das asiatische Wunder ist vorerst vorüber.» Der Blick in die Märkte fällt ähnlich kritisch aus. In Japan kann die bedeutendste Gruppengesellschaft *Nihon Siber Hegner,* die «Umsätze nicht halten». In Hongkong «ist ein eigentlicher Einbruch der Konsumentenstimmung zu registrieren». In China «erfüllen sich die Erwartungen nicht». In Korea resultiert «trotz einer schwerwiegenden Rezession ein auf tiefem Niveau zumindest befriedigendes Ergebnis». In Südostasien «hat sich die 1997 ausgebrochene Währungskrise zu einer eigentlichen Wirtschaftskrise entwickelt, die alle Länder auf diesem Subkontinent erfasst hat». Im Jahr 1999 wachsen die Verluste weiter, es sind bereits 14 Millionen Franken. Mir ist klar: Nun geht es um das Überleben der Familienfirma.

Innerhalb der Besitzerfamilien spitzt sich in diesen Monaten ein bereits länger schwelender Zwist zu, dessen Wurzeln, zumindest zum Teil, ebenfalls in der Asienkrise zu suchen sind. Es geht um die Frage, wie Siber Hegner angesichts der Verluste die Zukunft meistern will, und darüber gehen die Vorstellungen an der Spitze der Firma weit auseinander. Anton Hegner, der ehemalige Präsident und ein traditionell denkender Mann, will das Unternehmen unter allen Umständen in Familienhand behalten. Sein Vorschlag: die Verlustquellen eliminieren und Siber Hegner zu einem Nischenplayer schrumpfen lassen. Das Resultat wäre ein Unternehmen von etwas über einer halben Milliarde Franken Umsatz. Ein derartiger Plan hätte freilich massive Abschreibungen zur Folge, da ein Verkauf von Unternehmensteilen in der Krise eine Illusion, die Schliessungskosten folglich enorm wären. Auf der anderen Seite steht Christophe R. Gautier, der neues Kapital in die Firma hereinholen will, um das Überleben zu sichern. Lieber einen kleineren Anteil an einem grösseren Unternehmen mit verbreitertem Aktionariat zu besitzen als umgekehrt, das müsse das Ziel sein, sagt er sich. Die Positionen der beiden Familienzweige, die je 45 Prozent des Aktienkapitals halten, stehen sich unversöhnlich gegenüber. Eine lähmende Pattsituation, die das Unternehmen beinahe paralysiert.

Im Laufe der Zeit eskalieren die Differenzen zwischen den Besitzerfamilien. Und manches Mal sind es gar nur Bagatellen, welche die Gemüter erhitzen. Als etwa der Branding-Spezialist *Jörg Zintzmeyer* einen neuen optischen Auftritt für das Unternehmen entwickelt und die Namen der beiden Gründer ohne Abstand auf *SiberHegner* zusammenrückt, zeigt sich der Präsident gar nicht erbaut darüber, dass sein Familienname die Alleinstellung im Schriftzug der Firma verloren hat.

Einigkeit herrscht nur darüber, dass über eine Kapitalerhöhung die finanzielle Basis verbreitert werden muss. Anton Hegner hofft, durch eine Kapitalerhöhung zu einer Mehrheit an SiberHegner zu gelangen. Dies würde den Präsidenten in die Lage versetzen, das Patt zu überwinden und den Kurs der Familienfirma praktisch alleine zu bestimmen. Allerdings will er den Preis für die neuen Aktien derart tief ansetzen, dass selbst aus dem Verwaltungsrat Widerstand erwächst. Wenn schon eine Kapitalerhöhung, heisst es da, müsse der Preis höher sein – womit auch Anton Hegner der Kauf zusätzlicher Aktien teuer zu stehen käme. Als der Präsident mit seinem Ansinnen nicht durchdringt, fühlt er sich derart vor den Kopf gestossen, dass er sein Amt an der Spitze der Firma zur Verfügung stellt und nur noch als einfaches Mitglied im Aufsichtsratsgremium verbleibt. Für Anton Hegner gibt es nur eine Person im Gremium, die ihn standesgemäss an der Spitze des Gremiums beerben kann. Dies ist *Peter G. Sulzer,* Spross der gleichnamigen Industriellendynastie aus Winterthur. Ihn hatte Hegner bereits 1992 in den Verwaltungsrat geholt, und bei jenem Entscheid hatten durchaus auch familiäre Gründe eine Rolle gespielt. Sulzers Grossmutter ist eine Schwester von Anton Hegners Mutter, insofern ist Sulzer im Verwaltungsrat streng genommen dem Familienstamm der Hegners zuzurechnen, und es war für den scheidenden Präsidenten wohl folgerichtig, Sulzer als seinen Nachfolger vorzuschlagen.

In der sich zuspitzenden Krisensituation unter den Familienaktionären wächst Peter G. Sulzer in eine besondere Rolle hinein. Bereits einige Monate zuvor hatte ihm der Verwaltungsrat ein Mandat erteilt, potenzielle Investoren zu kontaktieren, die bereit wären, Kapital einzuschiessen, um damit die Pattsituation zu überwinden. Mitte August 1998 ist ein möglicher Geldgeber identifiziert. Die *Vontobel Private Equity,* eine Beteiligungsgesellschaft der gleichnamigen Zürcher Privatbank, wäre bereit einzusteigen und SiberHegner später auch an die Börse zu bringen. Allerdings macht die Bank diesen Schritt von einer Bewertung der Firma und einer Einschätzung über das zukünftige Ertragspotenzial von SiberHegner abhängig. Das Resultat, das zwei Wochen später vorliegt, fällt allerdings ernüchternd aus: «Zusammenfassend sind wir der Meinung, dass zurzeit eine Bewertung von 50 bis 60 Millionen Franken angebracht ist», heisst es in der Vontobel-Expertise, «wir sind uns auch bewusst, dass der Buchwert deutlich höher liegt, aber die aktuelle Ertragslage und die hohe Verschuldung ermöglicht keine höhere Bewertung.» Später wird dem Verwaltungsrat vonseiten der Banker in deutlichen Worten mitgeteilt, was dies bedeutet. Es seien «unüberwindbare Hindernisse für einen Einstieg von Vontobel bei SiberHegner», heisst es in einem Protokoll, die «Ertragslage der Gruppe» sei «zu schlecht».

Für mich ziehe ich in dieser Zeit eine persönliche Bilanz. Rund acht Jahre bin ich nun bei SiberHegner und habe mir in der Sparte Technologie einen guten Erfolgsausweis erarbeitet – nicht zuletzt auch deshalb, weil mir die Aufgabe grossen Spass macht. Allerdings mache ich mir auch zunehmend Sorgen, ob die problematische Situation unter den Besitzerfamilien mittelfristig zum Wohle der Firma zu lösen ist. Jedenfalls nehme ich nun erstmals auch den Hörer ab, wenn Headhunter anrufen, und ich prüfe zwei konkrete Angebote als operativer Chef von grossen, mittelständischen Unternehmen.

Die Geschichte von SiberHegner nimmt jedoch erneut eine neue, unvorhersehbare Wendung. Christophe R. Gautier gelingt es, einen interessanten Kontakt zum Unternehmer und Financier *Ernst Müller-Möhl* zu knüpfen. Der promovierte Jurist und Ökonom ist knapp über 40 Jahre alt, Gründer der Zürcher *A&A Actienbank* und hält eine ganze Reihe von Beteiligungen, etwa am Berner Technologiekonzern *Ascom,* an der Ostschweizer *Arbonia-Forster Holding* oder auch an der Zürcher Gratiszeitung *20 Minuten*. Ein Mann mit «Visionen und Kreativität», wie das Wirtschaftsblatt *Cash* einmal schreibt, ein Macher, der etwas bewegen will. Ernst Müller-Möhl investiert Mitte 1999 über eine Kapitalerhöhung zunächst etwas über ein Dutzend Millionen Franken in SiberHegner, wird später mit rund 30 Prozent Aktienkapital grösster Einzelaktionär. Mit diesem Schachzug wird die existenzgefährdende Pattsituation an der Spitze der Firma aufgebrochen. Es ist eine buchstäblich in letzter Minute erfolgte Mittelzufuhr; «SiberHegner», kommentiert etwa die *Aargauer Zeitung* zu dieser Zeit, ist «noch tiefer in die roten Zahlen gerutscht.»

Ich treffe Ernst Müller-Möhl erstmals im Frühherbst 1999, kurz bevor ich auf eine vierwöchige Asienreise aufbrechen will, die ich im Bewusstsein antrete, dass es meine letzte im Dienste von SiberHegner sein würde. Innerlich bin ich entschlossen, eines der mir vorliegenden Stellenangebote anzunehmen – insbesondere auch, weil ich nicht mehr daran zu glauben vermag, dass SiberHegner aus der Blockade im Aktionariat herausfinden könnte. Es ist zunächst nur ein halbstündiges Gespräch, das aber vieles verändert. Ich lerne einen offenen, neugierigen Menschen kennen, der wissen will, wie es um die Geschäfte steht. Ich lerne einen Financier kennen, dem das Unternehmerische nahesteht, der mir erklärt, warum er in das ehrwürdige Handelshaus investiert hatte. Asien, sagt er, liege zwar ökonomisch am Boden, aber die ehemals boomende Region werde sich erholen. Davon bin auch ich überzeugt. Insofern sei SiberHegner auch eine gute Story für den Kapitalmarkt, und es sei durchaus denkbar, dass aus dem ehemaligen Familienunternehmen einmal eine echte Publikumsgesellschaft werden könne. Hinzu komme: Das Handelsgeschäft erwirtschafte zwar nicht gerade exorbitante Margen, aber mit etwas Fantasie lasse sich das hervorragende Beziehungsnetz der Firma in Asien auch für den Aufbau einer sogenannten *Private-Equity*-Unternehmung nutzen, einer *SiberHegner Finance.* Der Mann verströmt Energie und Zuversicht, denkt in die Zukunft und an das Potenzial seines Investments.

Ich trete meine vierwöchige Asienreise recht nachdenklich an. Ich frage mich, ob Müller-Möhl als neuer und bedeutender Aktionär die Kraft aufbringen würde, den gordischen Knoten der Blockade an der Firmenspitze zu durchtrennen. Je mehr ich darüber nachdenke, desto stärker wird die Zuversicht. Zurück in der Schweiz treffe ich Müller-Möhl erneut, diesmal reden wir zwei Stunden lang Klartext. Er hat in der Zwischenzeit zahlreiche Gespräche geführt, mit den Chefs der Sparten, den Controllern, dem Finanzchef. Der von mir beschriebene Veränderungsbedarf sei ihm nun absolut klar geworden. Was es brauche, sei eine unerschrockene Führung, welche die Umgestaltung vorantreibe. Deshalb, so Ernst Müller-Möhl, müsse ich in der Firma bleiben und als neuer CEO die operative Verantwortung übernehmen; den Verwaltungsrat von diesem Plan zu überzeugen, dies solle ich getrost ihm überlassen. In dem Spitzengremium ist in dieser Zeit ohnehin einiges in Bewegung. An der ausserordentlichen Generalversammlung vom 5. November 1999 wird Ernst Müller-Möhl als neuer Grossaktionär in den Verwaltungsrat gewählt, ebenso *Pietro Supino,* Spross der Zürcher Verlegerfamilie *Coninx,* die unter anderem den *Tages-Anzeiger* herausgibt. Der promovierte Jurist vertritt im Verwaltungsrat neu die Familienaktionäre der Hegners. Dieser Platz ist verwaist, nachdem Anton Hegner am 12. Oktober 1999 verstorben war.

So kommt vieles zusammen in diesen letzten Monaten des Jahres 1999. Die Firma schreibt Millionenverluste und kämpft im Grunde genommen um das Überleben. Durch den neuen Aktionär Ernst Müller-Möhl und den Tod des alten Patrons Anton Hegner verschieben sich die Gewichte in Verwaltungsrat und Aktionariat, und es ist noch keineswegs klar, was all dies für Auswirkungen auf das geschwächte Unternehmen haben würde. Es ist der Präsident Peter G. Sulzer, der nun das Zepter in die Hand nimmt und versucht, einen Weg in die Zukunft zu weisen. Der Verwaltungsrat mit Sulzer an der Spitze beschliesst, eine *Task Force* einzuberufen, die einen Bericht über den Zustand der Firma verfassen und auch Entwicklungsszenarien formulieren soll – ohne Rücksicht auf bestehende und gewachsene Personalkonstellationen. Dass der Verwaltungsrat selber angesichts der ernsten Lage keine Tabus mehr scheut, zeigt sich an der Wahl des Chefs dieser ein halbes Dutzend Personen umfassenden Task Force. Die Wahl fällt nicht auf den amtierenden Konzernchef, sondern auf mich als einen der operativ verantwortlichen Spartenchefs.

Bis im Januar 2000, so lautet die Vorgabe, müsse dieser Bericht fertiggestellt sein, und so verbringen wir den Milleniumswechsel nicht ausgelassen feiernd, sondern hart arbeitend. Für mich ist klar, dass wir statt eines Berichtes einen echten Masterplan für die Transformation eines ehrwürdigen, patronal geführten, in Familienbesitz befindlichen Handelshauses alter Prägung hin zu einem neu zu definierenden, weiterführenden Geschäftsmodell erarbeiten müssen. Es gilt, auf den über die Jahre entwickelten Stärken aufzubauen und diese zu verstärken, die Schwächen – vor allem die selbstgefällige Bürokratie und Anspruchshaltung innerhalb der Firma – auszumerzen und die Basis des Geschäfts in Bereiche mit höherer Wertschöpfung zu verbreitern. Gelingt dies, so bin ich überzeugt, wird SiberHegner in neuer Vitalität wieder auferstehen. Die Mitarbeitenden erhalten endlich wieder eine klare Zukunftsperspektive in der Firma. Die Kunden bekommen neues Vertrauen, und dies führt zu neuen Geschäftsmöglichkeiten. Und die Kredit gebenden Banken, die verstärkt Signale der Nervosität aussenden, können bei der Stange gehalten werden. Letzteres ist mittlerweile der Schlüssel zum Überleben. Das Eigenkapital von SiberHegner ist inzwischen auf bescheidene 17 Prozent abgesackt, und es ist klar: Wenn nur ein einziger Kreditgeber aussteigt, kann dies das definitive Aus bedeuten. Auch unter diesem Aspekt kommt dem Bericht der Task Force eine entscheidende Bedeutung zu.

In diesem Bewusstsein gehe ich in die entscheidende Verwaltungsratssitzung, die kurz nach den Feiertagen stattfindet. Meine Präsentation stellt eine schonungslose Ist-Analyse dar. Es ist ein Bericht über die externen Einflüsse auf unser Geschäft und über die Wachstumschancen; er benennt aber auch Vorschläge zur zukünftigen Strategie und Führungsorganisation. Was ich dem Verwaltungsrat vortrage, ist nur mit Einschränkungen positiv. Die Strategie, unser Geschäft auf Asien auszurichten, ist im Grundsatz richtig, auch ist das Image von SiberHegner in dieser Region noch immer intakt. Eine vertiefte Analyse fördert jedoch drei Ebenen mit strukturellen Defiziten zu Tage: Die Kosten sind zu hoch, Geschäftsprozesse nicht transparent, und in der Führung existieren schwerwiegende Mängel. Auf jeder dieser Ebenen gilt es, den Hebel anzusetzen. Die Zentralen Dienste der rund 1200 Mitarbeitende zählenden SiberHegner sind überdotiert und summieren sich auf rund 4 Prozent des Umsatzes, rund 40 Millionen Franken. Es ist ein klassischer Fall eines (Familien-)Unternehmens, das in den marktfernen Einheiten überdimensioniert ist und nicht die Kraft aufbringt, diese radikal zu kappen. Nicht unüblich in einer patronal geführten Firma, in der persönliche Beziehungen mitunter höher gewichtet werden als betriebliche Erfordernisse. Meine erste Empfehlung an den Verwaltungsrat lautet deshalb – wenig überraschend: sofort die Kosten senken. Die eigentlichen Geschäftsprozesse funktionieren meist über historisch gewachsene Kundenbeziehungen, oftmals opportunistisch ergriffene Chancen für Agenturverträge und weniger über eine zu Ende gedachte Gesamtbeurteilung von Kunden- und Lieferantenbedürfnissen. SiberHegners Kapital sind die Kundenbeziehungen im asiatischen Raum und diejenigen aufseiten der europäischen Lieferanten sowie die hohe Branchenkenntnis in den Absatz- und Beschaffungsmärkten. Ich vergleiche dies bildlich mit einer Brücke, die Hersteller im Westen mit Kunden im asiatischen Osten zusammenbringt und vice versa. SiberHegner ist die Strasse, auf welcher der Warenaustausch stattfindet. Aber es ist – um im Bild zu bleiben – eine schmale Brücke mit lediglich einer Spur in jede Richtung. Möglich ist ein Multiplikationseffekt auf dem Beziehungsnetz der SiberHegner, das heisst mehr Verkehr über die Brücke zu leiten, indem neue Absatzmärkte erschlossen, innovativere Produkte ins Portfolio aufgenommen und neue Dienstleistungen entwickelt werden. Möglich ist auch, die Brücke durch zusätzliche Fahrspuren zu verbreitern, indem Konkurrenten aufgekauft werden, sowie das Fundament der Brücke zu verstärken, indem den Kunden Beratung und Schulung, Kundendienst oder Marktforschung angeboten werden. Solche umfassenden Dienstleistungspakete gehen weit über das traditionelle Handelsgeschäft hinaus. Die Folge sind Geschäfte mit höherer Wertschöpfung, ein grosses Differenzierungspotenzial gegenüber Wettbewerbern und der Aufbau von spezifischem Wissen über die Industrien der Hersteller und über deren Expansion im asiatischen Raum. Meine zweite Empfehlung an den Verwaltungsrat lautet deshalb, SiberHegner zu einem *Solution Provider* auszubauen, wie ich das nenne, einem umfassenden Problemlöser, einer Art Generalunternehmer für Marktexpansionen in Asien. Und dies hat ganz direkt mit Menschen zu tun, einer neuen Führung, die in der Firma implementiert werden muss. Es braucht Leader statt Manager, eine klare finanzielle Führung, die Kapital- und Ressourceneinsatz steuert. Eine straffe Kostenkontrolle durch ein strategisches Controlling. Ein aktives Management der Beziehungen bei den europäischen Lieferanten und den Kunden in Asien. Bei den leitenden Mitarbeitenden läuft alles zusammen. Sie entscheiden über Erfolg oder Misserfolg und letztlich auch darüber, ob SiberHegner den Weg aus der Krise herausfinden kann. Meine dritte Empfehlung an den Verwaltungsrat lautet deshalb, eine neue Führungskultur zu implementieren, was notwendigerweise auch eine neue Führungscrew bedingt.

Als die Präsentation vorüber ist, geht es um die Antwort auf die alles entscheidende Frage: Ist das Gremium bereit, diesen fundamentalen Bruch mit der Vergangenheit zu vollziehen und diesen Richtungswechsel vorzunehmen? Ist der Leidensdruck gross genug, damit sich von den drei Aktionärsgruppen mindestens zwei und damit eine Mehrheit gewillt zeigt, diesen Schritt zu tun? Wie immer in solchen Fällen hängen in privat gehaltenen Unternehmen an solch fundamentalen Weichenstellungen Posten, Positionen und persönliche Befindlichkeiten. Oft genug scheitern die Betroffenen daran und fügen dadurch der Firma irreparablen Schaden zu.

Bei SiberHegner siegt schliesslich die Vernunft über die Partikularinteressen, die Selbstkritik über die Selbstgefälligkeit. Sogar der Konzernchef Christophe R. Gautier spricht von «ungenügender Rentabilität», von «Zwisten im Aktionariat, Verwaltungsrat und Konzernleitung», welche die Organisation «über Jahre» gelähmt hätten. Jetzt verlangten Banken und Mitarbeitende Veränderungen, und sie täten dies «zu Recht», sagt Gautier. Das sind bemerkenswert offene Worte des Konzernchefs, der nachschiebt, dass die Hälfte der Umstände für die missliche Lage des Unternehmens keineswegs bei externen Faktoren wie der Asienkrise zu suchen sei. Diese sind hausgemacht, und die Verantwortung dafür liegt in der Führung, beim Verwaltungsrat, dem CEO, der Konzernleitung. Bemerkenswert sind diese Sätze auch deshalb, weil der, der sie ausspricht, mitten in dieser Verantwortung steht und offen für eine Veränderung plädiert. Damit ist der Weg frei, die Führungsgremien des Unternehmens komplett neu zu strukturieren. Bei der Wahl des neuen Konzernchefs fällt die Wahl auf meine Person, verbunden mit der Aufgabe, die vor dem Gremium skizzierte Strategie umzusetzen. Dieser Entscheid wirft eine weitere Frage auf: Was heisst das für den bisherigen Konzernchef Christophe R. Gautier? Es ist Peter G. Sulzer, der Präsident, der Hand bietet zu einer pragmatischen Lösung dieser einem Neuanfang noch im Wege stehenden Personalia. Er macht Christophe R. Gautier Platz, der damit das oberste Amt in der von seinen Vorvätern gegründeten Firma übernehmen kann.

Bevor ich selbst als CEO starte, sind noch einige wenige Bedingungen zu erfüllen. Pietro Supino etwa besteht wieder auf einem Assessment. Es ist mein drittes, seit ich 1991 in die Firma eingetreten bin. Ich habe also bereits einige Erfahrung in dieser Disziplin und absolviere auch dieses mit Erfolg. Eine weitere Bedingung äussere ich selbst. Ich möchte freie Hand haben im Tagesgeschäft, aber einen einstimmigen Entscheid des Verwaltungsrats zu meiner Wahl zum CEO und die Unterstützung von allen drei Aktionärsgruppen. Als Zeichen meines persönlichen Engagements gehe ich auf einen Vorschlag ein, mit dem Ernst Müller-Möhl an mich herangetreten war: eine Beteiligung an SiberHegner. Ich bin bereit, mich ziemlich stark zu verschulden, um ein für meine Vermögensverhältnisse substanzielles Aktienpaket übernehmen zu können, und es ist wiederum Müller-Möhl, der den Weg aufzeigt, wie dies zu geschehen hat: Jede der drei Aktionärsgruppen soll im Verhältnis zu ihrem eigenen Anteil Aktien an mich verkaufen. Dies führt zwar zu einigen Diskussionen mit der Hegner-Familie, aber am Ende begiessen Ernst Müller-Möhl, Christophe R. Gautier und ich diesen Deal auf der Sonnenterrasse des Palace in St. Moritz, und Müller-Möhl begrüsst mich als «CEO, der nun Partner ist». Am 7. Februar 2000 beginne ich offiziell als neuer Konzernchef.

Nun ist nicht nur mein berufliches, sondern auch mein finanzielles Schicksal aufs Engste mit SiberHegner verknüpft. Nicht nur deshalb habe ich grosses Interesse daran, die ineffizienten und damit kostspieligen Strukturen rasch zu verändern und nach innen und aussen Aufbruch zu signalisieren. Als praktisch erste Amtshandlung trenne ich mich von den altgedienten, mit der Vergangenheit verbundenen Chefs der Sparten Rohstoffe und Konsumgüter, und auch meinen alten Job besetze ich nicht mehr neu. Den Finanzchef wechsle ich ebenfalls aus und hole mir mit *Gonpo Tsering* einen ausgewiesenen Asienkenner, der während sieben Jahren CFO von Diethelm Malaysia war. Damit eliminiere ich eine ganze Führungsebene, reduziere die Mitglieder der Konzernleitung von fünf auf zwei und lasse die operativ Verantwortlichen in den Ländern direkt an mich berichten. So erhalte ich ungefilterten Einblick in das Geschehen draussen in den Märkten, und die Manager an der Front werden de facto aufgewertet – eine wichtige symbolische Handlung für eine Firma, die sich mitten in einem Turnaround und damit in der Rehabilitationsphase befindet. Zudem erreichen wir damit massive Kostensenkungen und erhöhte Effizienz. «Die Treppe», schreibt später anerkennend die *Neue Zürcher Zeitung,* «habe von oben gekehrt werden müssen.» Ein Ausbruch aus der Agonie erfordert in meinen Augen zudem eine hohe Präsenz der obersten Chefs auf allen Ebenen. Auch endlose Sitzungen, Bürokratie und Grabenkämpfe gehören damit der Vergangenheit an. Gonpo Tsering und ich wenden unsere Energie stattdessen für intensive Reisen in die asiatischen Märkte auf, für Kundenkontakte und Mitarbeitergespräche.

Mit Ernst Müller-Möhl verbindet mich zu dieser Zeit mehr als eine lediglich auf das Geschäft bezogene Beziehung. Wir kommunizieren oft ohne Traktanden, spontan am Telefon oder beim Working Lunch. Alles ist in der Schwebe. Wie ernst es steht, hängen wir selbstverständlich nicht an die grosse Glocke, und das noch immer bemerkenswert intakte Image von SiberHegner schützt uns auch ein Stück weit vor allzu hartnäckigen Nachfragen. Bedeutsam sind in dieser Zeit auch symbolische Handlungen, die wir mit Rückendeckung von Müller-Möhl gegen anfänglich harten Widerstand der anderen Aktionärsgruppen im Verwaltungsrat durchboxen. Im japanischen Yokohama besitzt SiberHegner seit der Gründung 1865 ein Grundstück, auf dem einst der historische Geschäftssitz gestanden hatte. Ende der 1980er-Jahre hatte der Verwaltungsrat unter dem Präsidium von Anton Hegner den Bau eines neuen, modernen Bürogebäudes bewilligt. SiberHegner beansprucht lediglich einen Sechstel der Fläche, der Rest ist fremd vermietet. Immer wieder hatten die Kredit gebenden Banken darauf gedrängt, dieses Grundstück zu verkaufen, um das dünne Eigenkapital zu stärken – ein sinnvoller Vorschlag auch angesichts der Tatsache, dass das Geschäft von SiberHegner längst nicht mehr wie ehedem in der Hafenstadt Yokohama stattfindet, sondern im nahe gelegenen Tokio. Für die Gründerfamilien freilich wiegen emotionale Gründe – wiederholt hören wir das Wort vom Tafelsilber der Familie – schwerer als finanzielle Erfordernisse, und so bleibt das Kapital am historischen Standort unproduktiv gebunden, bis wir klar definieren, dass Immobilienbewirtschaftung nicht zum Kerngeschäft eines Handelshauses gehört. So wird das Gebäude schliesslich mit einem guten Gewinn verkauft. Es ist ein starkes Signal für die Zeitenwende, das die neue Führungscrew aussendet. Die Banken geben sich freilich keineswegs mit symbolischen Handlungen zufrieden. Sie wollen einen konkreten Aktionsplan zur Verkürzung der Bilanz. Diesen liefern wir ihnen und listen auf, was wir zu tun gedenken: Den Hauptsitz verkleinern wir radikal und sparen damit Kosten. Aus unrentablen oder nicht mehr zur Strategie passenden Geschäften steigen wir aus und bauen unsere Verschuldung sukzessive ab. Dies überzeugt die Banken immerhin so weit, dass sie in ein vorübergehendes Stillhalteabkommen einwilligen.

Natürlich gibt es in dieser Umbruchphase auch schmerzhafte Personalentscheide, die ich umgehend fälle und vor allem schnell und persönlich umsetze. Das ist nur fair gegenüber den Betroffenen und wichtig für die Verbleibenden, die wissen wollen, wohin die Reise geht. In der Schweiz trennen wir uns von jedem vierten Mitarbeiter. Sekretariate werden zusammengelegt, der Chauffeur der Konzernleitung kann die Limousine zu einem Preis kaufen, der ihm den Sprung in die Selbstständigkeit eines eigenen Limousinen-Service ermöglicht, und die bislang üblichen First-Class-Flüge von Mitgliedern der Konzernleitung nach Asien werden gestrichen. So wandelt sich eine Kultur der beharrlichen Behäbigkeit und des Anspruchsdenkens langsam in eine dynamische Leistungskultur. Innerhalb des Hauses und auch gegenüber den Geschäftspartnern beginnen diese Botschaften zu greifen, und mir ist klar, dass ich auch gegenüber der Öffentlichkeit Signale des Aufbruchs aussenden muss.

Aus diesem Grunde veranstalten wir am 2. Mai 2000, einem Dienstag, die erste Pressekonferenz meines Lebens. Was ich zu sagen habe, ist einfach und klar: SiberHegner geht es schlecht, aber wir haben eine klare Vorwärtsstrategie definiert und arbeiten hart an deren Umsetzung. Wir sind auf dem Weg der Besserung, die roten Zahlen sollten bald der Vergangenheit angehören. Dies sind ungewohnt offene Worte für ein Handelshaus. Die meisten unserer Wettbewerber veröffentlichen nicht einmal eine Umsatzzahl, geschweige denn lassen sie einen Blick ins Innenleben zu. Nicht zuletzt bringt uns diese Offenheit auch bei den

Journalisten einiges an Goodwill ein. Unsere zentrale Botschaft schafft es jedenfalls in die redaktionellen Spalten der Finanzpresse. «Eine radikale Fitnesskur verpasst hat sich die Zürcher SiberHegner, die zu erhöhter Effizienz und beträchtlicher Kosteneinsparung führen soll», schreibt etwa die *Handelszeitung* und folgert, «zweifellos wurde ein neues Kapitel in der Unternehmensgeschichte des traditionsreichen Handelshauses aufgeschlagen.» Und die NZZ titelt: «Wachablösung und Reorganisation bei SiberHegner». Für den Leser wird klar, dass sich etwas tut in unserem Hause, und genau diese Botschaft wollte ich auch aussenden. Ernst Müller-Möhl ist derart begeistert von der Berichterstattung, dass er mich, kaum hat er die Zeitungen gelesen, sofort anruft und meint, durch diese offene Informationspolitik hätte ich SiberHegner wertvolle Zeit bis Ende Jahr verschafft. Morgen Abend, sagt er, müssen wir das gebührend feiern.

So weit kommt es nicht. Am selben Morgen um 8.50 Uhr setzt sich Ernst Müller-Möhl in Fehraltorf an den Steuerknüppel eines gemieteten Kleinflugzeugs des Typs Cessna 152. Er will nach Locarno-Magadino fliegen. Am Gotthardpass stürzt er ab und ist sofort tot. Neben der menschlichen Tragödie bringt der Tod des grössten Einzelaktionärs von SiberHegner auch das gerade einigermassen gefestigte Gleichgewicht im Aktionariat wieder in Gefahr. Es droht ein Rückschritt, da die Gegner der Neuausrichtung der Firma, die es natürlich auch gibt, plötzlich Morgenluft wittern und möglicherweise auch glauben, das Rad wieder in die guten alten Zeiten zurückdrehen zu können. Mich beschäftigen zwei dringende Fragen: Was geschieht nun mit dem Aktienpaket von Ernst Müller-Möhl? Wird dieses notverkauft oder führt die Erbengemeinschaft dieses Investment weiter? Und wer würde in letzterem Fall den nun verwaisten Verwaltungsratssitz von Müller-Möhl bei SiberHegner übernehmen? Müller-Möhl hatte gerade *Frank Gulich* als Manager für seine diversen Beteiligungen angestellt. Dieser war am Tag unserer Pressekonferenz aus den USA in die Schweiz gereist, um seinen neuen Job anzutreten. Wir hatten also gewissermassen beide am gleichen Tag eine wichtige Bezugsperson verloren, Gulich den Chef, buchstäblich an seinem ersten Arbeitstag.

Nüchtern betrachtet, stellt sich die Situation folgendermassen dar: Seit Jahren ist SiberHegner nicht mehr in der Lage, die Zukunft des Unternehmens klar aufzuzeigen, auch, weil unter den verschiedenen Aktionärsgruppen keine *unité de doctrine* mehr herrscht über die Ausrichtung und die Führung der Firma. Mit Ernst Müller-Möhl war ein stabilisierender Faktor auf den Plan getreten, der einen Neuanfang mit einem von den Familien unabhängigen CEO ermöglicht hatte. Erst diese Entwicklung eröffnete die Chance, SiberHegner über alle Sparten hinweg neu zu gestalten. All dies ist nun nach wenigen Monaten des Aufbruchs wieder in Frage gestellt. In diesem Bewusstsein treffe ich mich wenige Tage nach dem Unfall mit *Carolina Müller-Möhl* und Frank Gulich, um die Situation zu besprechen. Es ist ein Meeting, das uns allen neue Zuversicht gibt. Carolina Müller-Möhl bekräftigt ihre Absicht, an dem Investment ihres verstorbenen Mannes festzuhalten, und Frank Gulich erklärt sich bereit, dessen Platz im Verwaltungsrat von SiberHegner einzunehmen. Dies ist ein ermutigendes Signal auch für die rund 1200 Mitarbeitenden, die in der Firma beschäftigt sind.

Keine vier Wochen später, am 16. Juni 2000, erreicht uns die Nachricht, dass die zwei anderen in Asien engagierten Handelshäuser, Ed. A. Keller und Diethelm, zur *Diethelm Keller Holding Ltd.* fusionieren. Dies ist zweifellos ein historisches Ereignis. Seit Anfang des 20. Jahrhunderts sind die beiden Unternehmen zwar über Kreuzbeteiligungen finanziell verbunden, ein Keller heiratet eine Diethelm, es gibt gemeinsame Nachfahren, der Verwaltungsratspräsident von Keller amtet bis in die Gegenwart hinein als Vizepräsident von Diethelm und umgekehrt, und doch bleiben die unternehmerischen Aktivitäten bis auf einige gemeinsame Joint Ventures getrennt. Es existiert zudem ein ungeschriebenes Gesetz in beiden Familienunternehmen, keinen asiatischen Markt zu bearbeiten, der von dem befreundeten Handelshaus bereits besetzt ist, mehr noch: Für die dritte Generation ist jeder Gedanke an eine Fusion ein Tabu – auch wenn dies eine unternehmerisch durchaus attraktive Perspektive darstellt.

Dass es nun, in der vierten Generation und kurz nach der Jahrtausendwende, so weit kommt, hängt damit zusammen, dass eine bedeutende Aktionärin aus der Diethelm-Familie den Ausstieg sucht. *Andreas W. Keller,* einziger Urenkel der beiden Gründerväter Eduard A. Keller und Wilhelm H. Diethelm, sowie zwei Urenkel von Letzterem, *Jean-Pierre Blancpain* und *Jean-Daniel de Schaller,* suchen nun den Schulterschluss. Als auch *Adrian T. Keller,* ebenfalls ein Urenkel des Keller-Gründervaters, einwilligt, die Geschäftsaktivitäten beider Handelshäuser zusammenzulegen, ist der Weg für die Fusion frei. Die neue Diethelm Keller Holding Ltd. wird schliesslich in vier Divisionen strukturiert. Die weitaus bedeutendste ist *Diethelm Keller Services Asia,* eine Einheit, die sämtliche fernöstlichen Handelsaktivitäten umfasst, dort rund 13 000 Mitarbeitende beschäftigt und in den Bereichen Konsumgüter & Logistik, Pharma, Chemie & Spezialitäten, Technologie und Nahrungsmittel tätig ist.

Was auf dem Papier so wunderbar zusammenpasst, erweist sich allerdings in der Zusammenführung von zwei zwar ähnlichen, aber eben nicht deckungsgleichen Unternehmenskulturen als eher schwierig. Bei Andreas W. Keller, dem *Spiritus Rector* dieses Zusammenschlusses, reifen in dieser Zeit ganz neue Pläne. Ihm ist nicht entgangen, dass uns bei SiberHegner grosse operative Fortschritte gelingen. Nach verlustreichen Vorjahren meistern wir den Turnaround im Jahr 2000. Im Geschäftsjahr 2001 verbessert sich das Betriebsergebnis auf knapp 21 Millionen Franken, den besten Wert seit 15 Jahren, und dies wird in der Presse auch anerkennend gewürdigt. «SiberHegner am Ende der Durststrecke», titelt etwa die *Neue Zürcher Zeitung* Anfang Mai, «das Zürcher Handelshaus hat den Turnaround geschafft», schreibt die *Basler Zeitung*, «Fitnessprogramme wirken», notiert die *Handelszeitung*. Als wir uns einmal bei einer Branchenorganisation der Welthandelshäuser über den Weg laufen, schlägt mir Andreas W. Keller vor, in seinem Hause eine Präsentation über unser Geschäftsmodell zu geben, was wir gerne tun.

Danach herrscht monatelang Funkstille zwischen beiden Handelshäusern, bis ich im Herbst 2001 während einer Geschäftsreise in Japan wieder einen Anruf von Andreas W. Keller erhalte. Diesmal mit der Bitte, ihn in seinem Engadiner Ferienhaus zu besuchen. Ich informiere den Verwaltungsrat kurz über dieses Treffen und reise also in die Schweizer Berge. Und wieder ist es ein Treffen in St. Moritz, bei dem wichtige Weichen gestellt werden. Andreas W. Keller sondiert in diesem Gespräch, ob ich an der Position des Konzernleiters bei Diethelm Keller allenfalls Interesse haben könnte. Das Handelshaus, das neben den Asienhandelsaktivitäten DKSA noch die selbstständigen Firmen *Diethelm Travel Asia, Diethelm Keller Brands* und *STA*, den Marktführer bei Studentenreisen, unter einem Dach vereint, ist mit rund vier Milliarden Franken Umsatz und 15000 Mitarbeitenden rund viermal grösser als SiberHegner, und trotzdem interessiert mich dies nicht wirklich. Der Grund ist einfach: In der Struktur von Diethelm Keller hat der Konzernchef keinen wirklichen Durchgriff auf die Märkte, ist also gestalterisch sehr eingeschränkt. Solange die CEOs der Ländergesellschaften praktisch autonom ihr Geschäft führen, kann meines Erachtens die Schlagkraft und die Präsenz in Fernost kaum ausgespielt werden, und dies wäre nötig, wenn Diethelm Keller sich weiterentwickeln sollte. Im weiteren Verlauf des Gesprächs skizzieren wir dann – buchstäblich auf der Serviette – den Grobentwurf für eine weit spannendere Idee, den Zusammenschluss von Diethelm Keller Services Asia und SiberHegner zum grössten, flächendeckenden Handelsunternehmen in Fernost. Einmal aufgezeichnet, erscheint uns die operative Logik derart bestechend, dass wir uns schmunzelnd fragen, weshalb wir nicht schon viel früher auf diese Idee gekommen sind. Wie immer jedoch steckt der Teufel im Detail, und über die Einzelheiten gilt es nun nachzudenken. Es ist ein konstruktives und vertrauensbildendes Gespräch. Und Andreas W. Keller meint zum Abschluss, dass ich wieder von ihm hören würde.

Ein nächstes Treffen findet Anfang November 2001 in Zürich statt. Diesmal sind die vier Familienaktionäre Andreas W. Keller, Jean-Pierre Blancpain, Jean-Daniel de Schaller sowie Adrian T. Keller anwesend, die kurz zuvor die Fusion von Diethelm und Keller beschlossen hatten. Bei einem gemeinsamen Mittagessen im *Steigenberger Hotel* wird schnell klar, dass Diethelm Keller den grossen Wurf will. Ihr Angebot besteht tatsächlich darin, Diethelm Keller Services Asia und SiberHegner zusammenzulegen. Ein bestechender Plan: Durch die Addition der Aktivitäten in Fernost entstünde das weltweit grösste Handelshaus im asiatischen Raum, die drei Schweizer Pionierunternehmen wären nach über 100 Jahren freundschaftlicher Verbundenheit schliesslich unter einem Dach vereint. Die Fusion sollte über einen Aktientausch bewerkstelligt werden, ich würde Chef des neuen Unternehmens. Diethelm Keller käme auf diesem Wege zum Konzernleiter ihrer Wahl, könnte von unseren Erfahrungen bei der Neuausrichtung von SiberHegner profitieren und bekäme Zugang zu dem japanischen Markt, auf den weder Keller noch Diethelm je einen Fuss gesetzt hatten. SiberHegner wiederum wäre in der Lage, das aus eigener Kraft limitierte Wachstumspotenzial massiv auszubauen, und erhielte Zugang zu dem weitläufigen Vertriebsnetz von Diethelm Keller in Fernost. Eine Kombination des Fokus auf spezialisierte Produkte und Services mit höheren Margen bei SiberHegner mit der Marktmacht massiver Distributionsvolumina bei Diethelm Keller ergäben flächendeckend eine derartige Sprengkraft, dass wir dem Projekt den Codenamen *Dynamit* geben.

Die Aktionäre von Diethelm Keller wollen die Fusion rasch vollziehen. Zwei Wochen Zeit geben sie mir, um mich mit meinen Aktionären zu besprechen und deren Bereitschaft für eine Zusammenlegung beider Unternehmen abzuklären. Über das Wochenende verschaffe ich mir diesen Überblick, und schnell ist klar, dass die Fronten entlang der alten Gräben verlaufen. Christophe R. Gautier spricht sich klar für eine Fusion aus, während die Hegner-Familie sich zögerlich abwartend dagegenstellt. Wieder ist es das seinerzeit von Ernst Müller-Möhl erstandene Aktienpaket, das den Ausschlag geben muss, um das erneute Patt zwischen den Gründerfamilien zu überwinden. Letztlich ist es Carolina Müller-Möhl, die Kraft ihres Aktienbesitzes darüber befindet, ob diese Fusion stattfinden kann oder nicht, denn für welche Seite sie sich auch entscheidet: Sie verhilft dieser Partei zur notwendigen Zweidrittelmehrheit. Sie befürwortet den Zusammenschluss ebenso wie ihr Vertreter im Aufsichtsrat, Frank Gulich. Damit ist der Weg geebnet. Bereits nach drei Tagen kann ich Andreas W. Keller die erfreuliche Nachricht überbringen. Dieser ist positiv überrascht und meint, dass dieses Tempo im Vorgehen ein gutes Omen für unser gemeinsames Projekt sei.

Aufs Tempo drücken wir weiterhin. Bereits vor Weihnachten ist ein sogenannter *letter of intent* formuliert, eine von beiden Seiten unterzeichnete Absichtserklärung, und ich dränge darauf, diese auch publik zu machen. Ich will vermeiden, dass im Markt Gerüchte entstehen. Auch möchte ich das durch eine transparente Kommunikation über die sehr anspruchsvollen letzten beiden Jahre aufgebaute Vertrauen bei unseren Geschäftspartnern nicht gefährden. Kaum haben wir unsere Absichten kommuniziert, überbieten sich die Schweizer Zeitungen mit mehr oder weniger gelungenen Sprachbildern. «Schulterschluss von Welthandelsfirmen», titelt nüchtern die *Neue Zürcher Zeitung*, «eins und eins gibt mehr als zwei», rechnet die *Basler Zeitung* vor, «zwei Händler machen gemeinsame Sache», schreibt leicht konspirativ der Zürcher *Tages-Anzeiger*, «jetzt wird gemeinsam gehandelt», meint doppeldeutig das Wirtschaftsblatt *Cash*. So unterschiedlich die Schlagzeilen auch ausfallen, im Grundsatz sind sich die Kommentatoren einig, dass dieser geplante Schulterschluss durch seine unternehmerische Logik besticht.

Bevor wir in die Details der geplanten Fusion einsteigen, versammle ich die den Zusammenschluss befürwortenden Familienaktionäre noch einmal in der Zentrale der SiberHegner im Zürcher Seefeld. Keiner hat weit zu gehen, denn der Hauptsitz der Diethelm Keller befindet sich nur ein paar Häuserblocks entfernt. Das Meeting, das am 8. Februar 2002 stattfindet, ist wichtig für mich, gilt es doch, eine letzte Standortbestimmung vorzunehmen, bevor wir alle in die entscheidende Etappe des Fusionsprozesses einschwenken. Einleitend halte ich fest, dass die Ankündigung des Zusammenschlusses durchweg positive Aufnahme gefunden habe und bei der ersten Prüfung auch keine unüberwindbaren Hindernisse aufgetreten seien. Von den sich bietenden Chancen seien wir nach wie vor begeistert. Dann gilt es aber auch, die potenziellen Fallstricke schonungslos zu benennen, frei nach meiner Devise: Gefahr erkannt, Gefahr gebannt. Bei der grösseren Fusionspartnerin Diethelm Keller Services Asia, einer Organisation mit rund 13000 Mitarbeitenden in Fernost, sind dies die noch nicht erfolgte Umstellung auf eine Struktur von Business Units und die Gefahr, dass verkrustete Strukturen nicht aufgebrochen werden können und keine übergeordnete Führung installiert werden kann. Die Bereitschaft zur Veränderung ist im Unternehmen nur schwach ausgeprägt, während sich das geschäftliche Umfeld rasch wandelt. Die grossen multinationalen Unternehmen erzeugen einen immer stärkeren Druck auf die Margen, während Diethelm Keller hohe Kosten produziert und in Fernost, wie SiberHegner in früheren Zeiten, eine zu grosse Anzahl teurer, oft in die Jahre gekommener Expatriates beschäftigt. Und: Das Wohlergehen der Geschäftsaktivitäten in Asien ist stark von dem thailändischen Markt abhängig, was ein gewisses Klumpenrisiko darstellt. Bei der kleineren Fusionspartnerin SiberHegner diagnostiziere ich ein begrenztes Wachstumspotenzial, eine zu schwache Präsenz in Südostasien, eine zu dünne Personaldecke sowie eine grosse Abhängigkeit von einigen wenigen Lieferanten und vom japanischen Markt. Eine Zusammenführung beider Unternehmen birgt nach meiner Analyse weitere Risiken, die es im Auge zu behalten gilt. So besteht beispielsweise die Gefahr, dass die Integration zu langsam vorankommen oder durch einen Dualismus zwischen der professionellen operativen Führung und der traditionellen Besitzerschaft der Familienaktionäre behindert oder gar blockiert werden könnte. Klare Führung und offene Kommunikation ist Chefsache. Gelingt es uns nicht, klar zu umschreiben, wohin die Reise geht, könnte eine Fusion zu Abgängen von Schlüsselpersonen führen. Eine Verschmelzung der Kulturen könnte an der traditionell starken Stellung der Länderchefs scheitern. Weiter gilt es, die Reaktion der Lieferanten und deren Auswirkung auf die Agenturverträge im Auge zu behalten. Es ist zumindest denkbar, dass ein stärkeres Gegenüber bei den Lieferanten diffuse Ängste einer einseitigen Abhängigkeit auslösen könnte.

Neben diesen potenziellen, proaktiv zu adressierenden Risiken überwiegen die Chancen eines Zusammenschlusses jedoch bei Weitem. Vor allem ist es die unternehmerische Aufgabe, die fasziniert. Es entsteht ein asiatisches Powerhouse mit einer kritischen Grösse in fast allen Bereichen und mit einem flächendeckenden Vertriebsnetzwerk. Die stärkere Diversifikation ermöglicht eine breitere Verteilung der unternehmerischen Risiken und erlaubt es, integrierte Dienstleistungsangebote aus einer Hand zu schnüren. Dies wiederum führt zu höherer Effizienz, besserer Auslastung der Infrastruktur und zu *Economies of Scale,* sogenannten kostenmindernden Skaleneffekten auf allen Ebenen. Darunter fällt auch die Übertragung von erfolgreichen Geschäftsmodellen auf weitere asiatische Länder und damit der Aufbau einer lernenden Organisation mit einem Wissenstransfer in alle Verästelungen des Unternehmens. Zwangsläufig wächst daraus eine grössere Marktmacht, die bei den Lieferanten von DKSH in die Waagschale fällt, und umgekehrt entsteht auch ein grösseres Gewicht in der Beschaffung sowie ein höheres Verkaufsvolumen im asiatischen Raum. All dies zusammengenommen führt zu höherer Rentabilität, insbesondere wenn die bei SiberHegner bereits implementierte Organisationsstruktur auf das fusionierte Unternehmen übertragen wird. So entsteht ein Unternehmen, das sich durch hohe Führungsqualität nach innen und aussen auszeichnet, durch hohe Visibilität im Markt, und das motivierten Mitarbeitenden vielfältige Karrierechancen eröffnet.

Für die Aktionäre von Diethelm Keller bedeutet ein Zusammenschluss die Übernahme der Kontrolle von SiberHegner, einem schlanken, inzwischen auf Effizienz getrimmten Handelshaus, das den Turnaround bereits geschafft hat. Es bedeutet auch die Überwindung einer gewissen Lethargie in der eigenen Firma, das Lösen von Abhängigkeiten von einzelnen Ländern, Sparten oder Managern. Die Übernahme erfolgt ohne Bargeldeinsatz über einen Aktientausch. Für die SiberHegner-Aktionäre ergeben sich ebenfalls positive Perspektiven. Aus einem Handelshaus mit begrenztem Aktionsradius wird eine Firma, die den gesamten asiatischen Raum abdeckt. Die bei SiberHegner während des Turnarounds bereits gemachten Erfahrungen garantieren, dass auch bei DKSH Mehrwert entsteht. Die Aktionäre können nach fünf Jahren ihre Aktien verkaufen und von der dann erfolgten Wertsteigerung profitieren. Aus all diesen Gründen ist es im Interesse sämtlicher Aktionäre beider Unternehmen, eine neue eigenständige Firma zu gründen, in deren Namen sämtliche Gründerväter vertreten sind, die aber von einem professionellen externen Management geführt wird. Als meine Präsentation vorüber ist, stimmen sämtliche anwesenden Aktionäre diesem Masterplan im Grundsatz zu. Insofern markiert der 8. Februar des Jahres 2002 den Beginn eines neuen Kapitels für die drei einst eigenständigen Schweizer Handelshäuser in Fernost.

Der nächste Schritt des Projektes Dynamit führt mich gemeinsam mit Andreas W. Keller in die asiatischen Ländergesellschaften beider Unternehmen. Ziel dieser Reise ist es, eine sogenannte strategische *Due Diligence* zu machen, um die Sicherheit zu erhalten, dass unsere theoretisch formulierten Annahmen über die Chancen und Vorteile des Zusammenschlusses auch draussen in den Märkten Bestand haben können und sich dort verifizieren lassen. Andreas W. Keller geht es vor allem auch darum, den japanischen Markt zu verstehen, in dem die Diethelm Keller bisher nicht präsent, SiberHegner jedoch seit der Gründung im Jahr 1865 aktiv gewesen war. Mir ist wichtig, die Diethelm Keller-Ländergesellschaften, die Leute vor Ort kennenzulernen und vor allem ein Gefühl dafür zu bekommen, wie das wesentlich grössere Gebilde in sogenannte Business Units oder Geschäftseinheiten zu gliedern wäre. Der Trip nach Asien bringt uns beiden wertvolle Einsichten und die letzte Gewissheit, dass die geplante Fusion eine grossartige Idee darstellt.

Diethelm Keller Services Asia ist eine gewaltige Distributions- und Logistikmaschine. Von den 13000 Personen arbeitet eine grosse Zahl im Aussendienst, in Verteilzentren und der Auslieferung. Die Manager an der Front, das erkenne ich schnell, sind dem Volumendenken verhaftet. Die Grösse der abgeschlossenen Verträge, beispielsweise mit dem Basler Pharmakonzern Novartis oder dem US-Konzern Pfizer, ist für sie die entscheidende Kenngrösse und nicht die Profitabilität, die daraus resultiert. Eine andere Problematik betrifft die starke Stellung der Länderchefs, wogegen die einzelnen Geschäftseinheiten völlig im Hintergrund stehen. Diese erfüllen lediglich eine Koordinationsfunktion über die einzelnen Märkte hinweg. Was dies bedeutet, erfahre ich, als ich zu einem Treffen der Länder-CEOs in Singapur eingeladen bin. Dort sitzt der Chef Taiwan, der 100 Mitarbeitende führt, neben dem Chef Thailand, der mehr Angestellte zu verantworten hat als der ganze Rest der Firma zusammengenommen. An diesem Treffen wird ausgiebig darüber diskutiert, wie es zu bewerkstelligen wäre, dass ein Klient, beispielsweise *Beiersdorf*, in sämtlichen asiatischen Ländern von Diethelm Keller Services Asia bedient werden könnte. An der Wand hängt die Skizze einer Matrix-Organisation, auf der die Länder oben und die Geschäftsbereiche unten aufgeführt sind. Als die Diskussion nicht vom Fleck kommt, stehe ich auf, gehe zum Flipchart und drehe das Papier einfach um – Sparten oben, Länder unten, *Organisation nach Business Units,* das ist die Lösung. Als Andreas W. Keller applaudiert und meint, nun sei der gordische Knoten durchtrennt, da weiss ich, dass diese Handlung Symbolkraft besitzt.

Von Seiten SiberHegner führe ich Andreas W. Keller bei unserer Reise kreuz und quer durch Asien in das Geschäftsmodell der SiberHegner ein. Er erfährt, dass wir in unseren Büros eine wesentlich höhere Wertschöpfung pro Mitarbeitenden erreichen. Dies liegt daran, dass SiberHegner sich ausschliesslich auf Dienstleistungen mit höheren Margen wie Marketing, Vertrieb oder Kundendienst konzentriert.

Die Expedition in Fernost erhält für uns Asienreisende damit eine ganz neue, moderne Bedeutung. Andreas W. Keller und ich sehen die unglaublichen Möglichkeiten, die sich eröffnen, wenn wir die Logistik und Vertriebskraft von Diethelm Keller mit dem integrierten Serviceansatz von SiberHegner verbinden. Vor unserem geistigen Auge sehen wir ein flächendeckendes Vertriebsnetz in Asien, über das wir neben Gütern des täglichen Bedarfs und Pharmaprodukten auch Spezialitäten der Sparten Technologie und Rohstoffe vertreiben können. Am 19. April 2002, am Tag meines 45. Geburtstages, unterzeichen wir in Singapur meinen Arbeitsvertrag als CEO von DKSH – für den Fall, dass der Schulterschluss wirklich zustande kommen sollte, denn die Aktionäre beider Gesellschaften müssten diesem noch zustimmen.

Als Andreas W. Keller und ich nach unserer ausgedehnten Asienreise wieder den Fuss auf Schweizer Boden setzen, ist klar, dass der Fusion der Asienaktivitäten von Diethelm, Keller und SiberHegner im Grundsatz nun nichts mehr im Wege steht. Lediglich über die Rolle der Hegner-Familie bricht im Vorfeld der entscheidenden Generalversammlungen nochmals eine letzte Kontroverse aus. Der letzte männliche Nachfahre des Firmengründers und Sohn des vormaligen Präsidenten Anton Hegner, *Wolfgang Hegner,* will einen Teil der Sparte Rohstoffe aus der Siber-

Hegner herauskaufen, um eine eigene unternehmerische Aktivität starten zu können. Nur einen Tag vor der Unterschrift beim Notar nimmt Wolfgang Hegner jedoch Abstand von diesem Geschäft, und so fehlen plötzlich wieder einige Millionen, um die Familienaktionäre der Hegners definitiv auszukaufen. Neben den Diethelm Keller-Aktionären und der Erbengemeinschaft Müller-Möhl ist es *Fredy Lienhard,* Chef des Schweizer Büromöbel-Herstellers *Lista,* der kurzfristig als Kapitalgeber einspringt. Lienhard war bereits Aktionär der SiberHegner gewesen und hatte mich damals als Spartenchef Technologie einige Jahre aus dem Verwaltungsrat heraus freundschaftlich begleitet.

Am 19. Juni 2002 finden schliesslich an einem Tag die Generalversammlungen von Diethelm Keller Holding Ltd. und SiberHegner statt, die den Zusammenschluss auch formell absegnen müssen. Nachdem die Hegner-Familie ausgekauft ist, steht dem nichts mehr im Wege. Dies ist die eigentliche Geburtsstunde von *Diethelm Keller SiberHegner,* kurz: DKSH. Vom Geiste her ist es die Zusammenführung einer knapp 150-jährigen Geschichte der Schweizer Handelshäuser in Fernost, nach den Kapitalanteilen an dem neuen Unternehmen bedeutet es faktisch die Übernahme der wesentlich kleineren SiberHegner durch Diethelm Keller Services Asia, deren Aktionäre drei Viertel des DKSH-Kapitals halten. Doch das hat nun keine Bedeutung mehr. Jeder Einzelne der Anteilseigner – die alten Familienaktionäre, die Erbengemeinschaft Müller-Möhl, neue, durch den Zusammenschluss dazugestossene Kapitalgeber bis hin zum beteiligten Management –, sie alle sehen das Potenzial, das durch dieses neue Unternehmen mit 4,7 Milliarden Umsatz, 14 600 Mitarbeitenden und einer Präsenz in 30 Ländern gedeihen kann. In unserer an diesem Tag versandten Mitteilung an die Mitarbeitenden heisst es: «Mit DKSH entsteht ein neues Schwergewicht in Asien. Wir sind eine einzigartige Marketing- und Service-Organisation, welche integrierte Kundendienstleistungen in ganz Asien anbieten kann. Eine exzellente Position, um überdurchschnittliche Erträge erwirtschaften zu können.» Den Vollzug der Fusion kommunizieren wir freilich mit einer guten Portion Bescheidenheit, denn nun erst beginnt die eigentliche Arbeit. Die *Neue Zürcher Zeitung* hält denn auch das für uns historische Ereignis mit der ihr eigenen Nüchternheit fest: «Die von Familien-Aktionären dominierten Handelsfirmen SiberHegner sowie Diethelm Keller Services Asia haben an vor Kurzem abgehaltenen Generalversammlungen den Zusammenschluss ihrer Unternehmen genehmigt», und das Schwesterblatt *NZZ am Sonntag* notiert: «Vor gut einer Woche ist in der Schweiz eine Firmenfusion über die Bühne gegangen, und dies auf ziemlich stille Art und Weise; die Bühne war nicht einmal beleuchtet, und das Fusionsprodukt trägt den unspektakulären Namen DKSH Holding AG.»

Diese Zurückhaltung ist gewollt, und mir ist sie mehr als recht. Denn nun gilt es, den Zusammenschluss im täglichen Geschäft zu realisieren, und richtig zu feiern gibt es erst, wenn dies gelungen ist. Ich weiss, dass ein langer Weg vor uns liegt, und ich gebe mir dafür einen Zeitraum von maximal fünf Jahren. Dann können nach unseren Abmachungen die Minderheitsaktionäre, die dem Zusammenschluss zugestimmt hatten, frühestens aussteigen und ihre Aktien verkaufen. Es ist mein persönlicher Ehrgeiz, dass sie zu diesem Zeitpunkt von einem ansehnlichen Wertzuwachs profitieren sollen.

Nun jedoch müssen die Voraussetzungen dafür geschaffen werden, dass dies gelingt. Statistiken, die belegen, dass bei jeder zweiten Fusion Wert vernichtet wird oder dieses Vorhaben gänzlich scheitert, sind allgemein bekannt. Die gründliche Analyse der Ausgangslage und der potenziellen Risiken ist deshalb ebenso ein Muss wie das periodische Hinterfragen unserer ursprünglichen Annahmen, kombiniert mit einer schnellen und konsequenten Integration beider Unternehmen. All dies sollte nach meiner Überzeugung gewährleisten, dass im Falle von DKSH am Ende eins und eins mehr als zwei ergibt.

In der Retrospektive lässt sich auf eine Kurzformel bringen, weshalb der Zusammenschluss zur DKSH schnell und praktisch reibungslos vonstattenging. Die drei häufigsten Stolpersteine bei Fusionsprozessen haben wir elegant umgangen: 1. Wer wird CEO, wer Präsident des Verwaltungsrats? Im Aktionariat, Verwaltungsrat und in der Konzernleitung herrscht eine *unité de doctrine* über Ziel und Zweck der Fusion und deren pragmatische Umsetzung. Die personellen Besetzungen von Verwaltungsratspräsident und CEO sind klar und unbestritten. 2. Welchen Namen trägt die kombinierte Firma? Name, Logo und Slogan sind innerhalb von kurzen zehn Minuten definiert. Der Name der Firma lautet DKSH und vereinigt die vier Initialen der Gründerväter der drei Schweizer Handelshäuser in Fernost. Das Logo – der *Fantree*, die Fächerpalme – stammt von Diethelm Keller, der Slogan – *Market Intelligence* – von SiberHegner. 3. Was passiert mit Aufsichtsräten, die nun überzählig sind? Kleine, aber emotional bedeutsame Privilegien von ehemaligen Verwaltungsräten der Vorgängerfirmen gewähren wir weiter – etwa die traditionellen Parkplätze in der Tiefgarage in der Zürcher Zentrale.

Auch andere übliche Fallstricke umgehen wir. Wir haben keine langfädigen Zahlenreihen produziert und endlose Finanzkennzahlen simuliert, sondern die Zeit dafür genutzt, draussen in den Märkten mit gesundem Menschenverstand die industrielle Logik der Fusion zu hinterfragen. Anstatt Heerscharen von Wirtschaftsprüfern damit zu beschäftigen, die Lagerpositionen nochmals zu überprüfen, verwende ich im *Pre-Merger-Prozess* vor der eigentlichen Fusion viel Zeit auf die Beurteilung der vorhandenen Führungskräfte und überlege mir, ob und wo diese in der zukünftigen Organisation ihren Platz bekommen könnten. Ab dem Tag der Bekanntgabe der Absichtserklärung werden dann sämtliche Mitarbeitende in den Fusionsprozess mit einbezogen, indem wir sie alle zwei Wochen per *update e-mail* über dessen Fortgang informieren. Dieses elektronische Schreiben wird stets von Andreas W. Keller und mir unterzeichnet. Gut fünf Monate später, am 22. Juni 2002, ziehen wir in Singapur die 60 Topmanager aus beiden Unternehmen Diethelm Keller Services Asia und SiberHegner zu einem dreitägigen Seminar zusammen. Die Strategie für die neue DKSH wird vorgestellt, und gemeinsam werden Aktionspläne zu deren Umsetzung mit klaren Verantwortlichkeiten definiert.

Dann geht es an die Integration der beiden Unternehmen und die Optimierung der Geschäftsabläufe. Mit viel Druck und Tempo werden die existierenden Ländergesellschaften in eine Struktur von Business Units überführt, jenen Geschäftsfeldern also, in denen DKSH zukünftig ausschliesslich tätig sein will: Healthcare, also die Pharmadistribution, Konsumgüter, spezialisierte Rohmaterialien und Technologie. Dies erfordert auch den Aufbau einer standardisierten IT-Plattform über die gesamte Firma hinweg, die Zentralisierung des Finanz- und Personalwesens sowie der internen und externen Kommunikation mit dem Ziel, DKSH über eine schlanke Zentrale in Zürich straff zu führen, den operativen Einheiten draussen in den Märkten jedoch grosse unternehmerische Freiräume zu gewähren. Die Integrationsstrategie beinhaltet auch schnelle und konsequente (Personal-)Entscheide, die wir hart in der Sache, aber verbindlich im Ton durchsetzen. Jeder, so mein Credo, soll eine zweite Chance bekommen, aber keine dritte. So wächst nach der Geburt von DKSH im Jahre 2002 zusammen, was fast anderthalb Jahrhunderte lang in Fernost getrennt marschiert ist. Zwölf Monate nach dem Merger weiss ich: Es gibt kein Zurück mehr. Nach drei Jahren ist die Geschäftsphilosophie über alle Business Units und Märkte hinweg in den Organismus von DKSH eingedrungen. Nach fünf Jahren lässt sich das Ergebnis sehen. Die Führungsorganisation ist klar und effizient, die Kosten gut im Griff und jede einzelne Business Unit im Markt gut aufgestellt. Damit einher geht auch eine tief greifende Wandlung des traditionellen Geschäftsmodells. Diethelm, Keller und SiberHegner waren über 100 Jahre lang klassische Handelshäuser gewesen, Trader, die in erster Linie Waren von Europa und den USA nach Fernost geliefert hatten und umgekehrt. Mit DKSH entsteht etwas viel Weiterführenderes, Umfassenderes. Ein neues Geschäftsmodell. Geht es bei einem Kunden um die Erschliessung oder den Ausbau von Beschaffungs- oder Absatzmärkten, erbringt DKSH in den definierten Geschäftsfeldern Dienstleistungen entlang der gesamten Wertschöpfungskette: Markteintrittsberatung, Beschaffung von spezialisierten Rohmaterialien, die Verpackung nach lokalen Spezifikationen, Lagerhaltung, Marketing und Kundenberatung an den Verkaufspunkten sowie gezielter Markenaufbau, Vertrieb, Logistik, Inkasso und zielgerichtete Bereitstellung von Marktinformationen, basierend auf Asiens grösster zentraler SAP-Anwendung, und schliesslich Kundendienst und Wartungs- und Reparaturservice. Damit deckt DKSH lückenlos die gesamte für die Marktexpansion in Asien relevante Wertschöpfungskette ab. Unsere tiefe Kenntnis sowohl der asiatischen Kulturen und Märkte als auch das Verständnis für unsere westlichen Geschäftspartner, vereint mit den gewachsenen lokalen Beziehungsnetzen und der Infrastruktur vor Ort, kommen dabei zur vollen Entfaltung und machen das Geschäftsmodell von DKSH unverwechselbar. Sämtliche Geschäftsaktivitäten stellen wir in den Dienst dieser Strategie; Unternehmensteile, die dazu keinen Beitrag leisten können, werden geschlossen oder verkauft: Unser Ziel ist der Aufbau eines klar fokussierten, hoch spezialisierten Dienstleistungsunternehmens.

Das ehemalige Handelshaus hat sich in grossen Schritten weiterentwickelt und als Marktführer positioniert. Uns ist gelungen, was nur wenigen fusionierten Unternehmen gelingt: nicht nur Synergien und Kosteneinsparungen zu schaffen, sondern aus den vorhandenen Kompetenzen und Erfahrungen heraus ein gänzlich neues Geschäftsmodell erfolgreich am Markt zu platzieren. Aber eines freilich stelle ich in diesen ersten Jahren im Leben von DKSH wiederholt fest: Ich verbringe immer und immer wieder Stunden damit, Journalisten zu erklären, was DKSH genau macht, wie breit unsere Dienstleistungspalette inzwischen ist und dass wir uns vom alten Klischee des Handelshauses weit wegbewegt haben. Die Transformation dreier traditioneller Handelshäuser zu einem global operierenden Dienstleistungsunternehmen hat das alte Bild in den Köpfen noch nicht ersetzt – das Bild eines Unternehmens, das lediglich als Distributeur von Markenprodukten unserer Lieferanten am Markt gesehen wird. Dies führt dazu, dass wir nicht auf Augenhöhe mit Lieferanten und Kunden verkehren können, und das kratzt nicht zuletzt am Selbstwertgefühl und Stolz unserer Mannschaft. Dies ist für mich ein unbefriedigender Zustand. Einen, den wir ändern müssen. Zudem ist unser Geschäft sehr komplex. Die schiere Vielfalt der Dienstleistungen, Industrien und Märkte, in denen wir aktiv sind, ist für viele Leute kaum fassbar. Mir ist bewusst, dass wir klar und unmissverständlich artikulieren müssen, was genau wir tun und was wir als Unternehmen bieten können. Wir brauchen eine klare, verständliche Positionierung. Noch immer bin ich fast die Hälfte meiner Zeit auf Reisen. In meinen häufigen Gesprächen mit Mitarbeitenden zu dem Thema pflege ich diese Erfordernis in lockere Worte zu packen. Ich sei es leid, sage ich bei diesen Gelegenheiten, immer und immer wieder unser Geschäft zu erklären, immer dasselbe zu erzählen. Also brauchen wir jemanden, der für mich spricht, der für uns alle spricht. Wir kommen zur Überzeugung, dass wir – im Gegensatz zur Vergangenheit, in der alle nur um den Aufbau der Marken unserer Hersteller bemüht waren – auch für uns eine starke Marke brauchen, die genau diese Funktion übernimmt. Eine Marke, die für unser Unternehmen steht, für seine Herkunft und für unsere Zukunft. Wir wollen eine Marke, die das Geschäft unterstützt und vorantreibt – bisher wurde die Marke einfach von der erfolgreichen Entwicklung unseres Unternehmens mitgezogen. Zu einer globalen Dienstleistungsmarke wollen wir DKSH ausbauen, mit der wir eines Tages in guter Gesellschaft sein wollen: unter den *Top-Brands* dieser Welt.

Im Mai 2006 starten wir das Projekt *Building the DKSH Brand.* Im Grunde genommen ist es der Erfolg unseres Geschäftsmodells, der uns geradezu dazu zwingt, das Markenbild mit diesem in Übereinstimmung zu bringen. Wir nennen dieses Projekt, das in die Zukunft weist, *Go!*. So heisst nicht zufälligerweise auch ein uraltes Brettspiel, das ursprünglich aus China stammt. Wie die zwei Spieler auf dem Feld, die durch geschickte Züge versuchen, den Radius ihres Spiels zu vergrössern, soll das neue Branding uns in die Lage versetzen, unsere Expansion draussen in den Märkten voranzutreiben. Am Anfang stehen Fragen: Was ist DKSH? Ein Logistik-Unternehmen? Eine Beratungsfirma? Ein Marketing-Dienstleister? Nichts von alledem? Oder von allem ein bisschen? Für was stehen wir? Wie positionieren wir uns, um zukünftig noch erfolgreicher zu sein? Wer Fragen hat, sucht Antworten. Wir finden sie innerhalb des Unternehmens bei Mitarbeitenden quer durch die Business Units und die verschiedenen Länder. Wir finden sie aber auch ausserhalb der Firma bei Lieferanten, Kunden und Geschäftspartnern, indem wir diese fragen: Wie nehmen Sie DKSH heute wahr? Was sind Ihre wichtigsten Kriterien bei der Wahl eines Dienstleisters? Wie müsste der ideale Geschäftspartner für die Expansion in asiatischen Märkten aussehen und wie unterscheidet er sich von den bereits existierenden Unternehmen am Markt? Eine Fülle von Antworten auf ebenso viele Fragen kommt da zusammen. Destilliert ergeben sie ein klares Bild unserer Stärken und gemeinsamen Werte, für die DKSH heute am Markt geschätzt wird. Diese Attribute stehen für die Kontinuität der neuen Marke DKSH und spiegeln die Schlüsselfaktoren wider, die auch heute noch ihre Gültigkeit haben. Und es kristallisieren sich die Werte und Qualitäten heraus, die künftig am Markt bei Kunden und Lieferanten eine grössere Rolle spielen werden. Sie spiegeln Erfolgsfaktoren wider, an denen sich DKSH in ihrer weiteren Entwicklung strategisch ausrichten wird.

Wir erfahren, dass unsere Schweizer Herkunft für sehr viele Kunden und Lieferanten eine grosse Bedeutung hat. Sie sehen uns als solide, gut geführte Firma, der sie ihre Marke und Produkte mit ruhigem Gewissen anvertrauen können. Sie haben das Gefühl, dass wir mit ihren Produkten umgehen, als seien es unsere eigenen. Sie schätzen unser flächendeckendes Netzwerk über ganz Asien, die tiefe Verankerung in den Ländern und die engmaschigen Beziehungsnetze, die wir ihnen in den Beschaffungs- und Absatzmärkten zur Verfügung stellen können. Als weitere Stärke für die Kunden und Lieferanten erweist sich unsere Fähigkeit, sie nicht nur konzeptionell für einen erfolgreichen Markteintritt oder eine Expansion zu beraten, sondern auch die konkrete Umsetzung vor Ort zu übernehmen. Sie schätzen die Qualität unserer Mitarbeitenden, unsere Dienstleistungen sowie die modernen Prozesse, die es ihnen ermöglichen, ihre Leistung und Effizienz im Markt zu verbessern.

In jüngster Zeit pflegen wir verstärkt auch das, was wir als *customer centric view* verstehen. Stand im traditionellen Handelshaus stets der Lieferant im Zentrum aller Überlegungen, so treten nun die Dienstleistungen von DKSH für den Kunden mindestens gleichwertig in den Fokus unserer Anstrengungen. Wir wissen: Zufriedene Kunden sind die beste Werbung für uns bei den Lieferanten. Wir treten als deren verlängerter Arm im Markt auf und agieren daher als Verbindung zwischen Herstellern und Kunden vor Ort. Für den Lieferanten ist es daher bei der Auswahl eines Dienstleistungspartners wie DKSH enorm wichtig, mit welcher Firma der Kunde gerne zusammenarbeitet.

Die umfangreichen Untersuchungen bei all unseren Anspruchsgruppen erlauben es uns schliesslich, unserer Tätigkeit oder unserem Geschäftsmodell einen Namen zu geben und die Erfolgsfaktoren für die Zukunft in eine griffige und leicht verständliche Kurzformel zu bringen: *Market Expansion Services,* Dienstleistungspartner für den Einstieg in neue oder die Expansion in bestehenden Märkten. Damit definieren wir gleichzeitig eine neue Industrie. Market Expansion Services umfasst das gesamte Spektrum unserer Geschäftsaktivitäten und unterstreicht auch die Marktführerschaft von DKSH in dieser von uns geprägten Branche. Unsere Vision ist, dass in Zukunft jedes Unternehmen, das darüber nachdenkt, in Asien zu expandieren, zuerst an DKSH als möglichen Partner denkt. Unser neuer Slogan fasst dies in Worte: *Think Asia. Think DKSH.* Wir wollen das global führende Unternehmen im Bereich Market Expansion Services mit Schwerpunkt Asien sein. Eine Firma, eine Vision, eine Marke – das ist der letzte Schritt. *One Brand* als Dachmarke für sämtliche Geschäftsaktivitäten, Dienstleistungen und Kommunikationsmassnahmen nach innen und aussen, gewissermassen als umfassendes Qualitätssiegel für unser Unternehmen.

So fügt sich alles zu einer kohärenten Einheit zusammen: die Bildmarke, der Firmenname und der sogenannte Slogan. Die Bildmarke ist das Symbol der Fächerpalme, englisch *Fantree,* einer majestätischen Palmenart, die ursprünglich aus Madagaskar stammt. Das Fantree-Logo stammt aus dem Handelshaus Diethelm, später ist es das Logo von Diethelm Keller und steht nun für DKSH. Das Fantree-Logo stellt gewissermassen die DNA unserer Firma dar. Im Firmennamen sind die Initialen der Gründer der Handelshäuser Diethelm, Keller und Siber-Hegner vereinigt, und der Slogan *Think Asia. Think DKSH.* symbolisiert unsere Vision.

Nun gilt es, diese neue, visuell fassbar gewordene Markenstrategie den Mitarbeitenden nahezubringen und sie in deren Herzen zu pflanzen. Diese Aufgabe ist für mich Chefsache. In verschiedenen Etappen einer Roadshow, die mich durch 20 Länder in Europa und Asien-Pazifik führt, erläutere ich die Markenstrategie persönlich den rund 3000 Führungskräften unserer Firma, die wiederum die Aufgabe erhalten, diese Botschaft weiter bis in die letzten Verästelungen des Unternehmens hineinzutragen. Auch optisch erkennen Mitarbeitende, Geschäftspartner, Kunden und Lieferanten diese Veränderungen überall im Unternehmen. Sämtliche Gebäude, Fahrzeuge oder auch Briefpapier und Werbematerialien werden in einem mehrjährigen Prozess auf die neue *Corporate Identity* umgestellt; Ende 2009 wird auch die letzte Ländergesellschaft auf DKSH umbenannt sein.

Damit erreichen wir einen weiteren Meilenstein in unserer langen Geschichte. Was man heute bereits klar feststellen kann: Unsere bei der Schaffung von DKSH getroffenen Annahmen über die sich verändernden Anforderungen an die althergebrachten Handelshäuser haben sich am Markt als richtig erwiesen. In einer sich rasant verändernden globalen Wirtschaft hat ein hoch spezialisierter Dienstleister, wie wir es sind, hervorragende Marktchancen, und zwar unabhängig davon, ob es sich beim Klienten um ein mittelständisches Unternehmen oder einen Grosskonzern handelt. Mittelständische Firmen haben oftmals weder die finanziellen noch die personellen Ressourcen für einen eigenen Marktauftritt in Ländern mit hohen Eintrittsbarrieren. Für sie erbringt DKSH die regionale Marktbearbeitung aus einer Hand, begonnen bei den Markteintrittsanalysen über Marketing, Vertrieb, Distribution bis hin zum Kundendienst. Grosskonzerne fokussieren heute immer stärker auf ihre Kernkompetenzen wie Produktentwicklung oder Marketing – für sie ist DKSH ein gefragter Outsourcing-Partner für Vertrieb, Lagerhaltung, flächendeckende Distribution, Feinverteilung und Inkasso.

Dies bedingt eine gewaltige Organisation in den verschiedenen Geschäftsbereichen. Alleine in der Sparte Konsumgüter beschäftigt DKSH heute über 12 000 Spezialisten. Aus 350 Standorten in 18 Ländern beliefern diese Tag für Tag mehr als 300 000 Verkaufspunkte in Asien, Supermärkte, Warenhäuser und Tante-Emma-Läden ebenso wie Boutiquen für Luxusprodukte. DKSH ist damit der führende Anbieter dieser Art in Fernost. Zu unseren bedeutenden Klienten im Bereich von Konsumgütern des täglichen Bedarfes gehören beispielsweise der NIVEA-Hersteller *Beiersdorf,* die Lebensmittel- und Süsswarenkonzerne *Kraft Foods, Heinz-Ketchup, Ferrero, Mars* und *Wrigley,* der Getränkekonzern *Pepsi,* der Schokolade-Hersteller *Lindt & Sprüngli,* der Kräuterbonbon-Produzent *Ricola* oder auch *Fisherman's Friends;* bei den Lifestyle- und Luxusgüter-Herstellern sind es etwa *Levi's,* die Schreibwaren-Hersteller *Graf von Faber-Castell* und *Montblanc,* unabhängige innovative Uhrenmarken wie

Harry Winston, Parmigiani, Graham British Masters, Breitling, Corum und *Maurice Lacroix;* aber auch Hautpflegeprodukte von *La Prairie* oder Haarpflege von *Schwarzkopf.* Die Sparte Pharmadistribution zählt über 7000 Mitarbeitende, davon 3500 spezialisierte Pharmaberater, die über 150 000 Spitäler, Arztpraxen, Drogerien und Apotheken in Fernost bedienen. Zu den wichtigen Herstellern gehören Pharmaunternehmen wie *Roche, Bayer, Bristol-Myers Squibb, GlaxoSmithKline, Boehringer Ingelheim,* aber auch viele kleine und mittelgrosse Pharma- und Biotechunternehmen. Im Bereich der spezialisierten Rohmaterialien ist DKSH Entwicklungspartner für neue Produkte und Applikationen und zugleich alternative Quelle für eine breite Palette an Wirk- und Inhaltsstoffen für die Nahrungsmittel- und Getränkeindustrie, die Kosmetik-, Chemie- und Pharmaindustrie. Die Beschaffung erfolgt über ein gutes Dutzend spezialisierter Büros in Australien, Chile, Indien, den Philippinen, China oder Vietnam. Kunden sind Duft-Hersteller wie *Givaudan* oder der Schokolade-Hersteller *Barry Callebaut.* Die Sparte beschäftigt rund 1200 Spezialisten in 45 Niederlassungen in 25 Ländern. In dem vierten und letzten Bereich Technologie arbeiten ähnlich viele Experten, welche die Hersteller von Kapitalinvestitionsgütern für die Industrieproduktion, die Transport- und Baubranche sowie die Energieerzeugung oder Druckindustrie bis hin zu wissenschaftlichen Instrumenten für Labors und Universitäten vom Verkauf bis zum Kundendienst bedienen. Dazu gehören die Anlagenbauer *Bühler Uzwil* und *OC Oerlikon,* der Zahnradschleifspezialist *Klingelnberg* oder der Werkzeugmaschinen- und Laser-Hersteller *Trumpf.* Diese geballte Kompetenz von DKSH addiert sich zu einem Unternehmen, das insgesamt rund 22 000 Mitarbeitende aus 50 Nationen zählt, in 35 Ländern tätig ist, über 460 Niederlassungen verfügt, 440 davon in Fernost, und das jährlich weit über acht Milliarden Franken umsetzt. Hinter diesen nackten Zahlen verbergen sich einige höchst interessante Erfolgsgeschichten, solche wie die folgenden:

Ricola: Das Schweizer Unternehmen war von *Emil Wilhelm Richterich* im Jahre 1930 als *Richterich & Co.* im baslerischen Laufen gegründet worden. Aus einer ehemaligen Bäckerei, die auf Confiseriewaren aus Zucker spezialisiert war, entwickelte sich ein Hersteller von Kräuterbonbons gegen Husten und Heiserkeit. Die Zusammenarbeit mit DKSH begann vor rund 35 Jahren in Hongkong und wurde vor zwei Jahrzehnten auf China ausgeweitet. Gemeinsam haben wir Ricola zum jahrzehntelangen Marktführer in dieser Kategorie und zu einer der heute führenden Marken aufgebaut. Bei DKSH in Hongkong und China arbeiten rund 200 Personen in Marketing, Verkauf und Distribution ausschliesslich für diesen Hersteller und bedienen rund 4000 Verkaufspunkte.

Lindt & Sprüngli: Die Ursprünge des Schweizer Schokolade-Herstellers gehen auf die Schokolademanufakturen von *Rudolf Sprüngli* in Zürich und *Rodolphe Lindt* in Bern zurück, die beide im 19. Jahrhundert (Sprüngli 1845, Lindt 1879) gegründet worden waren. Seit über fünf Jahrzehnten ist DKSH Partner für Hongkong und China und hat massgebend dazu beigetragen, Lindt auch hier klar als Premium Marke der Schweizer Schokoladenindustrie zu positionieren, sie zum Marktführer im Segment dunkler Schokolade und zur Nummer zwei bei Geschenkartikeln zu machen. Mit spezifischer Beratung an den Verkaufspunkten, Konsumentenumfragen und Marketingaktivitäten ist es DKSH und Lindt gelungen, den Markt für Lindt-Schokolade in Hongkong zu vergrössern und in das chinesische Festland hinein zu erweitern. Insbesondere in den grossen Städten wie Peking und Shanghai verzeichnet Lindt seither beachtliche Wachstumsraten. Inzwischen werden über 1500 Verkaufspunkte beliefert; DKSH beschäftigt dafür rund 580 Personen, die vor Ort die gesamte Wertschöpfungskette vom Import, über die Lagerhaltung und den Verkauf bis zur Feinverteilung abdecken.

Beiersdorf: Mit dem NIVEA-Hersteller verbindet DKSH eine jahrelange Zusammenarbeit, die einst im Markt Thailand begonnen hat und heute ganz Südostasien umfasst. Bei diesem Hersteller sorgen wir dafür, dass die NIVEA-Produkte, beispielsweise ein gepflegtes Sortiment an Sonnencreme, nicht nur im modernen Supermarkt in Bangkok und in den Hotelanlagen Phukets erhältlich sind, sondern eben auch im kleinen Laden am Fusse der Tempelanlage von Angkor Wat – überall dort also, wo der Reisende seine gewohnte Sonnencreme in tadelloser Qualität kaufen will. Diese Marktexpansion mit flächendeckender Feinverteilung im traditionellen Handel sowie durch Grossverteiler stellt höchste Anforderungen an den Outsourcing-Partner DKSH.

MSD Merck, Sharp & Dohme: Das US-Pharmaunternehmen gehört heute zu den grössten Arzneimittelunternehmen und beschäftigt über 55000 Personen weltweit. Seit sechs Jahren sind DKSH und MSD geschäftlich verbunden, und was in Hongkong begonnen hatte, umfasst heute auch den Markt Singapur. Diese Zusammenarbeit ist in zweierlei Hinsicht symptomatisch für die Entwicklung von DKSH in den vergangenen Jahren. Das ursprünglich in Hongkong implementierte Erfolgsrezept wird für diesen Kunden auf einen zweiten Markt übertragen. Das Beispiel MSD zeigt zudem auf, dass selbst global agierende Pharmaunternehmen Logistik- und Vertriebsaktivitäten an der Front zunehmend auslagern, sofern ein professioneller Partner vor Ort diese Tätigkeit zuverlässig übernehmen kann.

Roche: Der Fall des Schweizer Pharmaunternehmens Roche liegt ähnlich wie derjenige von MSD Merck. Die Zusammenarbeit hatte vor über einem halben Jahrhundert noch unter Diethelm in Thailand begonnen. Mittlerweile erstreckt sie sich heute zusätzlich auf die Märkte Malaysia, Hongkong, Kambodscha, Myanmar, Singapur und Vietnam.

Felchlin: Max Felchlin, Besitzer der gleichnamigen Schweizer Schokolademanufaktur in Schwyz, macht bei einer Reise nach Japan eine Beobachtung, die ihn aufhorchen lässt. Die Japaner lieben Süsses, sind qualitätsbewusst und äusserst ideenreich, wenn es um die Kreation von Süssspeisen geht. Diese Erfahrung motiviert Felchlin in den frühen 1970er-Jahren dazu, auf die damalige SiberHegner zuzugehen und den Export von Schwyz nach Fernost anzukurbeln. Auch dies ist eine typische Geschichte: DKSH wird dadurch im Land der aufgehenden Sonne zur ersten Anbieterin von hochfeinen Schokoladerohstoffen für Pralinen oder Trüffel, und im Jahr 1992 eröffnet DKSH in Yokohama das sogenannte *Condirama,* ein Trainingscenter, das japanische Bäcker, Konditoren und Confiseure in die Kunst im Umgang mit Felchlin-Produkten einweist. DKSH sorgt dafür, dass die jüngsten Trends in der Schweizer Confiseur-Industrie bei der japanischen Kundschaft Anwendung finden. Dies zeigt, wie eng die Verbindung zwischen Lieferant, Kunden und Dienstleistungspartner mitunter werden kann.

Hayashibara Co., Ltd.: Die im Jahre 1883 im japanischen Yokohama gegründete Firma entwickelt sich im Laufe der Jahre zu einem hochinnovativen Hersteller von Pharma-, Chemie-, Lebensmittel- und Kosmetikingredienzien. Im Jahre 1990 gelingt es den Forschern von Hayashibara, ein stabiles Vitamin C unter dem Namenskürzel AA2G erfolgreich zu synthetisieren. In diversen Formulierungen findet AA2G hauptsächlich Anwendung in der Kosmetikindustrie, im Speziellen in verschiedenen Formen der Hautpflege. Als das japanische Unternehmen entscheidet, AA2G in ausländische Märkte zu exportieren, sieht es sich mit sprachlichen, kulturellen und vor allem regulatorischen Hürden konfrontiert, die es mit einem spezialisierten und industrierfahrenen Partner überwinden will. Im Fokus steht Europa, einer der bedeutendsten, aber komplexesten Kosmetikmärkte der Welt, der zudem eine hohe gesetzgeberische Dichte aufweist. Ein möglicher Partner muss neben dem Verständnis der Bedürfnisse für den japanischen Hersteller also ein hohes anwendungstechnisches Wissen mitbringen, gepaart mit tiefer Kenntnis der einschlägigen Gesetzgebung in verschiedenen Absatzländern. Im Jahre 1996 informiert DKSH Japan die französische Niederlassung darüber, dass Hayashibara einen Partner für die EU-Registrierung von AA2G als Ingredienz in der Kosmetikindustrie sucht. Die Wahl fällt schliesslich auf DKSH, und diese Zusammenarbeit entwickelt sich zu einem Paradebeispiel für die erfolgreiche Bewältigung von komplexen Dienstleistungen. Involviert sind zunächst DKSH Japan und DKSH Frankreich, der Lieferant sitzt in Fernost, die Kunden in Europa. Darunter sind heute führende Namen der Industrie wie *L'Oréal, Chanel, Johnson & Johnson, Clarins* oder *Dior*. Inzwischen ist aufseiten von DKSH das gesamte globale Vertriebsnetzwerk involviert, der nordamerikanische Markt und weite Teile von Asien eingeschlossen. In den vergangenen 13 Jahren haben sich die Verkäufe von AA2G um den Faktor 240 erhöht.

Trumpf: Das deutsche Familienunternehmen ist einer der weltweit grössten Anbieter von Werkzeugmaschinen und gilt im Bereich industrieller Laser und Lasersysteme als Technologieführer. Die Zusammenarbeit mit DKSH beginnt im Jahre 1995, Ziel ist der Markteintritt in China. In diesem Prozess gilt es, in einem neuen Markt, in einem schwierigen politischen und gesellschaftlichen Umfeld eine unbekannte Marke aufzubauen, Produkte zu verkaufen und einen Unterhalts- und Reparaturservice zu etablieren. In den Folgejahren wachsen die Verkäufe und die Marktdurchdringung enorm schnell. Es ist daher keine Überraschung, dass die Trumpf-Gruppe die Absicht hegt, den chinesischen Markt noch intensiver zu bearbeiten und auch weiterführende Investitionen zu tätigen. Gleichzeitig möchte sie auf den Multiplikationseffekt des Marketing, Vertriebs- und Servicenetzwerkes von DKSH nicht verzichten. Im Frühsommer 2002 gründen beide Unternehmen das Joint Venture

Trumpf SiberHegner Ltd. in China. Es ermöglicht, die qualitativ hochstehenden Erzeugnisse von Trumpf weiterhin über das gewachsene Netzwerk von DKSH zu vertreiben und deren starke Präsenz mit komplementären Aktivitäten in der chinesischen Automobil-, Luftfahrt- oder Metallindustrie für die weitere Markterschliessung zu nutzen. Das Gemeinschaftsunternehmen hat seinen Sitz in Hongkong und unterhält Büros in Shanghai, Peking, Chengdu und Guangzhou. Die anfängliche Laufzeit des Joint Ventures geht bis Ende 2007. Aufgrund des Erfolges – die Verkäufe haben sich vervielfacht – beschliessen die Parteien, das Joint Venture um weitere zehn Jahre zu verlängern.

Morinaga Milk: Das Unternehmen in Tokio ist der zweitgrösste Hersteller von Milchprodukten in Japan. Die Verbindung mit DKSH geht auf SiberHegner zurück, die bereits vor 50 Jahren dem Unternehmen Maschinen der *Schweizerischen Industrie Gesellschaft* (SIG) in Neuhausen am Rheinfall zur Verpackung von Butter verkauft hatte. Über die Jahre sind weitere Applikationen von verschiedenen Lieferanten hinzugekommen: Abfüllanlagen für Joghurt oder Fruchtsäfte, Produktionsstrassen zur Vakuum- und antiseptischen Verpackung, Früchtemixanlagen für Joghurts. Rund um den Kunden Morinaga Milk hat DKSH einen eigentlichen Lieferanten-Cluster aufgebaut, aus dem sie, je nach Bedarf, ein breites Produktportfolio der Sparte Technologie anbieten kann. Oft sind die Verkäufer von DKSH auch in die Entwicklung und Produktion gänzlich neuer Produkte beim Kunden involviert. So geschehen Anfang der 1990er-Jahre nach einer Reise des Firmenchefs von Morinaga Milk nach Seattle, USA, wo sich seine Tochter damals zum Studium aufhält. Dort entdeckt der Japaner bei *Starbucks* den *Caffè Latte,* und er beschliesst, dieses in seiner Heimat völlig unbekannte Getränk auch dort auf den Markt zu bringen. DKSH stellt über die Lieferanten der Sparte Technologie den notwendigen Maschinenpark zusammen, und heute ist Morinaga Milk mit einem Marktanteil von über 50 Prozent der bedeutendste Hersteller von Caffè Latte in Japan. Ein weiteres Beispiel: Als Morinaga Milk ein neues Joghurt auf den Markt bringen will, liefern wir aus unserer Sparte Technologie drei Maschinen von drei verschiedenen Herstellern aus der Schweiz, Deutschland und Italien, installiert und gewartet aus einer Hand, von DKSH: eine Anlage, die den Joghurt-Becher herstellt, eine, die den Becher beschriftet, und eine, welche die antiseptische Abfüllung besorgt. Dies ist gewissermassen ein Gemeinschaftsprodukt unserer Technologiekompetenz, die es ermöglicht, für diesen Kunden eine spezifische Lösung bereitzustellen. Über unsere Sparte Rohstoffe liefern wir zudem spezielle Bestandteile für neue Geschmacksrichtungen dieser Joghurts, und unsere Sparte Pharmadistribution sorgt wiederum dafür, dass dieses neu entwickelte Produkt nicht nur in Japan, sondern auch in Thailand durch unsere Spezialisten verkauft werden kann. So wird Morinaga Milk vom Kunden zum Lieferanten von DKSH und die Partnerschaft weiter gestärkt.

Diese kleine Reise durch Raum und Zeit zeigt, was Dienstleistungen zur Marktexpansion, so wie wir Market Expansion Services verstehen, bewirken können. Kleinere, vormals eher mittelständische Schweizer Unternehmen, die vor Jahrzehnten den Export nach Fernost kaum aus eigener Kraft hätten bewältigen können, haben heute führende Marktpositionen. Wenn Erfolgsrezepte aus einem asiatischen Markt in den nächsten übertragen werden können, wie im Falle der Pharmaunternehmen MSD Merck, Sharp & Dohme oder Roche, bedeutet dies nicht nur für den Lieferanten eine Ausweitung der geschäftlichen Aktivitäten, sondern in gleichem Masse auch für DKSH. Manches Mal geht es auch um einen ersten Markteintritt in eine *Terra incognita,* wie beim Schweizer Schokolade-Hersteller Felchlin in Asien oder beim japanischen Unternehmen Hayashibara in Europa. Der Brückenschlag funktioniert also in beide Richtungen. Und auch der Grad der Verzahnung eines Lieferanten mit DKSH kann unterschiedliche Formen und Intensitäten annehmen: ein Joint Venture mit gegenseitigem Kapitaleinsatz, wie bei Trumpf oder *Cummins,* dem amerikanischen Marktführer für Dieselmotoren; oder die Zusammenarbeit in einem Pool komplementärer Hersteller wie der *Sigma-Gear-Pool,* mit denen DKSH seit Langem durch die Firmen *Klingelnberg, Oerlikon Geartec, Liebherr und Lorenz* zu den Hoflieferanten der chinesischen Automobilindustrie gehört; oder auch ein eigentlicher Cluster innerhalb einer Industrie, der es erlaubt, die Kundenbedürfnisse entlang der Wertschöpfungskette zu befriedigen wie beispielsweise beim japanischen Unternehmen Morinaga. Immer aber bleibt es das Ziel, anderen Unternehmen auf Kunden- wie Lieferantenseite dabei zu helfen, in neue oder bereits existierende Märkten zu expandieren.

Per Ende 2007 zeigt sich, dass DKSH seit seiner Existenz jedes Jahr zweistellige Wachstumsraten in Bezug auf Umsatz und Profitabilität aufweist und zu einem Unternehmen mit weit über 8 Milliarden Franken Umsatz und rund 22000 Mitarbeitenden herangewachsen ist. Ein stolzer Erfolgsausweis, der auch für die Aktionäre der ersten Stunde, die diesen wegweisenden Zusammenschluss ermöglicht hatten, einen gewaltigen Wertzuwachs darstellt. Rund fünf Jahre nach der Geburt von DKSH können diese von ihrem Ausstiegsrecht Gebrauch machen und von der Wertsteigerung des Unternehmens profitieren. Dass es Ausstiegswillige gibt, wird bald klar. Anfang 2008 veräussert Christophe R. Gautier seine Anteile, und Carolina Müller-Möhl reduziert ihre Beteiligung um mehr als die Hälfte auf rund vier Prozent. Mit Gautier ist auch der letzte Nachfahre der alten SiberHegner ausgestiegen.

Gleichzeitig steigen neue Aktionäre ins Unternehmen ein. Über eine grössere Kapitalmarkttransaktion – ein Novum für DKSH – kombinieren wir den Ersatz der ausstiegswilligen Aktionäre mit einer Kapitalerhöhung, die eine noch stärkere Plattform für die beschleunigte Wachstumsexpansion unserer Gruppe schaffen soll. Die Transaktionen gehen im Winter 2007/2008 zur Zufriedenheit aller Beteiligten über die Bühne, gerade noch rechtzeitig, bevor diese, im sprichwörtlichen Sinne, einfrieren sollten. Bevor jedoch die schwerste Finanz- und Vertrauenskrise seit Jahrzehnten auf die Gemüter schlägt, haben wir Aktionäre gefunden, die zu uns passen.

Wir suchen keine Finanz- oder Private Equity Fonds, sondern Unternehmer, die ihr eigenes Vermögen investieren und uns zudem durch eine aktive Mitarbeit im Verwaltungsrat ihr Wissen und ihre Netzwerke für Expansion zur Verfügung stellen. Für diese Suche zapfen wir unser eigenes Netzwerk an und nehmen darüber hinaus für den Prozess auch die Dienste einer spezialisierten Bank in Anspruch. Mit rund zehn Interessenten führen wir erste Gespräche. Schliesslich stossen drei strategisch und langfristig denkende Neuaktionäre hinzu. Es sind dies *FFP,* die Holding der französischen Industriellenfamilie *Peugeot* unter Leitung von *Robert Peugeot,* der Schweizer Financier und Unternehmer *Rainer-Marc Frey* sowie, über seine Beteiligungsgesellschaft *Anova Holding,* der Schweizer Industrielle und Philantrop *Stephan Schmidheiny.* Die ersten beiden treten auch in den Verwaltungsrat von DKSH ein, ebenso Anova-CEO Frank Gulich, der das Unternehmen als ehemaliger Topmanager bei Müller-Möhl aus früheren Zeiten ja bestens kennt.

Die neuen Investoren kommen in ein modernes Unternehmen hinein, das organisatorisch höchsten Qualitätsansprüchen genügt. Die Transformation von einer Familiengesellschaft zu einem privat gehaltenen Unternehmen ist erfolgreich abgeschlossen, auf den positiven Werten unserer Herkunft aufbauend. Als Präsident des Verwaltungsrates amtet mit Adrian T. Keller weiterhin ein Nachfahre eines der Firmengründer, und dies ist im asiatischen Kulturkreis ein Vorteil von unschätzbarem Wert. Es führt auch dazu, dass die Zusammenarbeit zwischen Verwaltungsrat und CEO eng und die Entscheidungswege kurz bleiben. Das Handeln ist somit pragmatisch, konsequent und von gesundem Menschenverstand geprägt. Der Verwaltungsrat von DKSH erfüllt höchste Standards an die Zusammensetzung und Professionalität der Mitglieder. Neben den Vertretern der Aktionäre ergänzen erstklassige, unabhängige Aufsichtsräte mit spezifischem Wissen und unabhängigem Urteil das Gremium. Dies ist für uns schlicht ein Gebot der *Corporate Governance*. Die Konzernleitung ist schlank und effizient, sie steuert das Unternehmen über Zeitzonen, geografische Standorte und Nationalitäten hinweg. Das operative Handeln, die Markenführung und die Kommunikation sind mittlerweile zu einer Einheit zusammengeflossen. Über unsere hauseigene *Fantree Academy* in Singapur, in der wir gemeinsam mit der Universität St. Gallen und der Management University of Singapore Aus- und Weiterbildungsprogramme für unsere Mitarbeitenden durchführen, stellen wir den Führungsnachwuchs sicher. Und die Geschichte dieser faszinierenden Firma entwickelt sich auch in der heutigen globalisierten Welt immer weiter. Vor 150 Jahren waren die Vorläuferfirmen dabei gewesen, als sich Japan dem Weltmarkt geöffnet hatte, vor 100 Jahren in Thailand, als dort dasselbe passierte; heute ist DKSH mit von der Partie, wenn in Vietnam, Myanmar, Kambodscha oder Laos Ähnliches geschieht.

Aus meiner Sicht bleibt eine Gefahr, der ich proaktiv begegnen möchte: dass wir nach sieben Jahren mit jeweils zweistelliger Umsatz- und Gewinnsteigerung satt und selbstgefällig werden. Dem will ich frühzeitig einen Riegel vorschieben. Deshalb möchte ich einmal mehr ausloten, ob unser Kompass noch stimmt und wir den richtigen Kurs segeln. Dieser bislang letzte Akt der grossen Transformation geht am 24. Mai 2009 in Camp de Mar auf Mallorca über die Bühne. Dort präsentieren wir die Resultate eines Strategie-Checks, den wir gemeinsam mit einem spezialisierten Beratungsunternehmen erarbeitet hatten. Wir nennen dieses jährliche Treffen mit unserem Topmanagement-Team *Bürgenstock-Meeting VII* – dies signalisiert eine Kontinuität, die für die Beteiligten leicht entschlüsselbar ist. Im historischen Bürgenstock-Hotel hoch über dem Vierwaldstättersee hatte ich noch zu Zeiten von SiberHegner ein erstes

Strategie-Meeting einberufen, vor gut acht Jahren also, kurz bevor wir in den Fusionsprozess mit Diethelm Keller eingetreten waren.

Nun geht es um die folgende Frage: Wo liegt die Zukunft von DKSH, einem pulsierenden Organismus, der draussen in den Märkten unterschiedlichste Herausforderungen zu meistern hat? Die Strategieüberprüfung bestätigt unser erfolgreiches Geschäftsmodell und die langfristige Ausrichtung. DKSH besetzt bereits heute in den meisten Aktivitäten die Rolle des Marktführers, gleichzeitig wird aufgezeigt, dass es in unseren bestehenden Geschäftsfeldern und Länderaktivitäten noch sehr viel Wachstumspotenzial gibt. Wir werden daher den Fokus noch stärker auf die angestammten Bereiche – sowohl in Bezug auf Geschäftsfelder wie auch auf Märkte – legen. Auch wenn es unspektakulär klingt, meinem langjährigen Credo *Schuster, bleib bei deinen Leisten* bleiben wir auch in Zukunft treu. Der Schwerpunkt liegt hier in der Multiplikation von Erfolgsgeschichten über Ländergrenzen hinweg. Dafür investieren wir gezielt in zusätzliche Business-Development-Funktionen in all unseren Geschäftsfeldern. Nebst organischem Wachstum werden wir auch weiterhin selektiv auf Akquisitionen setzen. Hier entstehen gerade durch den aktuellen Konsolidierungs- und Restrukturierungsdruck weitere interessante Möglichkeiten, Wettbewerber zu übernehmen. Eine andere Erkenntnis ist, dass neben dem eigentlichen Rückgrat unseres Geschäftes – Marketing und Verkauf sowie Distribution und Logistik – aufseiten des Lieferanten wie auch des Kunden ein Bedarf nach zusätzlichen Dienstleistungen existiert, die wir gezielt ausbauen werden: aufseiten des Lieferanten etwa Marktstudien, lokale Registrierungen von Produkten, auf lokalen Geschmack und gesetzliche Vorschriften abgestimmte Verpackungen, Inkasso; auf Kundenseite technischer Support, Wartungs- und Reparaturservice, Entwicklung kundenspezifischer Applikationen. All dies sind Dienstleistungen mit höherer Wertschöpfung, deren Potenzial DKSH noch längst nicht ausgeschöpft hat.

Die Kombination von hoch spezialisierten Nischengeschäften in den

Bereichen Technologie und spezialisierte Rohmaterialien, die hohe Margen erwirtschaften und vergleichsweise wenig, aber hoch qualifiziertes Personal benötigen, und von einem personalintensiven, flächendeckenden Vertrieb von Massenprodukten des täglichen Bedarfs und der Pharmaindustrie, bei denen es vor allem auf hohe Effizienz ankommt, erweist sich als eine ideale Verbindung. Die Massendistribution gibt uns – nicht zuletzt dank omnipräsenter Lieferwagenflotten mit dem Fantree-Logo – hohe Visibilität in ganz Asien.

DKSH verfügt über eine ausgezeichnete Kapitalbasis, ein krisenerprobtes Führungsteam, ist im interessantesten Wachstumsmarkt der Welt breit diversifiziert und daher gut positioniert, die Chancen zu nutzen, die sich einem Marktführer gerade im heutigen Umfeld bieten. Derzeit suchen viele Unternehmen aufgrund des Umsatzeinbruches in westlichen Märkten nach neuen Expansionsmöglichkeiten. Asien bietet sich als attraktives Expansionsziel an, das mit einem Partner wie DKSH schnell, ohne Fixkosten und hohe Risiken erschlossen werden kann. Aufgrund des steigenden Kostendrucks fokussieren sich viele Unternehmen wieder vermehrt auf ihr Kerngeschäft, und daher nimmt auch die Nachfrage nach Auslagerung von kernfremden Bereichen wie Vertrieb und Distribution von Produkten in Fernost an spezialisierte Dienstleister tendenziell zu.

Die wichtigste Erkenntnis der Strategieüberprüfung freilich ist: Es gibt in Fernost für uns noch zahllose Wachstumsmöglichkeiten. Nach über 140 Jahren ist unser Slogan noch nie so aktuell gewesen wie heute: Think Asia. Think DKSH.

C. Die Zukunft

VII. Geschäfte betreiben in Fernost

Asien wird für die absehbare Zukunft die Region mit den weitaus höchsten Wachstumsraten sein und stellt daher für viele Unternehmen ein interessantes potenzielles Expansionsgebiet dar, sei es als Beschaffungsmarkt für Rohmaterialien und Komponenten, als Absatzmarkt von Endprodukten oder als Produktionsstätte.

Wer heute in Europa die Zeitung aufschlägt, erhält leicht den Eindruck, dass Asien nur aus China besteht. Dem ist natürlich nicht so. Seit vielen Jahren mache ich mich bei europäischen Unternehmern dafür stark, dass sie neben China das übrige Asien nicht vergessen. Es existieren viele andere, für Neueinsteiger möglicherweise sogar attraktivere Märkte in Fernost.

Wer dort Geschäfte machen will, sollte über kulturelle und gesellschaftliche Eigenheiten der einzelnen Nationen Bescheid wissen. In dieser Hinsicht vorbereitet zu sein verbessert die Erfolgschancen in Verhandlungen mit asiatischen Geschäftspartnern. Während einige prinzipielle Unterschiede im geschäftlichen Umgang zwischen Europäern, Amerikanern und Asiaten für die gesamte Region gelten, sind aber auch subtile, länderspezifische Feinheiten zu beachten. Die folgende kleine Tour d'horizon durch Asien liefert dazu einige ganz persönliche Eindrücke.

Seit den Neunzigerjahren des vergangenen Jahrhunderts wird die Weltwirtschaft von einer ungeheuren Dynamik geprägt. Der Fall der Berliner Mauer, der Zusammenbruch der alten Sowjetunion, ein daraus resultierender Globalisierungsschub sowie ein rasanter technologischer Wandel setzen Kräfte frei, aufgrund derer sich das Gefüge der Wirtschaftsnationen grundlegend verändert. Nicht mehr nur Nordamerika, Europa oder Japan geben den Takt an, sondern zunehmend auch ehemalige Schwellenländer, die zu einer beeindruckenden Aufholjagd angesetzt haben. Darunter befinden sich zahlreiche asiatische Staaten, und vieles spricht dafür, dass das 21. Jahrhundert ein asiatisches sein wird.

So deutlich sich der Aufstieg Asiens abzeichnet, so klar ist auch, dass dieser unumkehrbare Prozess der Globalisierung riesige Chancen und Herausforderungen gleichermassen nach sich zieht. Noch nie seit Beginn der Industrialisierung Mitte des 19. Jahrhunderts haben vergleichbar grosse Märkte in derart kurzer Zeit den Eintritt in die industrialisierte Welt vollzogen. Allein in China und Indien lebt knapp die Hälfte der Menschheit. Das sind Milliarden von Menschen, die nicht nur davon träumen, sondern auch hart daran arbeiten, unser westliches Wohlstandsniveau zu erreichen. Seit das Reich der Mitte seine Märkte vor gut 20 Jahren dem Welthandel zu öffnen begann und Indien vor einem Jahrzehnt nachzog, hat sich in beiden Ländern eine kaufkräftige Mittelschicht herausgebildet, die allein in China bereits 200 Millionen Personen zählt. Diese leben bereits auf dem Wohlstandsniveau der Westeuropäer in den 1980er-Jahren. Millionen weitere drängen nach.

China ist der Motor dieser Entwicklung. Während eines Zeitraums von über zwei Jahrzehnten verzeichnete das Land durchschnittliche Wachstumsraten von neun Prozent, und selbst im Jahr 2009, während der grössten Weltwirtschaftskrise seit dem Zweiten Weltkrieg, sind es noch über sieben Prozent. Gleichzeitig verfügt China mittlerweile über eine gewaltige Finanzkraft, über Devisenreserven von über einer Billion Dollar, ohne nennenswerte Auslandsschulden. Die Chinesen haben aus der Asienkrise Ende der 1990er-Jahre gelernt, als westliche Spekulation die Währungen auf dem asiatischen Kontinent in den Abgrund riss. Das Land verfügt heute über das weltweit grösste Polster an Dollar-Reserven. China und Indien, so viel ist klar, stehen im Zentrum des asiatischen Aufschwungs, und diese Region wird über Jahre die Wachstumsregion der Welt bleiben. Die gegenwärtige Krise wird das Tempo vorübergehend etwas drosseln, mehr jedoch nicht.

Dass dem so ist, dafür sorgen auch andere, weniger im Fokus der europäischen Medienberichterstattung stehende asiatische Volkswirtschaften, die nichtsdestotrotz interessante potenzielle Expansionsmärkte darstellen. Thailand zum Beispiel, ein Land mit 65 Millionen Einwohnern, weist seit Jahren stabile Wachstumsraten um die fünf Prozent aus; ein ähnliches Ziel setzen sich die Philippinen mit einer Bevölkerung von 88 Millionen Menschen. Vietnam, aufgrund seiner Dynamik von vielen auch als das *kleine China* bezeichnet, verbucht mit 84 Millionen Einwohnern Rekordraten von bis zu acht Prozent Wachstum und ist zudem kürzlich der Welthandelsorganisation *World Trade Organization* (WTO) beigetreten.

Aufstrebend ist auch Indonesien. Von den 242 Millionen Einwohnern sind nur acht Prozent über 60 Jahre alt, die Lohnkosten liegen im Vergleich zu China bei lediglich 50 Prozent, und auch dieses Land weist seit Jahren stolze Wachstumsraten aus. Auch nicht vergessen darf man die sogenannten *Asiatischen Tiger* der 1990er-Jahre, Taiwan, Südkorea, Singapur und Malaysia, die bereits ein entwickeltes Niveau ihrer Volkswirtschaften erreicht haben. Auf der anderen Seite der Skala stehen Myanmar, Laos oder Kambodscha, Länder mit beachtlichen Bodenschätzen. Ich bin mir sicher, dass auch diese Länder in nicht allzu ferner Zukunft ihre Märkte dem Welthandel öffnen und dann denselben Entwicklungsweg einschlagen werden wie China Ende der 1980er-Jahre. Der Aufstieg Asiens scheint also ein unaufhaltsamer Prozess zu sein. Ein Vorgang von weltgeschichtlicher Bedeutung – vergleichbar mit dem am Ende des 19. Jahrhunderts einsetzenden Aufstieg der USA zur grössten Wirtschaftsmacht der Welt. Die Amerikaner hatten damals das insular abgekapselte Japan als ersten asiatischen Markt für den Weltmarkt geöffnet. Heute erleben wir bereits die gewaltige ökonomische Potenz dieses Kontinents. Wer hier, in dieser Boomregion, Geschäfte machen will, darf sich aber nicht nur von den stolzen Wachstumszahlen inspirieren lassen. Er tut gut daran, sich bewusst zu sein, dass Asien alles andere als einen fest gefügten, uniformen Kontinent darstellt, sondern ebenso vielfältig ist wie das Gebilde, welches wir als Europa bezeichnen. Will also ein Europäer oder Amerikaner im Geschäft, in Verhandlungen mit einem Chinesen, Japaner oder Vietnamesen bestehen, muss er die Grundzüge der Mentalitäten dieser Völker kennen – und diese sind so faszinierend wie vielschichtig.

Zunächst aber existiert im Geschäftsleben eine breite Palette von Gesichtspunkten, die in ganz Fernost zu berücksichtigen ist. So stellt die Familie für jeden Asiaten die kleinste persönliche und kulturelle Einheit dar. Familien- und Freundschaftsbande haben eine so entscheidende Bedeutung, dass Verträge oftmals noch per Handschlag geschlossen werden. Im asiatischen Kulturkreis ist dies Ausdruck des Vertrauens und die Grundlage für jede Geschäftsbeziehung, auch das Vertrauen darauf, dass allenfalls auftretende Probleme auf dem Verhandlungsweg zu einer für alle Beteiligten akzeptablen Lösung geführt werden können, auch wenn dies möglicherweise intensive Nachverhandlungen bedingt.

Das ist ungewöhnlich für Europäer und Amerikaner. In Europa ist Vertrauen durchaus auch Grundlage jeder Geschäftsbeziehung, aber die Kontrolle durch einen schriftlichen, durch Anwälte bereinigten Vertrag ist Standard. Die Amerikaner setzen noch stärker auf juristische Absicherung. Einen Geschäftsabschluss ohne Heerscharen von Juristen ist dort schlicht nicht vorstellbar. Dagegen kann ich mich nicht daran erinnern, dass wir in China mit einem Vertragsabschluss je derartige Probleme hatten, dass wir nachträglich unsere Anwälte einschalten mussten.

Persönliche Beziehungen sind in Fernost also extrem wichtig. Wird man sich einig, ist man automatisch Teil einer Gruppe und hat, wie ein Familienmitglied, die daraus resultierenden Erwartungen zu erfüllen. Dies bedingt Loyalität und den Willen, langfristige Interessen zu verfolgen und beides auch unter Beweis zu stellen.

Ein zweites augenfälliges Merkmal asiatischer Gesellschaften ist ein ausgeprägtes Hierarchiedenken, das sämtliche Lebenslagen durchdringt. In Verhandlungssituationen ist dies von grosser Bedeutung und führt zu einer starken Formalität bei jedem geschäftlichen Gespräch. Im Spannungsfeld von Hierarchien und auch im Machtgefälle innerhalb einer Verhandlungsdelegation existiert ein weiteres wichtiges Element: Ein Asiate sollte in jeder Lebenslage buchstäblich sein Gesicht wahren können. Für einen westlichen Verhandlungspartner heisst dies zweierlei: Alles zu unterlassen, was dazu führen könnte, dass sein Gegenpart das Gesicht gegenüber anderen verlieren könnte, und alles zu tun, damit dieser innerhalb seiner Gruppe, seiner Hierarchie, gut dasteht. In Verhandlungen gilt es deshalb, jeglichen Überlegenheitsanspruch zu vermeiden und dennoch für die eigene Sache klar und geduldig einzustehen.

Überhaupt gilt: Bei aller Rücksichtnahme auf die lokalen Gegebenheiten sollte ein westlicher Geschäftsmann vor dem Abflug in diesen fremden Kulturkreis am Check-in keinesfalls mit dem Gepäck auch seinen gesunden Menschenverstand abgeben. Denn dieser sagt uns, dass wir den Kulturen in den verschiedenen asiatischen Ländern zwar Respekt zollen und Interesse entgegenbringen sollen, uns aber in Japan nicht tiefer verneigen müssen als ein Japaner und in Thailand nicht mit dem traditionellen Gruss der Thais, dem *Wai,* grüssen müssen, indem wir die Hände vor das Gesicht nehmen.

Kulturelle Sensibilität und die Fähigkeit, sich in sein Gegenüber hineinversetzen zu können, sind ein Muss, wenn man in fremden Ländern tätig ist – *one size fits all* funktioniert nicht, und das gilt ganz besonders in Asien. In unserem Geschäft besteht die Kunst beispielsweise auch darin, niemandem in Fernost unbesehen unseren westlichen Stand der Technik, unseren Geschmack oder die eigene Vorliebe aufzudrängen, sondern zu spüren und zu verstehen, was ein asiatischer Kunde wirklich braucht.

Zum gesunden Menschenverstand gehört auch, sich nicht davon blenden zu lassen, wenn beispielsweise ein Inder oder ein Philippino ein hervorragendes Englisch spricht und sich der Europäer instinktiv verstanden fühlt – diese vordergründige Vertrautheit allein macht aus dem Gegenüber noch keinen tragfähigen Geschäftspartner.

Die Religion, der jeweilige Glaube, durchdringt in Fernost den geschäftlichen Alltag in einer Art und Weise, wie wir es in unseren westlichen Kulturen nicht gewohnt sind. Dieser Einfluss darf auf keinen Fall unterschätzt werden. Für die Wahl der richtigen Krawattenfarbe bis hin zur Büroeinrichtung werden in Asien *Feng Shui*-Meister und ausgewiesene Berater konsultiert. Eröffnungen von Niederlassungen oder wichtige Vertragsunterzeichnungen werden auf geeignete Kalenderdaten gelegt, die ein Astrologe errechnet. Will also ein Geschäftspartner in Fernost einen bedeutenden Vertrag unbedingt zu einem bestimmten Termin abschliessen, mag dies Gründe haben, die höchstens sein Astrologe oder Feng Shui-Meister wirklich ermessen kann.

Ausgeprägt ist auch die sprichwörtliche Lust der Asiaten am Verhandeln und Feilschen. Auf jedem asiatischen Markt ist zu beobachten, dass dies Bestandteil eines Spiels ist, das in diesem Kulturkreis mit grosser Freude und Ausdauer betrieben wird. Zieht man dann den westlichen Käufer über den Tisch, kann es vorkommen, dass sich die Marktfrau ins Fäustchen lacht, und das ist nicht einmal böse gemeint. Respekt erlangen kann aber nur, wer sich in dieser Disziplin nicht schlagen lässt und ebenso hart um den Preis kämpft wie sein Gegenüber. Dazu gehören auch theatralische Einlagen. Auf dem Gemüsemarkt ebenso wie beim grossen Geschäftsabschluss in den Unternehmen werden dabei alle Register gezogen. Selbst wenn man sich handelseinig ist, jammern die Verkäufer möglicherweise wortreich darüber, dass sie nun ruiniert seien, weil sie bei diesem Geschäft zu viel Geld verloren hätten. Mitleid ist jedoch fehl am Platz. Kein Händler stimmt einem Abschluss zu, bei dem für ihn keinerlei Gewinn herausspringt.

Neben diesen eher allgemein geltenden Regeln existieren in verschiedenen Ländern aber auch spezifische kulturelle Gegebenheiten, die zu kennen für westliche Geschäftsleute von Vorteil ist.

Die Chinesen: Die härtesten Verhandler

Europäer oder auch Amerikaner, die in China erfolgreich in den Markt eintreten wollen, müssen sich zunächst einiger weniger Wesenszüge der chinesischen Gesellschaft bewusst werden. Die Menschen im sogenannten Reich der Mitte sind sehr stolz auf ihre jahrtausendealte Kulturgeschichte und planen langfristig – dies auch als Folge der Mehrjahrespläne der inzwischen aufgeweichten sozialistischen Wirtschaft. Gleichzeitig orientieren sie sich als klassisches Volk von Händlern an der kurzfristigen Gewinnmaximierung. Das chinesische Volk ist es zudem gewohnt, hart und konsequent zu arbeiten.

Das hat sich bis heute nicht geändert, verschoben haben sich lediglich Nuancen. Noch Anfang der 1990er-Jahre waren vielleicht zehn Prozent der Kunden von DKSH Privatunternehmen, der grosse Rest staatlich gelenkte Firmen. Heute ist es umgekehrt. Damals war entscheidend, einen guten persönlichen Draht zu den Ministerien zu unterhalten, in denen die Mehrjahrespläne für Investitionen geschrieben wurden, und Einblick zu haben in die Themen, an denen die Forschungsinstitute arbeiteten. Durch dieses Wissen war DKSH stets in der Lage, Technologien anzubieten, welche die Endabnehmer, also die produzierenden Unternehmen, zur Erfüllung ihres Plansolls auch wirklich benötigen. Hinzu kamen bereits in jenen frühen Zeiten der Aufbau und Unterhalt eines guten Wartungs-, Instandhaltungs- und Servicenetzwerks. Erst dies versetzte die chinesischen Kunden in die Lage, ihre für kostbare «harte Währung» erworbenen Produkte auch erfolgreich zur Erfüllung des Plansolls einzusetzen und damit in den Pekinger Machtzentralen zu glänzen. Unsere Maxime, den Fokus auf die wirklichen Bedürfnisse des Kunden zu legen, hat sich im Grundsatz bis heute nicht geändert, auch wenn sich die Chinesen in den vergangenen

20 Jahren sowohl in ihren Ansprüchen als auch in ihren Fähigkeiten enorm entwickelt haben. Als Partner, der dem Gegenüber hilft, seine Probleme zu lösen, hat ein westlicher Geschäftsmann noch immer die besten Chancen, mit den Chinesen ins Geschäft zu kommen. Wichtig bleibt, dass der Entscheidungsträger, der den Vertrag unterschreibt, danach bei seinen Chefs als Gewinner dasteht.

Dabei spielt neben der adäquaten Qualität der Produkte der Preis die grösste Rolle. Und dieser will in harten, meist langwierigen Verhandlungen austariert sein, die oftmals nicht frei sind von theatralischen Einlagen. Wer hier bestehen will, braucht eine gute Portion Humor im Gepäck und einen klaren Blick dafür, dass das Gegenüber die Preisdiskussionen mit Härte und nach allen Regeln der Verhandlungskunst führt. Dasselbe erwarten die Chinesen übrigens auch von der Gegenpartei. Denn nur wer für seine Interessen kämpft, wahrt sein Gesicht.

Dies verinnerlicht zu haben zahlt sich in den konkreten Verhandlungssituationen aus. Meist sitzt man bei solchen Gelegenheiten zu dritt oder zu viert einer Delegation von 15 Chinesen gegenüber. Wichtig ist dabei, sich zeitlich nicht unter Druck setzen zu lassen, also mitunter zwei, drei Flüge für die Rückreise reserviert zu haben. Meist ist schnell klar, wer bei den Chinesen der Chef ist; diesem gilt es zunächst einmal die Reverenz zu erweisen, ohne dabei andere wichtige Persönlichkeiten innerhalb der Delegation zu übergehen. Die Kunst besteht darin, gegenüber den unterschiedlichen Anspruchsgruppen den jeweils richtigen Ton zu treffen und während der Preisverhandlungen auch vor eigenen, leicht theatralischen Einlagen nicht zurückzuschrecken. Ich erinnere mich noch mit einigem Schmunzeln an eine wichtige Verhandlung in meinen frühen Jahren in China. Es ging um den Verkauf von einem ganzen Paket Zahnradbearbeitungsmaschinen für die Shanghaier Automobilindustrie, und mir kam der Part zu, die chinesische Delegation für die Vorzüge unseres Lösungsangebotes zu begeistern und immer dann, wenn die Gespräche über den Preis ins Stocken zu geraten drohten, die chinesischen Spezialisten auch mit unkonventionellen Einlagen am Verhandlungstisch zu halten. Nur zu gut wussten wir, dass unser Konkurrent als Alternativlieferant zwei Büros weiter vom Kunden bei Laune gehalten wurde. Jedenfalls dauerten die Verhandlungen mehrere Tage, wir zeigten die Vorzüge unserer Technologie, machten die üblichen Zugeständnisse und gaben uns wirklich alle Mühe, zu einem für beide Seiten vorteilhaften Abschluss zu kommen. Die Chinesen hörten zu, fragten, feilschten um den Preis, und immer wieder standen einzelne Personen auf, entschwanden und kehrten mit immer neuen Wünschen und Forderungen zurück. So weit eine durchaus typische Situation. Aber wir kamen nicht wirklich zum Abschluss. Da tat ich etwas, was sich keiner meiner chinesischen Mitarbeiter hätte erlauben können. Ich stand auf, wischte sämtliche Zahlenreihen von der Wandtafel und zeichnete eine Brücke über einen Fluss mit zwei Strichmännchen darauf. Dazu erzählte ich folgende Geschichte: Wir standen uns gegenüber, jeder für sich an seinem Ufer. Ein unüberbrückbares Preisproblem schien uns zu trennen. Dann haben wir gemeinsam eine Brücke gebaut. Ihr seid uns entgegengekommen. Ich bin euch entgegengekommen. Ich dachte, wir hätten die Lösung und treffen uns in der Mitte der Brücke. – Dann zeichnete ich ein Strichmännchen, das von der Brücke springt und im Fluss versinkt. Ich sagte: Statt uns zu treffen, habt ihr mich mit eurem letzten Preisangebot von der Brücke gestossen. – Da schauten mich die Chinesen völlig sprachlos mit grossen Augen an, und ich sagte weiter: Ich bin euch entgegengekommen, und nun werft ihr mich von der Brücke. Ich kann ja wohl nicht nach Hause schwimmen und meinem Chef erklären, dass ich den Auftrag nun doch nicht bekommen habe. – Zugegeben, das war theatralisch. Die Chinesen verstanden jedoch. Vor allem weil Mimik und Körpersprache der Dramatik der Situation entsprachen. Es geht ja darum, unter keinen Umständen das Gesicht zu verlieren. Auch ich durfte dies, ihrem eigenen Kodex folgend, vor meiner eigenen Delegation nicht. Jetzt mussten sie uns entgegenkommen. Wir einigten uns dann recht schnell auf einen Preis, und als ich Jahre später Mitglieder des Managements der Shanghai Auto Corporation wieder traf, grinsten sie und sagten: *The bridge – hohoho!*

Diese Episode zeigt: In China ist Flexibilität gefragt. Durch den im Land dominierenden Konfuzianismus, dem wohl einzigen übergreifenden Ethos in diesem riesigen Land, ist alles Handeln auf das Diesseits gerichtet. Ein Businessplan ist in China eher Kompass denn Strassenkarte, der laufenden Veränderungen unterliegt. Auch Unternehmensstrukturen, Steuern, Gehälter, alles ist Verhandlungssache und ständigen Änderungen und Anpassungen unterworfen. Für den westlichen Geschäftspartner bedeutet dies, dass er gut daran tut, einmal getroffene Annahmen vor diesem Hintergrund ständig zu überprüfen.

Etwas anders ist die Situation in Hongkong. Als ich 1991 in die damalige britische Kronkolonie kam, erlebte ich Kapitalismus pur und eine Gesellschaft, die ebenfalls durch starke Familienbande geprägt war. Die öffentliche Ordnung war durch die Briten garantiert, und das wirtschaftliche Leben dominierten die geschäftstüchtigen Chinesen. Dies war eine enorm erfolgreiche Mixtur. Ökonomisch war Hongkong damals die freieste Stadt der Welt, es herrschten der lupenreine Marktkapitalismus und das Prinzip der Selbstverantwortung. Niemandem wäre es in den Sinn gekommen, nach dem Staat zu rufen, und der Sozialstaat war entsprechend schwach ausgebaut. Es ist auch heute noch die beruflich aktive Generation, die sich finanziell um die Alten und Bedürftigen kümmert, in einem Ausmasse, wie wir das in Europa nicht mehr kennen. Auch in diesem Bereich fungiert die Familie als Auffangnetz.

Eine typische, zufällig beobachtete Strassenszene aus jener Zeit ist mir in bester Erinnerung geblieben: Ein alter Mann geht mit seinem Enkel an der Hand eine belebte Strasse in Hongkong entlang, als ein glänzend polierter Rolls-Royce vorbeifährt. Da sagt der Grossvater zu dem staunenden Kind: «Schau, wenn du ganz gut lernst in der Schule und hart arbeitest, dann kannst du dir eines Tages auch ein solches Auto leisten.» Im übertragenen Sinne bedeutet dies: Die Hongkong-Chinesen sind stolz darauf, aus eigener Kraft und Arbeit viel Geld zu verdienen, und sie zeigen dies auch. Sie verlassen sich auf sich selber und auf den Zusammenhalt in der Familie. Der Staat hilft höchstens mit einer sehr niedrigen Steuerquote.

Die Japaner: Die Kultur des Vertrauens

Japan ist eine sehr introvertierte Gesellschaft, die es Ausländern nicht einfach macht, Fuss zu fassen. Wer hier Geschäfte machen will, muss zwingend über langfristig aufgebaute Beziehungen verfügen. In Japan sind diese zu pflegen, auch wenn kein konkreter Auftrag in Sicht ist. Man geht beim Kunden vorbei, vielleicht eine Viertelstunde, trinkt eine Tasse Tee, erkundigt sich nach dem Wohlbefinden der Frau und den Kindern, zeigt persönliches Interesse. Dies geschieht fünfmal, zehnmal, ohne dass das Gespräch sich je um das Geschäft dreht. Wenn der Kunde dann einen Bedarf hat, weil er Neuinvestitionen plant oder expandiert, wird er anrufen – sofern die persönliche Beziehung trägt. Dies bedeutet keineswegs automatisch einen Auftrag, ermöglicht es aber immerhin, eine Offerte einzureichen. Im Gegensatz zu China ist im Land der aufgehenden Sonne nicht der Preis das ausschlaggebende Kriterium, sondern die Qualität des Angebots. In dieser Hinsicht sind sich Schweizer und Japaner wesensverwandt, und dies ist für eine Schweizer Firma wie DKSH durchaus ein Wettbewerbsvorteil.

Die Unterschiede zwischen China und Japan sind augenfällig. Bei Ersterem braucht es meist einen technischen Vorwand, um geschäftlich ins Gespräch zu kommen, eine neue Applikation, deren Vorzüge idealerweise an einer einschlägigen Messe demonstriert wird. In Japan ist es das persönliche und institutionelle Vertrauen in den Vertragspartner, das ausschlaggebend ist, das Vertrauen darauf, dass dieser nicht nur beim

Verkauf ansprechbar ist, sondern dass diese Beziehung langfristig angelegt ist. Ebenso ist es das Wissen darum, dass der Lieferant immer für den Kunden da ist, wenn er ihn braucht. Auch wenn die Garantieverpflichtung des gelieferten Produkts längst abgelaufen ist. Die Qualität, die Verpackung, das Design der Ware und der persönliche Umgang sind in Japan absolute Grundvoraussetzung für erfolgreiche Geschäfte. Das bedeutet, stets nahe am Kunden zu sein, seine Bedürfnisse zu kennen und einen qualitativ erstklassigen und umfassenden Kundendienst zu unterhalten. Deshalb sind die Barrieren für einen Markteintritt, inklusive der Marktbearbeitungskosten, in diesem Land besonders hoch. Dafür ist der Japaner jedoch auch bereit, einen sehr guten Preis zu zahlen. Zu dieser Kultur des Vertrauens gehört auch, dass in Japan ein Handschlag noch ein Handschlag ist. In China dagegen ist es durchaus üblich, Verträge auch nach der grundsätzlichen Einigung nochmals nachzuverhandeln.

Dass Japan und China derart unterschiedlich ticken, kommt nicht von ungefähr. Noch heute ist von Japanern oft zu hören, dass sie im Grunde genommen nicht zu Asien gehörten. Für viele von ihnen ist Asien lediglich der immense Kontinent jenseits des Meeres. Die insulare Lage hat in Japan ein ähnliches Bewusstsein wachsen lassen, wie dies die Briten gegenüber Europa hegen. In der westlichen Aussenwahrnehmung hält sich zudem das hartnäckige Vorurteil, die Japaner pflegten keine Individualität. Wer einmal miterleben durfte, mit welcher Inbrunst und Perfektion diese Insulaner ihre persönlichen Hobbys pflegen, kann dieses Bild in keiner Weise bestätigen.

Die Inder: Das Kastensystem in den Köpfen

Das Kastensystem im Land ist zwar längst abgeschafft, aber noch nicht wirklich überwunden. Dies mag ein Grund dafür sein, dass Titeln auf der Visitenkarte grosse Bedeutung beigemessen wird. Obwohl eine prinzipielle Rechtssicherheit, angelehnt an das englische Recht, durchaus gegeben ist, lässt sich diese in der byzantinisch anmutenden Bürokratie der langsam arbeitenden Verwaltung oft schwer durchsetzen. Dennoch vereinfacht die britische Hinterlassenschaft in Indien vieles im Geschäftsleben. Zunächst ist da die englische Sprache, die sich als Kommunikationsmittel der Eliten und im Geschäft behauptet hat. So steht Indien bei der Publikation englischsprachiger Bücher an dritter Stelle hinter den USA und Grossbritannien. Diese sprachliche Kompetenz hat Indien auch zur Grossmacht in der Informationstechnologie werden lassen. Ausländische Investoren geniessen eine rechtsstaatliche Sicherheit, die wir im Westen als garantiert voraussetzen. Aber es gilt manches Mal auch, kulturelle Barrieren zu überwinden, die zunächst als solche nicht einmal erkennbar sind.

Ich entsinne mich einer besonders eindrücklichen Episode. Es war Ende der 1980er-Jahre, als ich eines der ersten Gemeinschaftsunternehmen im Textilmaschinenbereich zwischen meinem damaligen Arbeitgeber SKF und der indischen Star Gruppe zu verhandeln hatte. Eine Reise nach Indien war damals noch ein abenteuerliches Unterfangen, der Import westlicher Technologie stark reglementiert. Der pragmatische Ausweg bestand darin, über ein Joint Venture unser technologisches Knowhow in die lokale Produktion einzubringen und im Gegenzug die für die Produktion benötigten Hochleistungskomponenten zu liefern.

Auf der stundenlangen Autofahrt von Bombay nach Baroda, wo die Verhandlung stattfinden sollte, pilotierte der indische Fahrer den Wagen barfuss und mit traumwandlerischer Sicherheit zwischen den auf der Strasse schlafenden heiligen Kühen hindurch. In der Fabrik angekommen, hatten sich bereits sämtliche Ingenieure im Schulungsraum versammelt, erwartungsvoll auf meine erste Lektion zum beabsichtigten Technologietransfer wartend. Ich zeichnete die wichtigsten Schritte an der Wandtafel auf und erklärte die Vorgehensweise. Meine Zuhörer begannen, im Takt ihre Köpfe von links nach rechts zu wiegen. Offensichtlich, dachte ich, verstanden sie mich nicht. Ich versuchte es nochmals mit weiter ausgreifenden Erläuterungen. Wiederum erntete ich begeistertes Kopfschütteln. Es war der Chefingenieur, der mir schliesslich zu Hilfe eilte und mit breitem Lachen erklärte, dass seine Leute längst alles verstanden hätten. In Indien gilt Kopfschütteln als Zeichen der Zustimmung.

Asean-Staaten: Kulturelle Vielfalt

Die kulturelle und gesellschaftliche Vielfalt tritt nirgends deutlicher zutage als in der *Association of Southeast Asian Nations* (Asean), dem Verband Südostasiatischer Nationen, 1967 von Thailand, Indonesien, Malaysia, den Philippinen und Singapur gegründet. Ziel des Zusammenschlusses war und ist es, die wirtschaftliche Entwicklung, den sozialen Fortschritt und die politische Stabilität zu fördern. Inzwischen sind weitere Staaten beigetreten: Brunei, Kambodscha, Laos, Myanmar und Vietnam. Bei der Gründung war dieser Zusammenschluss als Gegenpol zum kommunistischen China angelegt. Heute stellen die Asean-Staaten selbst eine wirtschaftliche Macht dar, einen Markt mit über 575 Millionen Menschen oder zwölf Prozent der Weltbevölkerung, einem gemeinsamen Bruttoinlandprodukt von 1200 Milliarden Dollar und mit einer über viele Jahre durchschnittlichen Wachstumsrate von etwa fünf Prozent. Hinter diesen stolzen Zahlen verbirgt sich jedoch eine Vielfalt von Völkern, die im Westen meist unbekannt oder nur aus Klischees vertraut scheinen. Singapur gilt als Finanzzentrum, obwohl hier auch eine bedeutende produzierende Industrie existiert, etwa im Maschinenbau oder der Biotechnologie. Vietnam aktiviert Kriegsbilder im Kopf, Thailand Schnappschüsse aus dem Badeurlaub. Doch da gibt es viel mehr, was bei Geschäftsaktivitäten vor Ort zu beachten ist.

Die Thais: Was hinter dem Lächeln steckt

In Thailand ist die Religion allgegenwärtig. Häufig existieren selbst in den Unternehmen kleine Haustempel. Buddha-Figuren und andere religiöse Devotionalien sind überall zu sehen. Während es in China oder Japan oft recht ernsthaft zu- und hergeht oder die Koreaner mit verschlossener, ja fast mit Kampfesmine in die Verhandlungen schreiten, wird in Thailand viel gelacht. Lächeln ist hier ein Gebot der Höflichkeit. Die Menschen sind ausnehmend freundlich, und das zeigt sich auch an der ausgeprägten Servicementalität im thailändischen Tourismus. Selbst in Verhandlungen kann es vorkommen, dass die Gegenpartei ins Kichern verfällt. Man sollte sich von dieser Offenheit aber nicht täuschen lassen und die Thais auf keinen Fall unterschätzen. Vordergründig scheint hier vieles ganz einfach zu sein. Die Thailänder haben vielleicht ein biegsames Rückgrat, aber sie haben eines. Sie sind konfliktscheu, verstecken sich oft hinter dem Team, und damit gilt es in Verhandlungen umzugehen. Dasselbe gilt auch für deren sprichwörtliche Kreativität. Gelingt es, sie für eine Sache zu begeistern, ist diese Eigenschaft von unschätzbarem Wert.

Das Königshaus spielt in Thailand eine wichtige Rolle, Kritik an dieser Institution ist ein absolutes Tabu. Die Erklärung dafür ist unter anderem darin zu suchen, dass Thailand nie von westlichen Mächten kolonialisiert worden ist. Nicht zuletzt ist dies auch für die Aktivitäten von DKSH von grosser Bedeutung. DKSH besitzt noch immer eine Akkreditierung als königlicher Hoflieferant, die auf das Jahr 1929 zurückgeht. Dieser Status erzeugt nicht zuletzt bei unseren Mitarbeitenden eine hohe Wertschätzung.

Singapur: Die Schweizer Asiens

Im Stadtstaat Singapur leben mit Chinesen, Malaien und Indern drei ethnische Gruppen zusammen. Der kleinste Staat Asiens ist die effizienteste Volkswirtschaft des Kontinents, durchorganisiert und sauber, die Menschen selbstbewusst, aber zurückhaltend, und die Schweiz ist in vielen Belangen das grosse Vorbild. Was Singapur in den vergangenen Jahrzehnten an Wohlstand aufgebaut hat, ist absolut fantastisch. Vor zwei Jahrzehnten gab noch die produzierende Industrie den Takt an, dann folgten die Dienstleistungsbranche, später das Finanzwesen und die Biotechnologie. Dies zeugt von starker Innovationskraft und langfristiger Planung, aber vor allem auch von harter und zugleich pragmatischer Führung. Die Bewohner sprechen in der Regel ein sehr gutes Englisch, sind im Geschäftsleben effizient, aber etwas steif und eher konservativ.

Malaysia: Die Zweiklassengesellschaft

Obwohl auch in Malaysia verschiedenste Ethnien zusammenleben, funktioniert das Land als Zweiklassengesellschaft. Die politisch herrschende Klasse, die sogenannten *Bumiputra,* die als Ureinwohner Malaysias gelten, sitzen per Dekret als Angestellte und Aktionärsvertreter in jedem Unternehmen. Der gesellschaftliche Status ist also weitgehend angeboren und weniger Ergebnis individueller Leistung. Demgegenüber steht die wirtschaftliche Dynamik, für die weitgehend geschäftstüchtige Chinesen verantwortlich sind.

Ausländern ist es verboten, die Mehrheit eines Unternehmens zu besitzen, es sei denn, die Firma ist an der lokalen Börse gelistet. Diesen Weg wählen viele der ausländischen Unternehmen, die im Land aktiv sind, auch DKSH. Allerdings verteuert dies jede unternehmerische Aktivität, da es bereits für ein relativ kleines Geschäft die Strukturen und den Auftritt einer börsenkotierten Firma bedingt. Dennoch ist Malaysia als industrialisiertes Land ein interessanter Expansionsmarkt. Allerdings: Die Malaien wären gerne so effizient wie die Singapurer und so lebenslustig wie die Thais, aber sie liegen irgendwo zwischen diesen beiden Polen.

Das Land verfügt über ein vergleichsweise hohes Bildungsniveau, interessante staatliche Rahmenbedingungen und ein attraktives Lohnniveau. Nicht zuletzt aus diesen Gründen bezieht DKSH seit 2005 sämtliche IT-Dienstleistungen für die gesamte Gruppe aus Malaysia, die in unserem sogenannten *Corporate Shared Services Center* global gebündelt sind.

Vietnam: Vorbild China

In Vietnam sind die alten Demarkationslinien noch immer spürbar. Im Süden herrscht Kapitalismus pur; die ehemalige französische Kolonialstadt Saigon ist heute eher amerikanisch geprägt, und es gibt nur noch wenige Vietnamesen, die noch die Sprache der *Grande Nation* beherrschen. In der Wirtschaft herrschen klar amerikanische Verhältnisse. Es geht darum, in kurzer Zeit möglichst viel Geld zu machen, und dafür ist die Bevölkerung auch bereit, hart und kompromisslos zu arbeiten. Der sprichwörtliche Kampfgeist, die Gewandtheit der Vietnamesen kommt hier wieder zum Vorschein. Und jeder will seinen Nachbarn übertrumpfen.

Der ehemals kommunistische Norden ist eher industriell geprägt. Zahlreiche Ingenieure wurden seinerzeit in der DDR ausgebildet und sprechen noch heute ein perfektes Deutsch. Die in Hanoi befindlichen Ministerien versuchen noch immer, den Takt anzugeben. Kapitalismus, im Zaum gehalten durch eine kommunistische Partei, auch hier eifert Vietnam dem Vorbild China nach.

Vieles deutet darauf hin, dass das Land über ein hervorragendes Entwicklungspotenzial verfügt. Stabile politische Verhältnisse, lernfähige Behörden und stetige Verbesserungen sind augenscheinlich. Die tiefen Produktionskosten machen Vietnam zur Standortalternative für China. Die Bevölkerung ist vergleichsweise jung, jünger jedenfalls als in Thailand oder China, und Millionen von Vietnamesen werden im nächsten Jahrzehnt in das Berufsleben eintreten, was die Entwicklung des Landes beflügeln wird.

DKSH eröffnete die erste Niederlassung in Vietnam bereits im Jahre 1889 in Saigon. Während des Krieges musste die Geschäftstätigkeit eingestellt werden, aber seit 1991 sind wir wieder im Land vertreten und beschäftigen heute mehr als 2000 Mitarbeitende. Obwohl das Land Mitglied der WTO ist, sind die Geschäftsmöglichkeiten von ausländischen Unternehmen noch immer stark eingeschränkt. Für alle Aktivitäten sind staatliche Lizenzen erforderlich. So hat DKSH kürzlich als eines der ersten ausländischen Unternehmen überhaupt eine Lizenz für den Vertrieb von Produkten erhalten. Dadurch sind wir nicht mehr auf lokale Vertriebspartner angewiesen, sondern können nun nebst Logistik- auch Marketing- und Vertriebs-Dienstleistungen selbst anbieten.

Indonesien und Philippinen: Reiche Familien geben den Takt an

In den beiden Inselstaaten halten jeweils nur eine Handvoll schwerreicher Familien die politische und wirtschaftliche Macht in den Händen. Als Ausländer steht man entweder auf der richtigen oder eben auf der falschen Seite, und das kann sich immer wieder einmal ändern. Diese Strukturen machen das unternehmerische Wirken für westliche Unternehmen eher schwierig, vor allem auch deshalb, weil vieles nur in Joint Ventures mit einer der tonangebenden Familien möglich ist. Dabei hängt es immer davon ab, wer in diesen Ländern gerade das Sagen hat.

Bei den Philippinos ist interessant, dass sie seit der amerikanischen Besatzung extrem gut Englisch sprechen. Die Bevölkerung ist sehr redegewandt, und dies führt dazu, dass man sich als Europäer oder Amerikaner zunächst sehr schnell verstanden fühlt. Doch am nächsten Tag kann alles bereits wieder anders sein, und alles Besprochene muss erneut überdacht werden. Auch deshalb kursiert in Geschäftskreisen das geflügelte Wort: Im Grunde genommen sind die Philippinen ein lateinamerikanisches Land, das durch Zufall im Pazifik gelandet ist.

D. Anhang

Personenverzeichnis

Das kleine Who's who der Pioniere

Diethelm

Wilhelm Heinrich Diethelm gründet in Singapur die Diethelm & Co.

Wilhelm M. und **Walter R. Diethelm**, Söhne des Firmengründers und Exponenten der zweiten Generation.

Mark Diethelm, Enkel des Firmengründers und Vertreter der dritten Generation.

Keller

Eduard Anton Keller gründet auf den Philippinen in Manila die Ed. A. Keller & Co.

Eduard «Chiqui» und **Wilhelm Max «Willy» Keller**, Söhne des Firmengründers und Exponenten der zweiten Generation.

Luk Keller, Sohn von Wilhelm Max Keller, Enkel des Firmengründers und Vertreter der dritten Generation.

Andreas W. Keller, Adrian T. Keller, Urenkel des Firmengründers und Vertreter der vierten Generation.

SiberHegner

Caspar Brennwald ist einer der Gründer der Vorläuferfirma *Siber & Brennwald* im japanischen Yokohama.

Hermann Siber ist Brennwalds Gründungspartner.

Robert Hegner-von Juvalta, Neffe von Hermann Siber, steigt in die Firma ein, die auf Siber Hegner & Co. umfirmiert wird.

Robert Hegner und **Wolfgang Edmund Hegner**, Söhne von Robert Hegner-von Juvalta, Exponenten der zweiten Generation, nehmen zusätzlich den Namen Siber an, um den angestammten Firmennamen weiterverwenden zu können. Sie nennen sich fortan Robert S. Hegner und Wolfgang Edmund S. Hegner.

Anton Hegner, Sohn des Robert S. Hegner.

Ralph H. Gautier-Hegner, Gatte der *Beatrice Hegner*, der Tochter von Robert S. Hegner.

Christophe R. Gautier, Sohn des Ralph H. Gautier.

Quellen

Bücher

Aubeck, Heinz J., «Die Philippinen. Geschichte eines verloren gegangenen Paradieses», Kalender Verlag, 2008.

Bartu, Friedemann, «The Fan Tree Company. Three Swiss Merchants in Asia», herausgegeben von Diethelm Keller Holding Ltd. (DKH), limitierte Auflage, NZZ Fretz AG, 2004.

Bianco, Lucien, «Das moderne Asien», Fischer Weltgeschichte Band 33, 2004.

Inoue, Kiyoshi, «Geschichte Japans», Parkland Verlag, 2002.

Klein, Thoralf, «Geschichte Chinas von 1800 bis zur Gegenwart», Ferdinand Schöningh, 2007.

Osterhammel, Jürgen, Petersson, Niels P., «Geschichte der Globalisierung. Dimensionen. Prozesse. Epochen», Verlag C.H. Beck, 4., durchgesehene Auflage, 2007.

Pohl, Manfred, «Geschichte Japans», Verlag C.H. Beck, 4., aktualisierte Auflage, 2008.

Schmidt-Glintzer, Helwig, «Das neue China. Von den Opiumkriegen bis heute», Verlag C.H. Beck, 4., überarbeitete Auflage, 2006.

Schoettli, Urs, «Asien – Aufbruch ins 21. Jahrhundert, Input 1/2008», Jugend und Wirtschaft, 2008.

Whitney Hall, John, «Das Japanische Kaiserreich», Fischer Weltgeschichte Band 20, 2006.

Zöllner Reinhard, «Geschichte Japans von 1800 bis zur Gegenwart», Ferdinand Schöningh, 2., durchgesehene Auflage, 2006.

Sonstiges

Geschäftsberichte/Hauszeitungen SiberHegner
Geschäftsberichte/Hauszeitungen DKSH
Schweizerische Mediendatenbank (SMD)

Dank

Dieses Buch ist aufgrund einer Anfrage des Orell Füssli Verlags entstanden. Ob ich mir vorstellen könnte, ein Buch über die Erfolgsgeschichte der DKSH zu schreiben, wollte das Zürcher Verlagshaus wissen. Die Anfrage kam für mich überraschend. Unbestreitbar verfügen Diethelm, Keller und SiberHegner über eine einzigartige 150-jährige Geschichte als Pionier-Unternehmen im europäisch-asiatischen Handel, und die Fusion dieser drei Firmen ist mustergültig vollzogen worden. Es entstand ein Unternehmen, das flächendeckend in Asien aktiv ist, mit Market Expansion Services eine neue Branche erfunden und dieses Geschäftsmodell zur Marktführerschaft entwickelt hat. Aber deswegen ein Buch darüber schreiben? Ich habe mir das reiflich überlegt und schliesslich aus zwei Gründen zugesagt: Zum einen kann ein Buch über DKSH zum asiatisch-europäischen Verständnis beitragen, was mir stets ein Anliegen war und ist. Zum anderen kann eine Beschreibung der Fusionsprozesse und Führungsansätze nicht nur für historisch Interessierte von Bedeutung sein, sondern gerade auch für Studenten der Ökonomie. Als Honorar-Professor ist mir auch dieser Aspekt wichtig.

Dieses Buch gibt es, weil es gelungen ist, DKSH zum unternehmerischen Erfolg zu führen. Dazu haben viele Menschen beigetragen, denen ich an dieser Stelle danken möchte. Zunächst den jeweiligen Hauptaktionären und Verwaltungsräten, die mir Vertrauen geschenkt, die eingeschlagene Strategie stets nach Kräften unterstützt und mir zu deren Umsetzung den Rücken freigehalten haben. Dann meinen engsten Mitarbeitern, die durch ihren Einsatz den Erfolg erst möglich gemacht haben. Und schliesslich sämtlichen DKSH-Mitarbeiterinnen und Mitarbeitern, die in den Märkten die eigentlichen Botschafter unserer Firma sind.

Zürich, im November 2009 Jörg Wolle